U0678069

南京大学人文基金资助集刊

中文社会科学引文索引（CSSCI）来源集刊

民 国 研 究

STUDIES ON REPUBLICAN CHINA

2019 年春季号 总第 35 辑

主 编／朱庆葆

社会科学文献出版社

SOCIAL SCIENCES ACADEMIC PRESS (CHINA)

《民国研究》学术委员会

主　　任　　张宪文

副 主 任　　陈谦平

委　　员（以姓氏笔画为序）

马振犊　吕芳上　朱庆葆　刘金田　江　沛

李　玉　杨冬权　吴景平　汪朝光　张　生

张连红　张宪文　张瑞德　陈红民　陈谦平

金冲及　胡德坤　姜良芹　徐思彦　臧运祜

久保亨　方德万（Hans van de Ven）　罗梅君（M. Leutner）

柯伟林（W. C. Kirby）　　高念甫（Andrei N. Karneer）

萨马拉尼（Guido Samarani）　　裴京汉

主　　编　　朱庆葆

执行主编　　曹大臣

民国研究

2019 年春季号　总第 35 辑

目　　录

学术综述

Studies on Republican China

Spring 2019   No. 35

Contents

Politics and Diplomacy in the Republic of China

Economy and Life in the Republic of China

赴赛巴拿马太平洋万国博览会
与"中华民国"之呈现*

洪振强**

提　要　赴赛巴拿马太平洋万国博览会，是新造民国首次参加国际盛会。袁氏中华民国参赛十分积极，整体上展现出了一种积极进取，励精图治，并努力维护国家尊严的精神风貌。仿紫禁城太和殿的中国展馆之布置及以农业品、手工艺品、传统美术品和教育品为主的中国展品，所呈现出的是一副农业中国、文化中国的国家形象。围绕赴赛，时人表达出的国家观念，以"中华""中国""政府"居多，而"中华民国"较少，较少关注"国耻"，更关注"国本"，倾向于埋头苦干，奋发图强。整体而言，袁氏中华民国虽号称"民国"，宣传"共和"，但缺乏相应的实际内容内涵，与缔造民国的孙中山辛亥革命一脉较为疏离，而与晚清立宪脉络关联较大，承袭了传统帝制文化、农业文明的国家形象。

关键词　巴拿马太平洋万国博览会　中华民国　国家形象　国家观念

引　言

辛亥革命后，从 1912 年到 1915 年，中国在"国家"层面，经历了从

---

*　本文为国家社科基金重大项目"中国近现代博览会通史"（13&ZD096）及国家社科基金艺术学项目"中国艺术博览会的历史、形态及建构问题研究"（17BF103）阶段性成果。

**　洪振强，华中师范大学历史文化学院教授。

协会。商务繁盛省份还成立了众多出品分会，比如江苏所属 60 个县市都成立了出品分会，由各县市知事兼任会长，商会会长兼任副会长，各分会于当地举办物产会以征选出品。

最终从全国征选出品 10 万多件，有 2000 多吨，装了 1800 多箱，于 1914 年 12 月和 1915 年 1 月分两批装运美国。同时，撤销事务局，成立驻美赛会监督处，陈琪任监督，直隶农商部，掌管巴博会上中国一切赛会事务，其下设出品、编辑、庶务、会计、外事五股，分管相应事务。整体而言，中国赴赛筹备相当成功，"中国的参赛准备是充分的"，[①]　即便当时之外人，亦多有认可，如《金山日报》就评论曰："此次巴拿马外国博览会中国筹备之初，计划极为伟大，实可为赴赛各国之冠。"[②]　正因如此，中国才能成为巴博会出品最多的国家，所获各种奖项亦居各国之冠，远超日本。

为何袁氏中华民国要积极赴赛呢？一是为了敦睦与美邦谊，二是为了培植商智商德，激励商业竞争精神，积极拓展贸易，发展商业，振兴国民经济，实现"国富"。工商总长刘揆一认为，赴赛巴博会，可"唤起一般国民商战之兴会，达到发展国民经济之目的"；可向世界介绍丰富物产，宣告新立民国希望无穷；可乘势考察巴拿马运河开通后的"世界大势"，"明悉利害"；可与美国敦睦邦交。[③]　陈琪认为，赴赛巴博会可实现十大目标：恢复固有国产名誉；扩张土产输出额；探外人嗜好，改良输出品；借鉴他国良法，改良大宗出产；诱发国民世界企业心；研究巴拿马运河开通后商业变迁大势和发展国际贸易的方法；按世界企业潮流，确定发展商业的程序；调查万国物产，并与中国物产比较优劣，以求改进之方；养成国民好的商业道德，以植国际贸易之本源；联络美国，共图扩张太平洋之商业权。[④]

在巴博会会场，中国驻美赛会监督处作为中华民国参加巴博会的官方机构，监督陈琪及其他工作人员和随行人员积极开展了一系列活动，这些活动主要有：

（1）办展。此次赴赛，一改前清主要委诸海关洋人的做法，全部由中

[①] 梁碧莹：《民初中国实业界赴美的一次经济活动——中国与巴拿马太平洋万国博览会》，《近代史研究》1998 年第 1 期。

[②] 陈琪主编《中国参与巴拿马太平洋博览会记实》，第 268 页。

[③] 《巴拿马赛会事务局开局工商总长刘揆一演说词》，《大公报》1913 年 7 月 7、8 日。

[④] 陈琪主编《中国参与巴拿马太平洋博览会记实》，第 19 ~ 20 页；高劳：《对于筹备巴拿马赛会之意见》，《东方杂志》第 10 卷第 1 号，1913 年 7 月。

国人自办，监督处负责会场一切赴赛事务。中国之展品，及其陈列布置，比之晚清，不仅未有辱国，且大有改进，虽有些不足，但总体上得到中外肯定。直隶所派观会代表屠坤华认为，"此次赴赛，超乎以前各次，可无待言。将来效果，当以此为其因。弗论此次为成功为失败，均与国计民生，有无限之利益"。① 荷兰驻旧金山领事兼赴赛监督认为，"中国在会场所办之事极为美满，不惟较前大有进步，且得奖几冠各国，使各国咸知中国之地位及其出产"。② 即便在世博会场一直与中国竞争的日本人，亦认为中国比之以前，"此次与赛则大异其趣，即各馆之出品其自身虽未见大进步，而其计划及陈列等颇形阔大，使由此以进，殆未可轻视"。③

（2）交际。赴美之前，筹备巴拿马赛会事务局规定，所有赴赛人员，在会场须注意礼俗，正式场合要符合"外交人员着衣守则"。因而，赴赛人员一改前清之长辫、长袍、瓜皮帽等中国人形象，一律都是西式短发、白手套、黑礼帽、下摆黑礼服，以及国产丝绸制服。监督陈琪及其夫人，参加诸多宴会，衣着举止优雅大方，获得外人一致赞美，认为以二人观之，"中国君子"与"女流人物"，"与欧美上流社会无二观"。④ 陈琪夫人参加系列社交活动，十分活跃，用流利英语演说，宣传女权，宣示中国妇女的解放与进步，特别提及"民国妇女获得了投票权"，其展示出了一副"中国前卫先锋女性"的形象。中式女装在巴博会上得到极大关注，一度在旧金山十分流行，尤其是中式丝绸套装，"是新潮和舒适的"，并有气质和内涵。⑤ 这与前清在世博会所展示的中国缠足小脚女人的形象，有着质的天壤之别。

监督处在会场开展了大量交际活动。一是赴宴，包括美国政府和巴博会官方，以及华侨中华会馆之欢迎宴会，还有各国相互之间的宴请；二是宴请，包括答谢美国政府、巴博会官方，回请各国赛会监督；三是接待，包括美国副总统、巴博会官方人员、各国赴赛人员、中国驻北美外交官等到中国馆参观之人，还接待了中华游美实业团和中国留美学生千余人；四是举行庆典，主要是中国政府馆开馆庆典和中国国庆庆典。在这些交际场合，监督陈琪基本会发表演讲，大多宣言中美敦睦，中国之共和政体，以

① 屠坤华：《万国博览会游记》，上海商务印书馆，1916，第221页。
② 陈琪主编《中国参与巴拿马太平洋博览会记实》，第216页。
③ 陈琪主编《中国参与巴拿马太平洋博览会记实》，第270页。
④ 陈琪主编《中国参与巴拿马太平洋博览会记实》，第216页
⑤ 苏珊：《一个预置的紫禁城？——记1915年中华民国参加巴拿马太平洋世博会》（肖笛译，胡斌校），《美术馆》2008年第2期。

及中国如何励精图治，大力发展工商。在正式的交际场合，都会悬挂五色国旗，以凸显中华民国。

（3）考察研究。早在征选出品时，就有人认为，在实业不振、工商荼靡的情况下，赴赛巴博会，不宜偏重于出品，只求一时之利和获奖多寡，而应注重在会场上进行考察研究，做振兴中国之长远谋划，"非吾国以物品争胜之时，乃吾国以观摩求益之日，不宜以竞赛而冀目前之胜利，惟宜以考察而储日后之人才"。①而实际上，监督处职员、农商部及直隶、江苏、湖南、广东、四川等省所派赴赛委员、调查员，在巴博会场进行了大量的考察研究，写了详细的报告，有的回国后还宣讲参观考察的状况和心得。

最为典型的是直隶省。直隶共派出了 10 多位代表，他们都写有详细的参观考察研究报告，会后编辑成《巴拿马赛会直隶观会丛编》，共有 16 册。他们对博览会场所展陈的先进文明成果，予以详细介绍，表现出了极大的惊叹和羡慕，同时，亦深深感叹中国近代文明的落后，并产生深深的忧虑，希望中国积极学习西方，励精图治，以使国家富强。比如孙继丁考察了没有中国展品的机械馆，写了非常细致的报告，结合中国工业现状，详细介绍了西方展示的发达机器，警醒国人，希望为国富计，为国之生存计，奋起直追，大力提倡。略举二例：关于水力发电机，水力是"最节俭、最清洁"之能源，"用之不尽，取之不竭，不假人工，而生力无穷"，希望国人积极制造水力发电机，利用水能，否则，"待他人起而代有之，始顿足而叹利权之丧失，亦已晚矣。愿国民急起直追，勿待至他日，为噬脐之悔，则我国前途，庶有望焉"；关于吸水式起水机，其大大有利于公共卫生和农业灌溉，"愿我国民深自猛醒，努力提倡，为长时间之计划，即不欲竞衡欧美，亦宜为本国生存计"。②

考察研究时，还注重与日本进行比较，比较得最为详尽者为《中国实业杂志》社长李文权。他作为直隶省参观考察专员，专门从中日比较的角度写了详细的考察报告。在比较之中，既表达出了对日本取得近代化巨大成就的敬佩之情，又对中国发展迟缓，商业观念、市场观念缺乏，表示了深深忧虑，希望明晰中日之间的差距及其原因，以便中国对症下药，谋求改良与发展，成为如日本一样的富强之国。略举一例：在教育馆，日本很

---

① 高劳：《对于筹备巴拿马赛会之意见》，《东方杂志》第 10 卷第 1 号，1913 年 7 月。

② 孙继丁：《机械馆调查记》（下），《巴拿马赛会直隶观会丛编》第 10 册，直隶实业厅，1921 年铅印本，第 26、29～30 页。

注重宣传其文化，以发扬本国之教育及风俗于海外为目的，制有富士山、松岛公园等模型，并在会场放映幻灯，进行讲解，但中国展陈教育品的观念完全不同，极少见反映中国传统文化，体现中国风俗和教育进步的标志性展品，很少有中国人自办学校的出品，大多是传教士所办新式教育的成绩品。① 其实，在筹备时，就有人拿日本做对比来动员中国积极赴赛，认为若不积极赴赛，导致中国输于日本，那中国海外利益就会更为日本所夺，中国国际商业地位就会更为式微，"今赴赛尚未筹备，而日人先已厚集资本来华调查，我若一味放弃，再不力求竞胜，必至固有国产全因比较减色而处于失败地位，将来我国商产不能出太平洋一步矣"。②

此外，农商部经全国商会联合会选派商界名流 17 人，趁巴博会之机，组成中华游美实业团，既在巴博会场调查研究一周时间，又赴美国各地参观考察两个半月。他们都写出了详细的调查研究报告，以供国人研究改良发展国货。如此专心致志、规模庞大的赴外调查研究，远超前代，因而有时人认为，中国参与世博会进入了"入手研究时代"。③ 这不仅有益于展示中华民国之共和国国民励精图治、积极进取的新风貌，促使外人改变对华人的不良看法，而且益于中国实业界开阔世界视野，促使世界观念发生变化，更注重国际交往，认识到学习西方先进的生产技术和管理方法的重要性，使得学习西方、追赶西方的使命感更为强烈。④

（4）维护国家尊严。巴博会场上的游乐区，建有"中国村"，以供商家租赁经营。某西人专门租赁一间，设置了"华埠地狱"，里面是有关中国人赌毒的蜡像展，极力丑化中国人，同时，为了哗众取宠，吸引游客，由真人表演中国人吸食鸦片的丑态。⑤ 显然，这是在侮辱污蔑华人，引起华人"群起反对"。中华会馆、华商会、华人教会，以及中国驻美使馆、旧金山华文报刊、旧金山华人组织同源总会，或致函巴博会总理摩亚，或刊文发布通告，纷纷予以谴责，以示抗议，要求封闭"华埠地狱"。⑥ 监督陈琪亦致函摩亚，谴责"华埠地狱"极度损害巴博会声誉，诋毁中国人民，与中国文化风马牛不相及，完全是想象的、捏造的，令人恶心，相当

---

① 李文权：《调查报告》（二），《巴拿马赛会直隶观会丛编》第 7 册，第 6、11 页。

② 陈琪主编《中国参与巴拿马太平洋博览会记实》，第 17 页。

③ 李宣龚编《巴拿马太平洋万国博览会要览》，第 218 页。

④ 梁碧莹：《民初中国实业界赴美的一次经济活动——中国与巴拿马太平洋万国博览会》，《近代史研究》1998 年第 1 期。

⑤ 《我侨胞见何以雪耻也》，《少年中国》1915 年 3 月 19 日。

⑥ 《纪博览会中之华地狱》，《申报》1915 年 4 月 23 日。

低级无趣，并列举美国的诸多阴暗面，诘问"美国政府会无动于衷吗？"①最终，"华埠地狱"开场不到两周即被巴博会官方封闭，且"死灰不能复燃，再辱国体"。②华人之所以对巴博会上的辱华行径如此义愤填膺，必除之而后快，诚如时人言，是因为"国人之国家思想进步也"。③

我们再看看巴博会上的中国场馆和展品。任何国家参加大型博览会，在会场上布置展馆、陈列展品，都会呈现出自己的"影像"，即"国家形象"。

中国馆场共 2 万多平方英尺。中国政府馆由农商部派黄慕德、束日璐从国内带工人赴美建造。馆式主殿仿北京紫禁城太和殿而规模有所缩小，正中为大殿，左右为两偏殿，铺设有北京地毯，陈设有桌椅绣屏、雕玩字画等中国传统精致家具和珍异优美品物，并挂有大总统袁世凯、美国开国元勋华盛顿和美国总统威尔逊的画像。偏殿之上的楼室和大殿左右之厢房为办公室和事务员室。偏殿之外，东西各有六间劝工房，东为各省商家廉价租赁以作销售出品之用，售品主要是瓷器、漆器、陶器、茶、景泰蓝、丝绣、竹刻、雕石等，西为陈列所，将巴博会各专馆未能尽列之赛品择优展陈。劝工房外，右为中国式六角亭，左有中国式五层宝塔。正门为中国式牌楼，上书"中华民国政府馆"，正门两旁有茶社两座，为浙粤商人集资兴建。整个馆殿鬃以鲜红大黄。馆场四周有栏杆、围墙，围墙之上，有各种古色花纹图案。馆场隙地种以花草，牌楼及各殿、塔亭等处，皆布置有五色国旗。中国政府馆获得了巴博会官方认可，因其能"代表东方建筑雏形"而被授予大奖章一枚，④此为巴博会场上各国政府馆所得的唯一最高奖项。

诚如时人所言，"政府馆之建筑，以能表示其国性为主"，⑤那中国政府馆呈现出了何种"国性"？从场馆命名看，很明确，就是"中华民国"，但此"中华民国"有何内容内涵呢？太和殿是紫禁城最核心、最高级的建筑，是举行皇帝加冕等重大仪式的地方，可以说是王朝中国的国家象征。袁世凯总统府驻地选在太和殿，既可表示其是国家最高掌权者，是国家之中央，又可延续王朝中国之文化权威，体现其统治的合法性和权威性。中国政府馆仿太和殿，虽凸显了"总统府"，但亦呈现出了"王朝中国"的帝制文化形象。而所布置的桌椅绣屏、雕玩字画、茶瓷丝绣、亭塔牌楼、

① 苏珊：《一个预置的紫禁城？——记 1915 年中华民国参加巴拿马太平洋世博会》（肖笛译，胡斌校），《美术馆》2008 年第 2 期。
② 《华地狱已禁复开说》，《申报》1915 年 4 月 29 日。
③ 屠坤华：《万国博览会游记》，第 193 页。
④ 陈琪主编《中国参与巴拿马太平洋博览会记实》，第 104 页。
⑤ 严智怡：《预会志略》（下），《巴拿马赛会直隶观会丛编》第 2 册，第 24 页。

古案围墙等等，以及鲜红大黄之颜色，这些基本是传统"文化中国"形象的象征。显然，这样的"中华民国"，就如时人言，"有文明古国之风"，"遥视之殆同禁地，有帝王家气象"，[①] 当是指袁世凯北京政府所代表的中国，而不是指由孙中山国民党和辛亥革命所缔造的中华民国，缺乏民主、共和及三民主义、辛亥革命等的表述与内涵，因而革命者冯自由批评中国政府馆仿太和殿建筑及悬挂袁世凯画像，体现了"中国人尊敬君上之心"，非真共和之表示，[②] 即便外人亦认为"以政府馆观之，中华美术家之亡久矣。吾惧其新共和国亦与之偕亡也"。[③]

巴博会共有美术、机械、矿业、交通、农业、食品、教育、文艺、制造、工艺、园艺、牲畜等 12 个专馆，专门分类陈列来自 31 个参展国的展品。中国展品主要展陈于美术、矿业、交通、农业、食品、教育、文艺、工艺等 8 个专馆，而机械、制造、园艺和牲畜 4 个专馆没有中国展品。各专馆之中国展品状况如下表 1。

表 1　巴博会各专馆之中国展品概况

馆名	中国展品概况	说明
农业馆	有茶叶、烟叶、羊毛、豆粟米麦、木材、豆油菜油、葡萄酒、药材、棉麻、丝茧、猪鬃，以及豆饼、菜饼、花生饼、棉籽饼等。	所有展馆中，此馆中国展品最为丰富，占地 11434 平方英尺。展品以茶叶为大宗，烟叶次之。（冯自由编著《巴拿马太平洋万国大赛会游记》，第 120 页）
工艺馆	有陶器、铜器、铁器、木器、竹器、瓷器、草席、梳篦、绒毡绒毯、玻璃丝器、漆器漆画、檀木家具、扇类、金银器、珠玉、顾绣、丝绸、丝纺织品、藤器、画屏、泥塑人像、草帽、石雕、时钟等。	中国展品丰富，陈列华美，"五光十色，不遑枚举"，外人咸"啧啧称羡"，其中，丝绸最为出色，"外人为之咋舌惊叹"。（冯自由编著《巴拿马太平洋万国大赛会游记》，第 121 页）
教育馆	有来自初等教育的线绣、丝绣、图书和模型标本等；有来自中等教育的成绩表、油画、博物标本、手工织物、刺绣、剪纸等；有来自高等教育的博物标本、讲堂成绩、解剖图等；有来自实业教育的罐头、丝绸、织绣、船模型等；有上海徐家汇孤儿院的刻屏、雕像、牌楼、塔宇、台架、几凳等。	中国展品"表示中国十五年来教育上大有革新气象，其理想、其方法均脱去陈旧，与欧美同化"。（霍锐：《巴拿马赛会中之中国观》，《协和报》第 5 卷第 47 期，1914 年）北京清华学校、上海工业学校辟有专区，展陈其成绩。

---

① 屠坤华：《万国博览会游记》，第 160 页。
② 冯自由编著《巴拿马太平洋万国大赛会游记》，美国旧金山少年中国报馆，1915，第 117 页。
③ 屠坤华：《万国博览会游记》，第 222 页。

续表

馆名	中国展品概况	说明
食品馆	有罐头、饼果鱼肉、蛋白蛋黄、咸蛋皮蛋；有安徽的茶品、浙江的酒品、广东的干鱼；有豆粉、葛粉、藕粉、米粉、粉丝、鱼肚海菜、金针木耳、酱醋油酒、蜂蜜、面条等。	中国展品占地 6192 平方英尺。
美术馆	有条幅、挂件、屏风、地毯、扇面、瓷器、景泰蓝、烟壶、漆器、玉器、石器、竹刻、木刻、古画、水彩画、油彩画、刺绣等。	展品基本是"细工物品"。（屠坤华：《万国博览会游记》，第 45 页）所有中国展品，此馆最为出色。
文艺馆	有钟表、乐器、罗盘、戏服、钱币、风景图片、动物标本、教学仪器、建筑模型、印刷品、药材、颜料、化妆品等。	展品数量不多，"且无动人兴味之物"。（屠坤华：《万国博览会游记》，第 134 页）
交通馆	有京奉总局事务所、汉阳铁厂所造铁轨、江南造船厂所造之船、苏州火车站、黄河桥的模型，以及各铁路机车和桥梁的模型；有关于沪杭、京奉、京汉、正太、津浦、沪宁、京张等铁路及沿线风景的照片；有关于电信方面的统计图表；有全国邮政地图。	展品基本由交通部选送，数量不多，分陆运、水运、电信、邮政四类。所有展品都是模型、图表、照片，没有实物。这些展品基本反映了中国近代交通事业的发展进步，"虽不为多，亦尚可观"。（范永增：《参观巴拿马博览会记》，《益世报》1915 年 10 月 3 日）
矿业馆	有湖南水口山铅矿场模型、山西河南的硫黄石膏石棉、河南的大理石、广西云南的锡与锑、贵州的水银、湖北的铁矿、江西萍乡及直隶开滦的煤、四川的铜、东北的煤铁金银等矿，以及广东湖北的水泥、天津启新洋灰公司的砖瓦、汉阳钢铁厂的火砖与铁器。	中国展品"陈列规模狭隘，不足表示矿源之富"，（屠坤华：《万国博览会游记》，第 76 页）但也表现出趋新迹象，如铁器中的铁轨、钉条，"铸钢鲜见"，"花砖亦有，可为建筑前途贺"，"苟竭力改良增进则将来正未可限量也"。［范永增：《参观巴拿马博览会记》（续），《益世报》1915 年 10 月 4 日］

　　整体上看，中国展品虽数量众多，但基本是展现农业文明的农业品、手工艺品、传统美术品和教育品，而最能展现一国之实力、体现时代之进步的工业品却极少而简陋，甚至作为近代工业翘楚的机械制造类展品完全缺失。时人就言，中国展品"具有历史上气味，令人一见即可知为东方文明之代表"，[①]"所有精华，皆在美术、教育、工艺三馆，工艺馆丝器瓷器

---

　　① 严智怡：《预会志略》（上），《巴拿马赛会直隶观会丛编》第 1 册，第 42 页。

最多，然皆无显然之进步"。① 这说明辛亥革命之后，中国虽具有了"中华民国"之近代国家名号，但从国家实力而言，与晚清时期并无二致，仍然是一个传统农业文明国家。不过，比之晚清，已经有了维护"国"之形象的观念自觉。在征集出品时，就有人从维护国家尊严，展现国家形象，开拓国家利权的角度，明确指出，图龙者、神像者、烟枪刑具等与封建专制王朝及其文化密切相关的丑陋之物，不可赴赛，以免"彰国耻"，而能凸显"中华民国"形象，发扬中国传统文化，体现中国之进步的物品，应大力征集，积极与赛，以"增吾国之荣光"，比如图五色旗者、古玩字画等国粹、丝绸瓷器茶品等能图利者，并对这些物品如何赴赛提出了许多建议。② 实际征集中，明确规定以"表彰文化、比较政绩、启发生产、改良社会"和"扩张销路，并图永久之利益"为宗旨。③ 所有出品，未有与近代文化格格不入、损害"国格"物品，并开始有向近代农业品、工业品、教育品、美术品等迈进的迹象。即便是传统农业文明的物品，其质量与装饰陈列，亦有进步，可视为"东方文明之代表"。

综而观之，袁氏中华民国赴赛巴博会的态度和活动，基本反映出了当时中国所具有的一种以近代西方为目标和标准，积极进取，励精图治，并努力维护国家尊严的精神风貌，包括：一是强烈的民族、国家忧患意识，及由之而来的强烈的竞争精神和发展观念。面对"漏卮日钜，生计日难"的严峻形势，有"亡国灭种"之骇，希冀乘赴赛巴博会之机，奋勇直前，积极参与世界商业竞争，拓展商权，挽回利权。通过大量的观摩、比较、研究，明了中西发展的差距和原因，既积极学习西方，又正视自己的优缺点，卧薪尝胆，埋头苦干，急谋改良、发展，夯实国基，最终实现国富民强。二是强烈的维护民族国家之尊严的意识。不仅能积极主动与有损中国之国家尊严的行径做坚决斗争，维护国格，而且自觉、积极按近代外交和交际礼仪开展活动，既呈现中国传统文化经典，又展现向西方学习、靠拢的趋新风貌。同时，自觉征集、展陈彰显国家文明形象的物品，避免损及"国格"，馆场布置也极力凸显中国"文明古国之风"，维护国家良好形象。不过，囿于国家实力之不济，袁氏中华民国在巴博会上所呈现出的整体形象，虽有趋新进步，但仍然是一副传统农业国家形象，与晚清中国并无二致，而且，受政治现实之影响，并未呈现出辛亥革命所造就的民主共和，

---

① 乐嘉藻：《大会参观日记》（下），《巴拿马赛会直隶观会丛编》第 5 册，第 37 页。
② 杨锦森：《为巴拿马博览会敬告国人》，《民国经世文编》（实业），沈云龙主编《近代中国史料丛刊》第 497 册，台北，文海出版社，1970，第 4579～4591 页。
③ 李宣龚编《巴拿马太平洋万国博览会要览》，第 208、210 页。

而是体现出帝王气象，沿袭的是君主立宪之一脉。

二　"国"之相关词语所反映的"中华民国"之"国家观念"

围绕赴赛巴博会，时人发表了大量言论，并留下了一些文献资料，里面有不少"国"及与"国家"相关的词语，这些词语当是时之"国家观念"的反映。笔者据目力所及的中文文献，把这些词语汇集成如下表 2，并进行量化分析，以期窥见时之"国家观念"的大致状况。

表 2　中国赴赛巴博会言论及所留文献中的"国"之相关词语

言者	"国"之词语语境
	民国开国以来第一次与世界之人相见于世界会场；（严智怡：《序》，《巴拿马赛会直隶观会丛编》）（中国出品）不第可以挽回前耻，且足以表扬国富；3 月 9 日，中国政府馆开馆，会场总理特命名为"中华日"。[《预会志略》（上），《巴拿马赛会直隶观会丛编》第 1 册，第 4、26 页]
严智怡	中国政府馆纯为中国式之建筑……一见即可辨其为中国馆也……国人有研究本国建筑者，有论政府馆建筑之文；（中国政府馆）当自认为太平洋博览会场中之中华政府馆而已；国人对于政府馆之评论，大率如此；政府馆之建筑，以能表示其国性为主。……政府馆内容有两种：一以陈列物品，一以表示其国之历史与其国民之风尚或生活之现象；"中国地狱"……国人与之交涉，始将门榜撤去。[严智怡：《预会志略》（下），《巴拿马赛会直隶观会丛编》第 2 册，第 9、10、14、24 ~ 25、28 页]
	深愿此次展览之后，我工商巨子、实业名家，群策群力，精益求精，使我壮丽灿烂之中华民国，能与欧美之先进共和国，竞美于太平洋东西两岸。（《巴拿马赛会事务局局长严智怡直隶出品展览会开会词》，《大公报》1914 年 6 月 20 日）
乐嘉藻	国人不学……致使三千年来之文化，变成一种拙劣混浊之风气……国人之蒙羞甚矣；我国国民以外交之故，抵制日货，金山华侨，不许国人附乘日船。每遇日船开行时，有人至码头上巡缉，附乘国人常有被辱者。[乐嘉藻：《大会参观日记》（中），《巴拿马赛会直隶观会丛编》第 3 册，第 2、44 页]
孙继丁	利权自在，我国人自不能利用，将怨谁乎？……愿国民急起直追，勿待他日，为噬脐之悔；卫生农业……愿我国民深自猛醒，努力提倡；我国机械，向皆仰给外人……或因此报告，我国人之眼光，特别移注，积因成果，以至进于有成。[孙继丁：《机械馆调查记》（下），《巴拿马赛会直隶观会丛编》第 10 册，第 26、30、48 页]

续表

言者	"国"之词语语境
李文权	有以中华民国政府馆指为日本馆者。……民国成立未久,五色之旗,欧美人亦未习见,而中国政府馆又何等差异,无怪欧美人之不知也。中国政府馆初时所占之地甚大,今尚弃之;日本政府馆有金阁寺,可以眺望,可以休息,有庭园,可以散步,而中国政府馆皆不能。……中国政府馆介于亚尔然丁、坎拿大两政府馆之间……尤觉中华民国政府馆之卑小也;余观交通馆之中国出品……尤愿国民之速兴航路,以扩张航权于海外也;中国政府馆之劣,劣在无人知太和殿及两庑……几等于模型;(华侨所建之琼彩楼)与中华民国政府馆比较,不止天壤矣。[李文权:《调查报告》(二),《巴拿马赛会直隶观会丛编》第7册,第1、2、7、10、23页]
李文权	(巴博会)使余东半球大陆共和国之大国民,而得以游西半球大陆之共和国也。(李文权:《余之观巴拿马赛会之希望》,《中国实业杂志》第6年第4期,1915年4月)
不详	(美国)于吾国勘定馆址,树立国旗时,鸣炮致敬……兹之与赛,所以尊国体,睦邦交,兼以引起人民企业之兴味,发展海外之贸易,此则政府之主旨也。(江苏筹办巴拿马赛会出品协会编印《江苏筹办巴拿马赛会出品协会报告书》,第1页)
贾丰臻	吾以美术的手段对付外人,而人反以教育的目光私议民国。(《江苏筹办巴拿马赛会出品协会报告书》,第43页)
不详	我政府馆介于其间,殊形局促,国人之赴会者,乃多致不满。……殆中华之国运欤;(物品)所有镜框,一律由协会改做国货。(江苏省长公署实业科编印《江苏办理巴拿马赛会报告书》,1917,第5~6、76页)
李宣龚	博览会者,万国国力之比较表也;补助商品之经费,在国家虽为一项之支出,在国民实为一项之收入;若不乘此机会,实力扶助,则太平洋之商务,我国人恐不能占一位置;既可诱国民世界之企业心,而国家移殖之政策,亦可藉以发展矣。(李宣龚:《对于筹备巴拿马万国博览会出品之意见》,李宣龚编《巴拿马太平洋万国博览会要览》,第217~232页)
不详	(巴博会征品中)尚有非本国现在所能企及者,今姑存之,以冀国人之奋勉焉。(巴拿马赛会事务局编译《巴拿马太平洋万国博览会出品分类纲目》,第2页)
章纯武	举凡关于农业之重要事物,皆择优搜辑,以饷国人。(章纯武编《巴拿马博览会农业调查报告》,农商部刊印,1916,"叙略")
章纯武	举凡士农工商,各宜殚竭心力,举吾国之所长,以披露于彼邦,亦可取彼国之所长,以归饷我祖国。……此次之博览会,为全球所注意,吾国尤宜殚力从事,以全国体而浚利源。……将其简章译出,以饷我国民之愿以农业及工业商业赴赛者。(《巴拿马太平洋万国博览会简明章程》之"附案",《中国实业杂志》第4年第5期,1913年6月)

续表

言者	"国"之词语语境
屠坤华	凡可利导国人之事，必丁宁致意；（描述各展馆时，一律称中国为"中华"，共有 12 个"中华"）；予游会场数月，见我国人于根本事上留心者，只此一女；（中国馆奠基时）升五色国旗并阅兵焉，以示敬也；（图片）中华政府馆内之一；中华乡风：……中国地狱，内设……诸种辱国之事……吾国竟知加以干涉，是国人国家思想之进步也；中华举行之会：……我国政府馆开幕之期……馆门悬有中美国旗。……奏我国歌，以表敬意。……原定十月十日为中华日，兼以纪念我国共和，举行遥祝国庆之典，后……改为九月二十三日。……遍树中国国旗；（图片）中华政府馆图，开幕日之情形；此次赴赛……均与国计民生有无限之利益；（有美国人）评我政府馆曰："以政府馆观之，中华美术家之亡久矣。吾惧其新共和国亦与之借亡也"；此次外国参与赛务，以政府热心论，除日本外，固当为我中华。（屠坤华：《万国博览会游记》，第 1、44、75、88、103、113、124、134、144、147、158、159）、120、159、162、193、208、221、222、223 页）
不详	赴赛注重在恢复国产名誉，诱起企业导线……求改良之方法；送巴拿马会场陈列，以期发扬国光；此次赛会注重在改良制造，挽回利权，国权所关，未便过于草率；（奉天省与筹备巴拿马赛会事务局协商经费，共说出了 5 个"国币"词语）。（萧镇编《巴拿马赛会奉天出品成绩报告书》，1915，第 74 ~ 75、98、114、127 ~ 128 页）
陈琪	调查报告，贵贱备所以示国民仿效之定程；（美）对于我国力主敦睦……不愿以经济势力钳制中华。……实为民国成立以来第一次出洋赴赛。……再不力求竞胜，必至固有国产全因比较减色而处于失败地位。……此番赴赛之举，实于民国将来有莫大之利益。……俾底于成，则中华民国之幸。……恢复固有国产名誉……诱起国民世界的企业心……表示我国民商业道德以植国际贸易之本源；中华民国号称共和，非工商不足以立足；美以合众，中以共和，政体亦复相同，新造之邦，正资借镜；我中国……今改为共和矣，四年来新进之文化，改良之物产，……一度刷新；此次赴赛华茶……似不应仅给一大奖与中华民国；新中华开国伊始，整军经武，励精图治。……中国国民共认美国为最亲近亲爱之友邦。……祝美国国民和平幸福。……两大共和之国，同为大陆滨海之国……世界各国莫之与京；诸君素爱祖国，尤爱美国；美旗乎，华旗乎，弈弈乎共和政治也。……乘以开会时机，举五千年声明文明之古国，进而与百余年新进之共和国，互相参证，互相观摩。……非但中美政府相需之交谊愈形巩固，即国民自然之情感亦必愈见亲爱。（陈琪主编《中国参与巴拿马太平洋博览会记实》，《序言》及第 16 ~ 20、90、97、113、117、222 ~ 223、239、247 页）
胡瑞霖	赴美赛会，实为民国第一次与美人携手之事……惟民国成立以来，借债度日，各省秩序未复。适逢美国有此盛会，若不与会，无乃自丧其新造国之体面。（陈琪主编《中国参与巴拿马太平洋博览会记实》，第 7 ~ 8 页）
陶昌善	吾中华民国位于太平洋西岸，与（美）东西对峙为两大共和国，各以农业立国。（陈琪主编《中国参与巴拿马太平洋博览会记实》，第 8 页）

续表

言者	"国"之词语语境
张继、王正廷	我国共和告成，凡百建设……端赖友邦，而美洲各国首先承认以增进我共和之幸福，则将来国人竞赴彼邦与于赛会，非特国民之程度，物产之良窳，于万目睽睽之下不能少掩，既足以观感物质文明而资攻错，抑且为中美国民交际之纪念，而与世界相见之良好机缘也。（陈琪主编《中国参与巴拿马太平洋博览会记实》，第13页）
王赓	此次巴拿马之博览会，实足促进我国工商界之奋发心与吾国国民之企业心也。（陈琪主编《中国参与巴拿马太平洋博览会记实》，第13页）
官员	终至商旅裹足于征集赛品，发扬国光之初意不易达其目的。（陈琪主编《中国参与巴拿马太平洋博览会记实》，第25页）
官员	（中国展品）分列教育、工艺、美术、文艺、农业、园艺、食品、矿物、交通各馆，及中华政府馆。（陈琪主编《中国参与巴拿马太平洋博览会记实》，第95页）
官员	当此万国比赛竞争之场，未便过于草率，贻国之羞。（陈琪主编《中国参与巴拿马太平洋博览会记实》，第98页）
不详	（介绍中国政府馆及其开幕，共用了8个"中华政府馆"，5个"中国政府馆"）（陈琪主编《中国参与巴拿马太平洋博览会记实》，第101~109页）
不详	亚东新国如中华，其出品足饱美国人之眼福。（陈琪主编《中国参与巴拿马太平洋博览会记实》，第112页）
办事员	合给一大奖于中华全国之茶，其产茶著名之省亦各给大奖一枚。（陈琪主编《中国参与巴拿马太平洋博览会记实》，第200页）
顾维钧	中国自革命后，倾覆专制，建设共和，近已国本巩固，海内大定。（陈琪主编《中国参与巴拿马太平洋博览会记实》，第228页）
不详	（宴请驻美公使夏偕复）席上以五色花卉装成中国国旗，形壁上悬中美两国国旗。（陈琪主编《中国参与巴拿马太平洋博览会记实》，第235页）
不详	原定十月十日为我国共和纪念日，在中华政府馆举行，遥祝国庆庆典，并经电请公使莅会……乃公使莅金山后，因另有要公……提前于9月23日为庆贺中国日……全馆遍树中美国旗。（陈琪主编《中国参与巴拿马太平洋博览会记实》，第238页）
不详	今观中华改革民宪后之教育出品，不能不惊服中华教育进步之神速，又足证民宪政体之效验。……（巴博会教育馆举行花车游行）吾国之车列于第一车上，中美国旗，交辉引起人民之亲爱，沿途鼓掌欢呼，中华民国万岁之声不绝于耳。（陈琪主编《中国参与巴拿马太平洋博览会记实》，第258~259页）

续表

言者	"国"之词语语境
刘揆一	（事务局）开局之时，适在美国正式承认中华民国之后，中国往巴拿马赛会之时，即我五色新国旗西渡太平洋，与万国争辉之日，实民国开国以来，加入国际团体第一之好机会。……今当国体新更，国基未固之时，苟不具有世界之观念……男猛精进……求拓经济界之一新天地，则……必至外货日侵，国产日绌，国民日用衣食所需皆仰给外货……国币匮乏如故，外力益伸，永劫难复。国权独立之精神，有不因此动摇者乎？……欲保持国家之主权，维持生活之福利，非引导国民全体之心思材力倾集于经济竞争之一途。……（巴博会上）各国所竞争，……就精神上论之，实国际之竞争，国度之表示。……民生之困穷，不能不引起经济竞争之兴味，国度之幼稚，不能不激励观感之雄心，且鉴于前清赛会种种之失败，不能不于民国肇兴之始，勉图进步，树之风声。……此次赛会关系之要点：（一）则民国新造，……可借此次赛会唤起一般国民商战之兴会，达到发展国民经济之目的；（二）则可使吾国之物质文明，借此次赛会绍介于世界人之脑中，使知民国历史之凭藉甚厚，前途之希望无穷……（《巴拿马赛会事务局开局工商总长刘揆一演说词》，《大公报》1913 年 7 月 7、8 日）
不详	吾国于此次赛会之关系……事关国体，万难苟简。（《工商部呈请大总统筹备巴拿马赛会事公文》，《中国实业杂志》第 4 年第 5 期，1913 年 6 月）
不详	世界文明之进化，共和　立国之根基，以教育与交通为第一要着。（《美国巴拿马赛会中国出品报告书》，《大中华杂志》第 2 卷第 10 期，1916 年 10 月 20 日）
黄炎培	美国人有一种理想，以为国家已达政治上之共和，宜进求经济上之共和。（抱一：《巴拿马万国博览会之教育馆》，《申报》1915 年 9 月 13 日，第 3 张）
冯自由	（巴拿马赛会会场奠基之日）我国人所赠之爆竹，同时响发。（冯自由编著《巴拿马太平洋万国大赛会游记》，第 11 页）
王毓祥	（罗斯福）为吾国人所钦仰。……姑译其（巴博会上之演说）大旨，以告国人。〔《罗斯福巴拿马博览会演说辞》（王毓祥译），《申报》1915 年 9 月 27 日，第 3 版〕
陶宾南	组织实业团赴美报聘，俾得联络感情，研究改良，以期国货畅销海外。（《赛会劝导员在苏之表见》，《申报》1914 年 3 月 6 日，第 3 版）
记者	该会为比较国产，提倡实业而设。〔《江苏出品展览会纪事》（四），《申报》1914 年 6 月 5 日，第 10 版〕
不详	查该局所请豁免税厘，原为提倡国货，奖励海外贸易起见。（《赴美赛会物品准免税厘》，《申报》1914 年 6 月 5 日，第 6 版）
黄远生	若届时而不开馆，则国体所系，且华侨必将大闹。斥我等共同辱国。（《游美随记·中国陈琪之赛会》，《申报》1916 年 1 月 26 日，第 3 版）
黄耀臣	必将合同取消，使死灰不能复燃再辱国体。（《华地狱已禁复开说》，《申报》1915 年 4 月 29 日，第 6 版）

续表

言者	"国"之词语语境
不详	美国人极感谢中华民主国来赴万国大赛会。(《巴拿马河成纪念大赛会第七次宣言》,《大公报》1914 年 11 月 2 日,第 3 张)
杨心一	此次赛会均国人所自办,对于宣扬国光方面甚为注意。(《江苏出品展览会开幕志盛》,《申报》1914 年 6 月 2 日,第 10 版)
徐谦	共和改建,普通心理倾向于政体嬗变之一途;今幸国基巩固……中央提倡工艺,俾二十世纪之中华民国,得藉巴拿马航线接近之便利,以出品灌输全球,则斯会是也。(《江苏出品展览会开幕志盛》,《申报》1914 年 6 月 2 日,第 10 版)
农商部	(复函巴博会总理摩尔)中美两大共和国之邦交,愈形敦睦。(《关于巴拿马赛会之要牍》,《申报》1914 年 9 月 28 日,第 11 版)
杨小川	其有爱于共和政体,先后同归欤。此次赛会,殆惟我华美两国具有特别之感情。(《连日欢宴美国劝导员详记》,《申报》1914 年 3 月 28 日,第 10 版)
朱延祺	(华商)在会场所得之新智识新思想,归饷祖国,开利源,习工艺,兴商务,皆于赛会有以感发而兴起之。(《专件:巴拿马河成纪念大赛会第二次宣言》,《大公报》1914 年 2 月 10 日)
洪伯贤	处此商战时代,谋国货输出之发展,杜利权外溢之漏卮,急起直追。(《上海物产会开幕之见闻录》,《中国实业杂志》第 5 年第 7 期)
唐琼昌	窃维国基欲求巩固,……尤在联络外交;至金山择定地场,以便陈列国货;(中美)诚以国体既同,故交谊自厚;中华民国成立后,美国承认独先。……民国幸甚!(《要件:参议院唐琼昌为巴拿马博览会事上大总统书》,《大公报》1913 年 6 月 14 日)
许桑、张烈	揆之目前国情,……国民孰堪其担负?……果欲为争取国际商业地位计,为发扬国货名誉计,为振兴内国产业计,正自有道。……我国民穷财尽,立国之本,端赖工商。……输国民之膏血,泄海外之尾闾,产业益用不振,国本于以大倾,势所必然。(《要件:参议员许桑张烈等关于巴拿马赛会赴赛事务设立专局需用巨款质问书》,《大公报》1913 年 7 月 8、9 日)
高劳	适值国体初更,未遑筹办,派员赴美建筑中华馆;吾国……与美国东西相望,且共和政体;吾政府以国事未宁,筹备事宜,延迟一载;利用比较观感,以增进吾人实业之智识,度亦为国人所公认;华侨参观所得,无由饷之祖国;民国更新……当不至再蹈覆辙。(高劳:《对于筹备巴拿马赛会之意见》,《东方杂志》第 10 卷第 1 号,1913 年 7 月)
裘毓麟	赛会之目的,在振兴商业,改良国货。……吾国近日既以赛会为振兴实业之先导,则二十世纪初最大之巴拿马万国博览会,当必为吾国人所乐闻。(裘毓麟:《巴拿马大博览会述略》,《大中华杂志》第 2 卷第 1 期,1916 年 1 月)

续表

言者	"国"之词语语境
阙名	此次赛会……谨缕陈利害以忠告我政府 国民。……盖以为国际之竞争，国度之表示，经济之发展，利权之回复，胥在此。……殊不知值此国基未固之时，……（赴赛）断不宜任意敷衍，而贻笑于列邦，自损其国体也。……民国肇兴之初……假使政府以消极的态度应付之，则国民亦必志躁气馁。……国民既乏商战之兴味，必不能引起实力的竞争。……实力的战争，国民尚属主体……以壮我国家之观瞻……以振国权，张国威。……故赴赛之举，我国民所负担之责，亦非浅显。……民国肇兴，商业凋零已极……救之法，是在推广海外交易，销售国货，以吸收利权，故值此赴赛之盛举，我国民亟应踊跃从事。……（赛会）罗万国之珍错，以供各国民之批评……国随之以富，种因之以强，唯我国民亟应勠力同心，互相协赞者也。……是为敬告我国民者言！……盖（赴赛）一举即为国体攸关之事业，不忍稍事敷衍。……在政府自应以扩张经济之势力，以增进国民之幸福为心，而国民亦当奋然而兴，使国家跻于完全富强之列。……对内可以增长国力，即为我民国莫大之光荣！[阙名：《论赴美赛会与我国前途之关系》，《民国经世文编》（实业），沈云龙主编《近代中国史料丛刊》第 497 册，第 4575～4579 页]
杨锦森	吾民国 政府亦遣（人）赴美，表示吾民国愿预斯会之欢衷；先述圣路易博览会历史上之陈迹，以告吾国人；有数种事物，为不可赴赛之品，而最易误入赛品之中，此国人所当注意者也；以上各节，不过就赛品之彰吾国耻者略举数种言之；如赛品之图民国 五色旗者，则足以增吾种族之荣光者也，故如绣货……均可以五色国旗为花，而如邮片图书，亦可以绘吾国旗。……缀制五色小国旗，亦可多制。旧金山博览会开幕之日，适为吾中华民国成立之纪念日，当局者大可于是日在会场中举行民国成立第三年纪念大庆祝，遍赠购物之人以五色小国旗。[杨锦森：《为巴拿马博览会敬告国人》，《民国经世文编》（实业），沈云龙主编《近代中国史料丛刊》第 497 册，第 4579～4591 页]

说明：（1）国家、某某国之类的词语，以及"中国"一词，因为民初时已经比较普遍，基本为人们所接受，且就是对国家的很普通的称呼，并未有特殊的内涵，故未录入此表。（2）"中华""华""政府""共和""政体""民主""民宪""主权""五色"等类词语，虽未含有"国"字，但根据语境，仍与"国"相关，故一并录入此表。（3）"共和立国""政府国民""民国政府""民国五色旗"，都算作两个词语，之间以空格隔开。（4）同一言论，在多处文献中出现，只择其一。（5）为了量化分析之全面，虽有赘繁之嫌，但笔者亦尽量呈现相关词语资料。不过，尽管笔者穷力而为，仍难免挂一漏万，但并不影响下文之分析。

表 2 所列"国"之相关词语共有 278 个，这些词语大体上可以分为 4 类。按这 4 类，以及它们的数量分布状况，列为表 3。

表 3　中国赴赛巴博会言论及所留文献中"国"之相关词语的种类与数量分布

第一类		第二类		第三类		第四类	
词名	数量	词名	数量	词名	数量	词名	数量
中华民国	10（13）	共和（之）国	8	国民	34（35）	国体（国之体面）	8

第一类		第二类		第三类		第四类	
词名	数量	词名	数量	词名	数量	词名	数量
民国	20（33）	共和	12（23）	国人	26	国光	3
中华民国政府馆	3	共和政治	1	国基	4	辱国	2
中国政府馆	12	共和政体	2	国本	2	国之羞	1
中华政府馆	13	政体	2（5）	立国	3	国耻	1
中华	23（42）	民宪	1（2）	国力	2	国威	1
中华日	2	民宪政体	1	国计民生	1	国运	1
华（美两）国	1	民主	0（1）	国民经济	1	祖国	4
政府	8（46）	民主国	0（1）	国富	1		
政府馆	10（38）	国体	3	国产	5		
中华馆	1	国性	1	国货	8		
中华民主国	1			国币	6		
民主国	0（1）			国度	3		
五色（新、小）国旗	5			国情	1		
五色（之）旗	2			国事	1		
五色	1（8）			国权	3		
国旗	8（16）			主权	1		
华旗	1						
国歌	1						
国庆	2						
合计	124	合计	31	合计	102	合计	21

说明：（1）数量一栏中，括号里面的数字，是指此词语加上了与其他词语中重叠的词语后的数量。比如，"中华民国"单独出现，是 10 个，但加上"中华民国政府馆"中的"中华民国"之后，就是 13 个。（2）"中华民国"，可以简称"民国"，但不能简称"中华"，故"中华民国"拆分为"中华"与"民国"后，"民国"就可指"中华民国"，但"中华"一词，难以指称"中华民国"，与言者之意不符，故，虽其含义与其他地方的"中华"一词类似，但仍不能与之归类。（3）"华美两国"中的"华"，其义应是指"中华"。（4）"华旗"，应是"中华国旗"的简称，可以拆分为"中华""国旗"二词。

第一类是有关中国国家称呼和国家形象标志的词语，共有 124 个。大体上，通过赴赛巴博会所反映出的时人对自己国家的称呼，基本有三种。一是称之为"中国"。这当是较为中性的称呼，就如当今所称"中国"一样。从晚清到民国，直至今日，"中国"一词，就是对中国这个"国家"

的泛称，虽然与古称"中国"有了区别，含有了"国家"观念，但很大程度上只是反映了国人对自己国家身份的认同感和归属感，是国人对自己国家的一种标号式的统称，并无特殊政治义涵，只是在不同时境，可以对应指称大清国、中华民国和中华人民共和国。所以，时人称呼"中国"，而不是"中华民国"，虽然不能判定此"中国"肯定不是指"中华民国"，但基本可以说明时人的国家观念没有凸显辛亥革命所造就的"中华民国"，"中国"之国家观要强于"中华民国"观念。

　　二是称之为"中华民国"，或"民国"。这当是对辛亥革命之后的"新中国"即新造民国最直接的称呼，说明中华民国成立，使得中国有了具体的近代国家之载体，中国人开始对自己的国家有了明确的指称，这相对于晚清，是一大进步。这两个词一共有 33 个，虽然不及"中华"一词多，但也不少，反映了"中华民国"，至少从国号上，开始深入人心，为社会上一部分人所接受，即便是立宪派人士也有称呼中国为"中华民国"的。

　　三是称之为"中华"。这一称呼最多，达到 42 个，超过"中华民国""民国"二词的总和达 9 个之多。为何以"中华"称呼中国？根据"中华"一词所在的语境，有的明显是指"中华民国"，如"亚东新国如中华"，"新中华开国伊始"。孙中山等革命党人所要建立的新国家，从最初定名为"中华共和国"，到最终确定为"中华民国"，都冠以"中华"一词，把"中华"与"共和国"或"民国"连在一起，使得新建国家具有了中国特性的同时，也显然赋予了"中华"一词以国家义涵。此外，梁启超等人大力宣传近代民族思想，提出并鼓吹"中华民族"之概念，孙中山等人在"排满革命"成功后，亦力主五族共和，倡导"中华民族"之共同体，把"中华"一词与"民族"相连，使得建构的民族共同体具有了中国特性的同时，也明显赋予了"中华"一词以民族义涵。这样，"中华"一词就具有了近代民族国家的义涵，某种程度上也就具有了与"中国"一样的意义，可以用来泛称中国这个国家。但此词更倾重于文化意义，较少政治色彩，诚如章太炎所言，"建华名以为国，而种族之义亦在"，"中华之名词，不仅非一地域之国名，亦且非一血统之种名，乃为一文化之族名"，"华之所以为华，以文化言，可决知也"。[1] 显然，以"中华"称呼自己的国家，是在沿袭中国的文化传统，具有传统文化根基。

　　时人以"中华"指称"中国"或"民国"，而不是直接称呼"民国"，

---

[1]　章太炎：《中华民国解》，《民报》第 15 期，1907 年 7 月 5 日。

说明清王朝被推翻之后，虽然建立了"中华民国"，使得中国具有了第一个近代国家载体，但"中华民国"并未成为社会的普遍共识，仍然有不少人，乃至大部分人要么不知"中华民国"，要么不愿认同"中华民国"，要么不清楚"中华民国"之内涵，就以国家认同较为模糊的"中华"称呼清王朝被推翻之后的"新中国"，从中国传统文化中认知新国家。这反映了中华民国之核心内涵，比如民主、共和，并未深入人心，而为人们普遍接受，亦进一步说明，比之晚清，民初社会具有了较为明确的近代国家观念，但这种观念并没有因辛亥革命及中华民国的建立，而变得较为丰实，很大程度上还只是停留在国号层面，而对近代国家之真义，仍是模糊的。不过，还是有人把"中华"与"民主"相联系，从国名上直接点出了中华民国之内涵，称呼中国为"中华民主国"，这说明资产阶级民主共和革命对人们的国家观念还是有深层次影响的，但"中华民主国"一词，仅有 1 个，又说明这个影响，就社会整体而言，比较有限，很大程度上只限于少数个体。

到近代，国旗、国庆、国歌，和国号一样，既承载有国家之内涵，又是国家的象征，体现了人们的国家观念。在如巴博会这样的国际场合，国旗就是国家的标志，更容易产生宣传效果。巴博会上，时人表达出了国旗、国庆、国歌意识，说明已经有了近代国家观念。巴博会上所宣扬的国旗是五色旗，此乃中华民国第一面国旗。五色旗，虽然有五族共和之义，强调中华民族大一统，但它原为北洋海军将领旗，与袁世凯北洋派系颇有关系，同时也与晚清之立宪派倡导的"五族大同"、蒙古族的"五色四藩"文化观颇有渊源，而与"辛亥革命"及"中华民国"联系不深。孙中山反对以五色旗为国旗。巴博会中国馆原定在"双十节"举行中华民国国庆庆典，却因驻美公使行程不便而改日举行，使得庆典丧失了"双十"之意味。"双十节""国庆"，乃民国之神圣大典，却因一公使而改变，可见其在国民心中并不神圣，反映了时人并不重视"中华民国"及"辛亥革命"。

近代国家与政府密不可分，政府作为国家权力机关，是国家载体的具体组织形式。清末近代国家观念开始泛起之时，近代政府观念亦随之而起。中华民国与南京临时政府的成立，使得近代国家与近代政府都变成了现实。可之后随着南京临时政府的消亡，虽然中华民国一直存在，但代表中华民国的政府却发生了变化。赴赛巴博会时，时人所表达的"政府"一词，有 46 个之多，远多于表达新造民国的"民国"与"中华民国"之词语 33 个。参赛巴博会是国家行为，中国场馆是国家馆，代表着"中华民国"，理应称之为"中华民国馆"，可官方却把中国场馆命名为"中华民国政府馆"。而且，无论是官方，还是社会，没有称呼"中华民国馆"的，亦极少称呼"中国馆"的，基本是称之为"政府馆"，一共有 38 个，其中，与"中华民国"合组在一起的，只有 3 个，而与"中国"或"中华"合组的却有 25 个，没有与国家称号合组，单纯称之为"政府馆"的有 10 个。这说明时人之"政府"观要远盛于"中华民国"国家观，时人更注重文化与区域意义上的"中华"和"中国"。时人所指"政府"，毫无疑义，当是指袁世凯"北京政府"，其是代表中国的唯一合法政府，实即"中华民国政府"，这个"中华民国"，与南方革命阵营关系不大。

第二类是体现中华民国之内涵、性质的词语，共有 31 个。从观念精神与政权组织形式来讲，最能体现中华民国的国家性质与内涵的，就是自由、民主、平等、共和、宪政等。时人在赴赛巴博会中，十分强调"共和"，表达出的"共和"一词，共有 23 个。据其语境，这 23 个"共和"中，直接反映共和精神与理想的，只有 3 个，即"美国人有一种理想，以为国家已达政治上之共和，宜进求经济上之共和"，"世界文明之进化，共和立国之根基，以教育与交通为第一要着"，所指并非中国，而是欧美国家；11 个意指共和国家，其中 4 个仅指中国（有 1 个是借美国人之口说出），4 个仅指美国，3 个指中美两国；3 个意指共和革命，即辛亥革命；4 个指共和政体，其中 3 个指中美两国，1 个仅指中国；1 个指中美两国之共和政治；另 1 个"以增进我共和之幸福"，可能是指中国之共和国家或国民。共有 9 个仅与中国相关，而其他 14 个都与美国相关。另外，还有 3 个"国体"词语，据其所处语境，即"国体新更，国基未固"，"适值国体初更，未遑筹办"，"诚以国体既同，故交谊自厚"，当明确是指中国的国家性质，前两个对国家性质为何表达得比较模糊，而后一个就明确是指和美国一样的"共和国"或"共和政体"。

如上状况，基本可以说明：一是时人的"共和"表述，受到了美国这个"共和国"的影响。中国赴赛巴博会，一大考量就是敦睦中美邦谊，中美共图亚太商业权益，因而注重宣传中美友好，从中美同属"共和国"，有着相同的"共和政体"着手，与美国拉近关系，寻求中美亲近。二是时人表达的"共和"观念，主要是限于共和国家、共和政体、共和政治等表象层面，而极少涉及较为深层次的共和精神，缺乏对共和精神的认知和表述，尤其是没有从精神内涵层面表述中华民国之"共和"。这说明到民初，人们已经从国家和政体层面认知到了"共和"，而美国作为共和国，其对中国的亲善，及邀请中国参加巴博会，又进一步加深了这一认知，使得人们的国家观念伸入到了"共和"这一内核。但同时，如晚清一样，因缺乏近代国家共和思想的启蒙，人们难以认知到共和的真义，缺乏共和精神，使得"共和"观和"国家"观一样，显得较为空洞。

正因为此，时人表达出的民主宪政、自有平等等观念十分淡薄，乃至完全缺失，说出的相关词语仅仅 3 个，即"民宪""民宪政体""民主国"各 1 个。可见时人对"中华民国"之内涵精神的认知和接受程度相当低，对近代民主国家之真义的认知十分缺乏。

第三类是表达国家之内容、发展的词语，共有 102 个。这些词语，大致又可分为三类。一是与中华民国之人相关的词语，即"国民""国人"。此类词语在整个"国"之词语中是最多的，共有 61 个。同时，这一类词语，以及表达国之称号的词语，有不少还会在前强调以"我"或"吾"，如，我（吾）国民（国人、民国、国旗、国歌、中华、政府）。这基本可以说明时人表达出了较强的对自己国家身份的认同感和归属感，很关注自己在国家中的主体地位，有着较强的自我意识和国家主人翁意识。同时，"国民"身份，既是权利，亦是责任，社会民众变成"国民"，反映了民初民众的社会权利和社会责任意识大大增强。这当是清末民初社会解放，个人追求权利的体现和结果。

二是体现国家生存、发展之基础和状态的词语。此类词语共 38 个，包括"国基""国本""立国""国力""国计民生""国民经济""国产""国富""国货""国币""国度""国事""国情"等，涉及面比较广，主要集中于经济领域。这些词语说明民初社会比较注重以物质经济为主的立国之本，强调振兴国货，发展工商实业，以壮大国力，夯实国基。民初社会"国民"意识增强后，更强调追求国家的发展和进步。

三是与"国权"相关的词语。此类词语很少，仅有 4 个，即"国权"3 个，"主权"1 个。此类词之所以很少，原因可能有三：首先，赴赛巴博会是在中美友好氛围之中进行的，而且会场上，虽然发生了"华埠地狱"事件，但整体上比较尊重中国；其次，中国赴赛巴博会的主旨在于敦睦邦交、振兴商务、发达贸易，专注于工商贸易事务及联络友谊；最后，如前文所析，民初国人较为注重社会发展，培植国基，而在对外层面的维护国权，关注不多。

第四类是表达国之尊严及对国家之情感的词语，共有 21 个。这类词语中，"国体""国光"两词最多，共 11 个，它们义涵相近，都是指国家之体面，与国家尊严相关。国人关注"国体""国光"，很大程度上不是因为在会场上遭到了羞辱，而是出于一种自觉，不仅自觉地不征集、展陈有损国家尊严的出品，而且希望通过积极赴赛，包括征集徒增国光的出品，好的展陈布置，以及会场调查研究和交际活动，展现良好国家形象。尤其是积极宣传共和政体，拉近中国与欧美之间的距离，积极拓展商务，与美国共图太平洋商权，以振兴国运，树立国威。对海外华侨而言，还要有"祖国"意识，维护祖国形象，归饷祖国。

总体而言，与晚清参加国际博览会相比较，此次赴赛巴博会，民初社会在短短的三四年间表达出了更多的"国"之相关词语，说明时人已有更多、更明确的国家观念。这些词语中，第一类有关国家称呼和国家象征的，是最多的，次多的是第三类有关国家内容和发展的词语，二者相当，共 226 个，占了 81％ 以上，而反映国家之内涵性质的仅占约 11％，反映国家尊严，表达爱国情感的仅占约 8％，这二者共 52 个，仅占约 19％。这可以反映出民初的国家观念，第一，开始有了明确指称，即国号"中华民国"，且开始与近代政府观念相连，而晚清时期的国家观念却较为模糊，并未与"清朝"合一，更多的是一种基于民族主义情感的"共同体"意识。① 只是"中华民国"虽然指代"中国"，但并未深入人心，为社会所普遍认同、接受，故时人称呼自己的国家，较为多样化，除"中华民国"之外，还有较中性的"中国"和倾重于传统文化的"中华"。同时，因民初特有的政治格局，北方中央政府所号称的"中华民国"，并非南方革命党人和立宪派所开创的"中华民国"。清朝灭亡，民国建立，人们近代国家观念愈发明确，但同时也开始多样化，出现新旧之分，南北之别。

第二，比之晚清国家观念，在认知国家之内涵内容上，向前有所推进，一是伸入到了"共和"，涉及了国家性质，但只是限于认知共和国家、共和政体等表象，而没有深入共和精神，这使得其和晚清一样，又显得较为空洞；二是与国家之生存发展密切相关的"国民"观、"国货"观大大增强，更加注重社会国民意识，谋求社会经济发展，振兴国家。从清末到民初，当国家认同还没有完全定型时，国家凝聚力还没拧成一股时，社会上一直存在一股劝兴实业、振兴工商、急谋发展的思潮，而且，随着国民意识的增强，这个思潮愈来愈强烈。国货运动就是在这样的背景下产生的。

第三，比之晚清，更倾向于理性。虽然巴博会场上发生了辱华的"华埠地狱"事件，但时人并未表达出强烈的因辱国、国耻等而导致的民族主义爱国情感，其之国家观念较少对外或受外界刺激，不注重通过抗争来维护国权，而是强调发扬国光，维护国体，注重发挥国民意识，行使"国

---

① 洪振强：《国际博览会与晚清中国"国家"之形塑》，《历史研究》2011 年第 6 期。

民"之权利，履行"国民"之责任，积极行动，包括谋求改良发展，培植"国基"，壮大"国力"，敦睦国际友谊，拓展海外贸易，来维护国格国权，树立国家尊严。国货运动就是如此国家观念的表达方式。到了民初，很大程度上，主张对抗西方，开展商战，堵塞漏卮，挽回利权，并不是为了宣传和强化对外的民族主义，而是为了增强提倡国货，追求发展的凝聚力，是为了动员人们更积极投身于改良和发展，以振兴民族国家。

结　语

巴博会是新造民国参加的第一个大型国际性活动。中国赴赛巴博会，虽号以"中华民国"，并极力宣传"共和"，而实际上所呈现出的国家形象，却仍有承袭晚清之一面。从展品及展馆来看，中国在巴博会上所呈现的是一副传统的农业中国和文化中国的形象，这是国家实力使然。辛亥革命虽然推翻了清王朝，但随之缔造的中华民国，难以一时改变国弱之势，仍然是农业国家，在世界博览会这一国家实力展示场上，只能延续前清中国的国家形象。

不过，比之晚清，赴赛巴博会中的中国，仍有很大进步。首先，已经具有了近代国家形象，尤其是具有了"中华民国"这一近代国家载体，以及"共和政体"，而不是晚清的"王朝中国"形象，基本剔除了龙旗、长辫子等与封建王朝紧密相连的东西。其次，具有了树立、维护近代国家形象的自觉，不仅自觉按"近代"之无形标准，剔除有损国家形象的出品，而且积极主动赴赛，乘赴赛之机，参与世界商业竞争，挽回商利，拓展商权，积极开展交际活动，敦睦邦交，通过诸多言行，自觉树立积极进取，符合西方标准的国家形象。最后，具有更强的追求发展的愿望，中央和地方，都积极赴赛，既积极出品，又积极派员赴会场进行考察、研究，甚至组团赴全美考察实业，寻求改良、发展之方。

辛亥革命后的新造民国，赴赛巴博会，是由代表中国即中华民国的袁世凯北京政府所主持，所呈现出的"中华民国"却与革命所造之"中华民国"关联并不紧密，而是与晚清中国有着割舍不断的联系。一方面，具体主事者，包括赴美考察之人士，基本是立宪派人士；另一方面，出于与美敦睦邦交之需，虽然标以"共和"，但并无"共和"之实，不仅在巴博会场上缺乏凸显"中华民国"的标志，完全缺失有关辛亥革命的展品和布置，布置较多的就是五色旗，而此旗并无多少富有革命意义的民主、共和之义涵，甚至中华民国之国庆"双十节"都未引起足够重视，而且，时人所表达出的"国家"观，亦乏"中华民国"观，更多的是"中华""中国"之观念，此观念更富文化意义，以及与袁世凯北京政府合一的"政府"观。可以说，虽然民初标以"中华民国"，但社会上的"国家"观念却较为多样、多歧。辛亥革命推翻了清王朝，缔造了中华民国这一崭新的国家，虽国号为"中华民国"，但随之的政府层面的国家机器之运转，以及与之相连的社会观念层面，却继续承袭晚清，沿立宪脉络演化，而与"中华民国"及肇建民国的辛亥革命一脉关系疏离，渐行渐远。从这个角度，在孙中山等革命党人看来，要继续革命，"再造民国"，就是一种当然。

《东方杂志》对清末民初开设国会的探讨（1904～1911）

凡 樊[*]

提 要 《东方杂志》创刊以来，以推动立宪为职志，并结合中国国情对开设国会展开讨论与思考。杂志通过讨论开设国会的必要性及其路径，试图构建立宪派的话语表达平台，达成对政府约束与监督的目的，进而推动政治改革发展。在实现媒介对权力的影响与制约的同时，形成报刊社会和政治政权的有效互动。

关键词 《东方杂志》 开设国会 预备立宪

《东方杂志》被称为近代杂志中"时期最长久而最努力者"，[①] 于 1904 年 3 月创刊于上海，直至 1948 年 12 月休刊止历时 45 年，共出版 44 卷。由于存续时段长、内容丰富、篇幅厚实，该刊深具思想资料库的功能，是近现代中国许多重大社会政治话题的重要文献记录者，也是 20 世纪前半叶社会影响力最大的综合型刊物之一。同时，《东方杂志》的编辑与作者群体，虽然政见取向不同，但作为重大社会政治活动的亲身参与者，他们借助该刊表达了不同群体的政治立场与思想言论。早期《东方杂志》的决策群与主笔群主要有夏瑞芳、张元济、孟森、高凤谦、陶葆霖等人。[②] 他们

---

* 凡樊，安徽大学历史系博士研究生。

① 戈公振：《中国报学史》，三联书店，2011。

② 夏瑞芳（1871～1914），商务印书馆经理，曾就读于基督教教会学校，后为预备立宪公会董事。张元济（1867～1959），商务印书馆编译所所长，曾中进士，参加过维新变法运动，提倡西学，后为预备立宪公会董事。孟森（1866～1938），《东方杂志》主编，曾为廪生，有留日经历，后为预备立宪公会董事。高凤谦（1870～1936），商务印书馆国文部主任，曾中秀才，赞成康梁维新，有旅日经历，后为预备立宪公会董事。陶葆霖（1870～1920），《东方杂志》主编，曾留学日本法政大学，后为资政院议员。

大多出生于 19 世纪六七十年代，多曾在幼年时期受中国传统封建教育，成年后接触西学，赞成维新，成为新型知识分子。在报刊运作上，这类群体倾向经营民办报刊，商人属性明显，因此也是资产阶级的典型代表。在晚清救亡图存的浪潮中，他们逐渐发现封建社会的种种弊端，积极拥护宪政。因此，推动君主立宪成为早期《东方杂志》类刊物的重要诉求。《东方杂志》镜像中的清末立宪是清末民初社会转型背景下报刊与政治的互动，其背后涉及地域环境、媒介报人、公共领域等多种内外因素。

清末立宪是晚清政府的一场自救改革。1901 年，清廷实行"新政"以图自救。立宪派认为救亡图存的根本在于政治改革，"欲救其弊，固非改定政体不可"，① 改专制制度为君主立宪制成为立宪派呼吁的核心内容。君主立宪制度的三要素为宪法、国会、责任内阁，此三者中，国会又为立宪政体之基石，也为预备立宪之重点。1906 年 8 月，清政府宣布预备立宪，实行官制改革，为开设国会做准备。《东方杂志》大量刊文表示赞成，同时对为何推进立宪、如何推进立宪等问题刊文探讨。清政府以人民程度未及为由，拖延开设国会，并于 1907 年下谕设资政院以为过渡。《东方杂志》刊发评论文章《论开国会当先于地方自治》，认为资政院并不具备议会性质，其"贵族与士商杂居，行政与立法混成，绝非上议院应有之规制耶"，是一个"名义事实之两不相容"的机构。② 1908 年8 月，清政府宣布预备立宪的期限为九年。《东方杂志》转而鼓吹速开国会，动用大量篇幅支持国会请愿运动。《东方杂志》关于开设国会的一系列探讨，经历了从赞成预备立宪到主张速开国会的态度转变，折射出社会转型时期媒介与政治互动的关系以及新式知识分子以文参政的历史轨迹，值得深入研究。

一　《东方杂志》对开设国会必要性的探讨

在立宪政体中，国会地位至关重要，其拥有参与制定宪法的权力，是立宪的核心。除拥有立法权以外，国会还具备对政府的监督权，可以通过财政、行政两方面对政府运作进行监督，拟通过监督国家预决算整顿财政，促进国家富强。

关于国会与立宪的讨论。宪政的实行，必先确立"三权分立"，三权

① 《论立宪为万事根本》，《东方杂志》第 2 卷第 10 期，1905 年。
② 《论开国会当先于地方自治》，《东方杂志》第 4 卷第 12 期，1907 年。

分立是确立宪政的标志，是立宪政体划分权力的理想解决途径。《东方杂志》发表文章赞同"三权分立"之说："立法者不能定苛法以虐民，行政者不能任意行为以扰民，司法者不能以不法之处分施之于民，而国家于以治"。① 而三权中，立法权为最重，故须先建立国会。

关于国会与宪法的讨论还有多处。《论中国立宪之要义》中明确指出"国会者，立法之机关也"，② 强调只有国会拥有立法权，"庶政始有更张之本"，"政府乃有催促之机"。③ 所谓立法权，即是参与制定宪法的权力。"议院者，实立法之机关也，宪法之立以国民公认为准，故必有代表国民者会议决定之，乃可以颁行中国"。④ 评论性文章《国会预备议》指出，宪法是立宪政体的重中之重，"若夫国会，则上下两院皆属臣民之责任，上下院之根本即立，精神既合，则宪法之根本亦立，而宪法之精神亦出"。⑤ 在国会的职权之中，最重要的是立法权。施行立宪必有宪法，宪法必由国会所立。国会代表国民利益决议宪法条陈，出台的宪法兼顾国家与人民利益。国会乃"宪法之母"，应先设国会，继而制宪法，随后民刑各法方可推行。所以"国会者，为立宪国国体之总命脉，为第一级发生之原生物，为自专制政体进入于宪法政体之转捩机键"。⑥ 《国会预备议》一文认为，"立宪之要点，只在开国会一事，则预备立宪之要点，亦即在预备国会一事而已"，⑦ 开设国会是立宪之预备的主要事宜。

国会的法理地位决定了其对于立宪意义重大。宪法的确立以国民公认为准，而"代表国民者，会议决定之"。《论中国立宪之要义》指出，"宪法议院二者不能相离"。⑧ 国会不仅参与制定宪法，也参与编订其他法律法规。孟森在《宪政篇》提出相同看法，认为中国"欲为法治之国，则非开设议会不为功"，"将来编定六法，惟于议会通过，则各直省自可一律推行"，⑨ 并列举日本宪法第三十七条，英国宪法第六十一条，德国宪法第五条相关内容，从法理权限、权力来源方面强调国会重要的法理地位，以及在立宪中的核心作用。

---

① 《述君权第五》，《东方杂志》第 3 卷临时增刊，1906 年。
② 《论中国立宪之要义》，《东方杂志》第 1 卷第 5 期，1904 年。
③ 《都察院代递孙洪伊等吁恳速开国会》，《东方杂志》第 7 卷第 1 期，1910 年。
④ 《论中国立宪之要义》，《东方杂志》第 1 卷第 5 期，1904 年。
⑤ 《国会预备议》，《东方杂志》第 5 卷第 2 期，1908 年。
⑥ 《论开国会当先于地方自治》，《东方杂志》第 4 卷第 12 期，1907 年。
⑦ 《国会预备议》，《东方杂志》第 5 卷第 2 期，1908 年。
⑧ 《论中国立宪之要义》，《东方杂志》第 1 卷第 5 期，1904 年。
⑨ 《宪政篇》，《东方杂志》第 5 卷第 7 期，1908 年。

关于国会与政府的关系。立宪政体中，国会除拥有立法权之外，还应具备监督权。"议院者，所以监督政府而使政府负完全之责任者也。"① 国会监督政府，同时政府向国会负责。国会的行政监督权，主要有质问权与弹劾权。"国会对政府的监督不是代表人民监督政府，而是国家之法律对政府的监督"，所以政府又称为"法律上之内阁"，② 责任内阁应向国会负责。"有国会，则与之对待之责任内阁，始能成立。国会有议政之权，然后内阁得尽其职务，内阁负全国之责。"③ 国会对政府的监督是内阁建立的前提。内阁建立以后，国会的行政监督权依然关系到政府的运行，"使政府开明也，固乐得议会之赞成，政府而未尽开明也，亦正赖议会之攻错，总之，议会者所以助政府之进行者也"。④

除行政监督权外，国会还掌握财政监督权。经济是国家发展的基础保证，财政管理对于一国经济发展影响重大。《论中国于实行立宪之前宜速行预算法》一文把国会的财政监督权大致分为两类，一是对于税收的批准权，即国家在征收租税时，"议会必先预计承诺政府收支之数"；⑤ 二是预决算的审批权，"国家银行与夫交通储蓄劝业银行之设，以集资本为第一义，必有议会而后银币钞票可以得国民之信用，如此则财用足而实业兴"，国家预决算及金融政策必须通过国会的监督。⑥

关于国会与国家富强的探讨。晚清以来，清政府的腐败导致中国积贫积弱。《东方杂志》本社撰发《宪政篇》指出，国会的召开有助于抵御外侮，实现国家富强，"速开国会而后，国权乃可扩张，内治乃可整理"，⑦ 认为开设国会是国家富强的重要途径。

《论立宪为万事根本》认为，开国会、立宪法是保障人民权益的根本途径，"为今之计，中国而欲自保其民，则不可以不宣言立宪"。⑧ 《宪政篇》指出，自甲午庚子之后，我国集天下之财以应赔款，国库空虚。新政实施以来，各地革新，筹备预备立宪各项事宜，财政入不敷出之局面亟待解决。解决财政问题主要依靠税收，税收出于人民。专制政体下，强征赋

---

① 《署两广总督袁树勋奏中央集权宜先有责任政府及监察机关折》，《东方杂志》第 7 卷第 7 期，1910 年。

② 《宪政篇》，《东方杂志》第 5 卷第 7 期，1908 年。

③ 《都察院代递孙洪伊等吁恳速开国会》，《东方杂志》第 7 卷第 1 期，1910 年。

④ 《宪政篇》，《东方杂志》第 5 卷第 7 期，1908 年。

⑤ 《论中国于实行立宪之前宜速行预算法》，《东方杂志》第 3 卷第 13 期，1906 年。

⑥ 《宪政篇》，《东方杂志》第 5 卷第 7 期，1908 年。

⑦ 《宪政篇》，《东方杂志》第 5 卷第 7 期，1908 年。

⑧ 《论立宪为万事根本》，《东方杂志》第 2 卷第 10 期，1905 年。

税，人民生活困苦且税收难征。开设国会，"预算决算之案每年提出于议会，则中饱之弊，无自而除"。① 国会又使"人民得有公举代表之权，国家乃能加以增重负担以纾国难之责"，人民可参与国家事务行使权利，人民的国家意识集体意识得以形成与发展，"人人以军国民之资格收军国民之实用"，使"人人知交纳租税以供国家多种支出费用"。② 人民对国家尽应尽之义务，保障了一国的赋税和征兵，促进国家富强。此外，《宪政篇》认为，对于君主或者政府与别国缔结的任何条约，国会皆拥有否决权，"贸易及国民担负之条约，须得两院之同意，始有施行之效力"。③ 在列强倾轧，威胁国权之际，"有国会以辅助之"，④ 国会有议政之权。无国会之时，政府垄断大权，擅自与列强签订一系列不平等条约，"政府受困于上，国民不满于下。每缔一约，事前则秘密万端，事后则亏损百出"。⑤ 而立宪国，国会可对政府外交事宜提出建议，因为"一二人可以劫持，而亿万人不可以劫持，一二人可以巧诱，而亿万人不可以巧诱"。所以，开设国会"以民气为外交后盾"，⑥ 有利于国家主权的捍卫。

二　《东方杂志》关于开设国会路径的思考

在探讨开设国会必要性的同时，《东方杂志》也刊文指出开设国会需要具备一定的条件，其中，发展教育、开启民智和推行地方自治等是其重要基础。

发展教育，养成国民资格。《论立宪当有预备》一文认为，人民若要参政，"必不能不知政治为何事，不解人权为何物"。立宪之前，"必先养成多数完全无缺之立宪国民，使人民智识之程度相仿，自制之能力相仿"，⑦ 具备参政的能力。林觉民认为国民程度的提高，须大力发展教育，"教育既遍，国民胥智，政治上之知识皆磅礴于人人之脑中，而后自治之能力随在，可以发挥以之充议员之选。闻国家之事，其恢恢乎游刃有余矣"。⑧ 从这一时间段《东方杂志》发表的文章看，教育措施大致可归为三

---

① 《宪政篇》，《东方杂志》第 5 卷第 7 期，1908 年。
② 《都察院代递孙洪伊等吁恳速开国会》，《东方杂志》第 7 卷第 1 期，1910 年。
③ 《宪政篇》，《东方杂志》第 5 卷第 7 期，1908 年。
④ 《宪政篇》，《东方杂志》第 5 卷第 7 期，1908 年。
⑤ 《都察院代递孙洪伊等吁恳速开国会》，《东方杂志》第 7 卷第 1 期，1910 年。
⑥ 《论立宪为万事根本》，《东方杂志》第 2 卷第 10 期，1905 年。
⑦ 舜修：《论立宪当有预备》，《东方杂志》第 3 卷第 3 期，1906 年。
⑧ 觉民：《论立宪与教育之关系》，《东方杂志》第 2 卷第 12 期，1905 年。

点：普及基础教育，加强法政教育，兼顾道德教育。其中相较于高等教育来说，对适龄学童实行强迫教育更为急迫。《普及教育议》指出，普及教育的根本在于"一每一州县至少立一速成蒙学师范学堂，以造就小学教习，为教育普及之根本"。① "普及小学堂以外，另设无数绝大补习学校，凡年长失学及农工商贾中之识字明理者皆入之授，以普通科学以养成其普通之知识。"②

实行立宪，须加强法政教育，培养法政人才。《论立宪与教育之关系》提及加强法政教育，"以启导其法律之思想"，俟其毕业以后"于立宪之事，固已粗知崖略"。③《国会预备议》进一步指出，议员的素质养成首要为有一定学识，世界大势、地方民俗商情均与政治息息相关，须学习"普通法理学、普通政治学、普通经济学、世界近世史、我国内政外交之大略及其源流沿革"，④ 还应了解选举法原理，议院法之原理，会议之章程规则。"宜多开研究调查会，广设法律学堂"，⑤ 以养成法政思想。《东方杂志》登载《修订法律大臣伍沈会奏请专设法律学堂折》，认为：政府设立法律学堂、宪法研究会，普及法政知识。法律学堂开设的课程科目，"其主课为法律原理学、中国历代刑律、中国古今历代法制考、东西各国法制比较、各国宪法各国民法及民事诉讼法、各国刑法及刑事诉讼法、各国商法交涉法、泰西各国法；辅助课为各国行政机关学、全国人民财用学、国家财政学"。⑥ 法政科与法政学堂的设立，普及法政知识，为国民参政奠定理论基础。

此外，《论中国当注意于精神教育》一文提出："民智未开，民德未具，则无论国政之为新为旧，必随其政之所至，而成为各类弊端"。⑦ 加强文化知识教育的同时，应兼顾道德教育。《论救中国必先培养国民之公德》指出："比年以来，政府亦尝言维新、言立宪，乃徒有形式而无精神，终不能达改革之目的，收自强之效果。此何故哉？曰国民无公德故"，国民无公德，"则以知有一身而不知有同胞也；知为一身求幸福而不知为同胞求幸福也，自私自利，必至于败群"。⑧ 其认为，德义、公正是议员所需具

---

① 《普及教育议》，《东方杂志》第 3 卷第 3 期，1906 年。

② 觉民：《论立宪与教育之关系》，《东方杂志》第 2 卷第 12 期，1905 年。

③ 觉民：《论立宪与教育之关系》，《东方杂志》第 2 卷第 12 期，1905 年。

④ 《国会预备议》，《东方杂志》第 5 卷第 2 期，1908 年。

⑤ 《述养成议员资格第九》，《东方杂志》第 3 卷临时增刊，1906 年。

⑥ 《修订法律大臣伍沈会奏请专设法律学堂折》，《东方杂志》第 2 卷第 8 期，1905 年。

⑦ 《论中国当注意于精神教育》，《东方杂志》第 1 卷第 4 期，1904 年。

⑧ 《论救中国必先培养国民之公德》，《东方杂志》第 3 卷第 7 期，1906 年。

备的必要素养。"宜提倡公益养成直言敢谏之风"，"宜养成其国家思想，勿拘牵于局部，勿驱逐于感情"。① 《论救中国必先培养国民之公德》则主张，开设品行科、修身科加强道德教育，培养国民的国家集体意识。

推行地方自治，养国民参政意识，练国民参政能力。《东方杂志》刊载大量地方自治相关文章，其中《论地方自治宜先行之于都市》指出："今之策中国者，莫不曰救亡，救亡莫亟于立宪，立宪莫先于地方自治。"② 《论地方自治为预备立宪之根本》认为，预备立宪的途径之一——发展教育，与地方自治密切相关，"欲实行强迫教育之制，尤非从自治入手不能培其根而固其基"，③ 推行地方自治是发展教育的基础，也是开设国会的重要路径。

国会是"人民舆闻政治之所"，④ 人民参政议政的能力直接影响国家大政方针。推行地方自治可以培养国民的参政意识，锻炼国民的参政能力，为开设国会创造条件。中国封建专制数千年，人民长期蜷伏于高压政治下，更注重自身利益的保护，"只知有个人不知有国家"。《地方自治政论》指出，若欲使国强，"必非藉少数豪杰英武强毅之威力，而必恃有多数团体整齐严肃之精神"。治理国家并非依靠少数精英豪杰，需要人民参与、共同努力，使人民知晓国家"非君主一家之私物，而凡具个人之资格者，皆含有国家之一分子者也"，⑤ 培养人民的参政爱国意识。《解释地方自治之意义及其分类》认为，地方自治将人民的权利，尤其是政治权利落于实处，地方人民成为地方管理机构的一员，拥有在本地区的办事之权，"得使人民练习政治，举各地之政务，任其自治，使人民与政务亲接，可使知政治为何物，以增长人民之权利心"。地方事务直接关系到地方百姓的生存发展，因而要激发其参与政治事务的积极性，"养成人民之公共心，人民惟知个人利益而无公共心，则各欲自保其利益，必置公共之政务于不问，故先使从事地方公共政务，使知公共之利益保全而后各个人之利益可以保全，进而参与国政，亦不至视国家之利益与人民之利益为二物，此地方自治所以大有益国家也"。⑥ 在此过程中，政府"既不抑勒而行干涉之方

---

① 《述养成议员资格第九》，《东方杂志》第 3 卷临时增刊，1906 年。
② 《论地方自治宜先行之于都市》，《东方杂志》第 3 卷第 9 期，1906 年。
③ 《论地方自治为预备立宪之根本》，《东方杂志》第 4 卷第 1 期，1907 年。
④ 《都察院代递孙洪伊等吁恳速开国会》，《东方杂志》第 7 卷第 1 期，1910 年。
⑤ 《地方自治政论》，《东方杂志》第 1 卷第 9 期，1904 年。
⑥ 《解释地方自治之意义及其分类》，《东方杂志》第 4 卷第 12 期，1907 年。

于社会利益之冲突，又不纵恣而踏放任之弊"，① 对于人民对立宪知识的认知、参政议政的积极性的提高、参政能力的培养有重要作用，从而促进人民程度的提高，为开设国会奠定政治基础。

三 《东方杂志》对预备立宪态度的演变

对预备立宪的态度，从《东方杂志》刊登的关于国会的文章看，经历了由期望、赞成到反对的转变。一开始，《东方杂志》刊文认为，预备立宪有其合理性和必要性。《论立宪与教育之关系》中以日本立宪改革为例说明，"宜仿日本成法，先颁布于国中，以六年为期，实行立宪，庶全国人民皆得预备，而不致于手足无措"，其认为预备时间最长不得超过六年，因为六年时间足以使"今日小学之学生悉行成材"，此后便可举行宪政。② 鉴于中国的实际情况，《东方杂志》中赞成立宪需预备，与此同时，对如何预备提出自己的看法。莼照③在评论性文章《立宪私议》中指出："英国宪政，出于相因而化，成于相习，故宪典无成章。德国以联邦相合，国体自别。法经屡革之后，制度最有秩序，惟政体为共和。美之政体如法，而分省如国，各省立法自治，有欠统一。欧美各国之情势，不同如是矣。日本采欧美之善，就本国之宜，灿然成一国典章，于日本固称完善，而情势又不同中国。"④ 加之我国人民因为长期处于封建专制的高压之下，"泯泯昏昏，蠢如鹿豕，知书识字者千不得一，明理达时者万不得一。家庭之中无礼教，乡里之中无团体，郡县之间，视同秦越，省界一分，尔诈我虞"。所以，如果不改变人民现状，即使"颁布宪法，与民更始，其如民智之幼稚，民力之绵薄何，吾恐宪政既立而国民茫然无措"。⑤ 亟待施行的是先通过加强教育与推行地方自治，使国民具备法政知识和参政能力，而后再开国会、立宪法。

在赞成预备立宪的同时，《东方杂志》刊载大量文章明确预备事项并切实推进。1906 年，《东方杂志》出临时增刊，名为《宪政初纲》。针对清廷预备立宪政策，明确提出四点纲要："一曰司法行政分权、二曰地方

---

① 《论地方自治为预备立宪之根本》，《东方杂志》第 4 卷第 1 期，1907 年。
② 觉民：《论立宪与教育之关系》，《东方杂志》第 2 卷第 12 期，1905 年。
③ 莼照：本名汪允宗（1872～1918），同盟会会员，曾留学日本，发起成立中国教育会的成员之一。
④ 莼照：《立宪私议》，《东方杂志》第 2 卷第 10 期，1905 年。
⑤ 觉民：《论立宪与教育之关系》，《东方杂志》第 2 卷第 12 期，1905 年。

自治、三曰国民教育、四曰征兵令"。并指出："以上四端，举其纲要而已。其他若立豫算，编统计，定税则，颁新律，皆宪法施行前所当有之事也。"① 《东方杂志》不仅对立宪的主要筹备事宜进行规划，对具体预备事项也进行了罗列，"按年胪列钦定筹备事宜为纲，而按月汇其成绩"。② 每年的筹办事项也在其《宪政篇》中刊登罗列，供人民参考，以督促政府。不仅如此，宣樊③在《筹备宪政问题》一文中详细列举了中央和地方分别须筹备的事项，认为在中央须"立宪法，编议院法及选举法，变通旗制章程，调查人口总数，复查全国岁出入确数"等，地方"续办厅州县地方自治及城镇乡地方自治，创办乡镇简易识字学塾及推广，筹办乡镇巡警"等，且预备立宪应重视"筹备之次序，筹备之缓急"，按照清单逐年推进。④

1908 年 8 月，清廷宣布以九年为预备期限，《东方杂志》并不赞成。心史⑤在《宪政篇》指出，"其前日所订筹备清单，必纡回至九年之久者，既为吾全国之民所不能忍"，并表示"急望缩短期限以国会为根本之计"。⑥ 同时《东方杂志》积极支持与配合国会请愿运动。关于国会请愿运动的刊文自 1908 年始，1910 年为最甚。孟森认为自 1906 年《仿行立宪上谕》到 1908 年，两年间在立宪准备方面效果并不显著，究其原因，与清廷立宪的态度不无关系，清廷"故为迟且难之说，甚或悍然立于反对之地"。⑦ 1910 年，《东方杂志》第 7 卷第 2 期载《记国会请愿代表进行之状况》，第 7 卷第 3 期载《再记国会请愿代表进行之状况》，第 7 卷第 7 期载《国会请愿之近状》，第 7 卷第 8 期载《国会请愿之近状》，跟踪持续报道请愿进程及出台的各种决议，鼓吹请愿运动，支持速开国会。《论开国会当先于地方自治》明确表示，"不先有国会，则资政院仍为专制政体之政务局，都察院与立宪绝不相符，即地方自治之美名，亦永远立于预备之地位而无见于实施之时日"，⑧ 认为应先开国会，地方自治方得以更好地推行。对于加强教育与立宪的先后，《东方杂志》有过反复，但官制改革以后，其明确提

---

① 《述预备立宪第八》，《东方杂志》第 3 卷临时增刊，1906 年。
② 孟森：《宪政篇》，《东方杂志》第 5 卷第 9 期，1908 年。
③ 宣樊：本名林獬（1874～1926），别名林白水，著名报人、新闻工作者，曾任《警钟日报》主编。
④ 宣樊：《筹备宪政问题》，《东方杂志》第 7 卷第 11 期，1910 年。
⑤ 心史，即孟森。
⑥ 心史：《宪政篇》，《东方杂志》第 7 卷第 1 期，1910 年。
⑦ 孟森：《宪政篇》，《东方杂志》第 5 卷第 7 期，1908 年。
⑧ 《论开国会当先于地方自治》，《东方杂志》第 4 卷第 12 期，1907 年。

出"律法明而明智大开也"。①

清廷宣布于宣统五年开设议院，较之前期限缩短三年。《中国大事记》中提及此事时表示请愿者"心长力短，言之痛心"，并对开设国会之事表现出深深的忧虑，"不审此三年中，列强环视，外交上有无变更与否，财政竭蹶，内部分事有无嚣暴与否，公廷揽权，私室幸进，中央政府有无内讧与否，国会未开而先设内阁，监督无人，有无滥用权力与否，新旧过渡，必防官邪，政治改革，宽以岁月，大臣把持，肆其奸谋与否，国本未定，而人心皇皇，我谋不用，有无灰绝与否，中央集权而无人民为之赞助，治不统一，各省督抚有无不能行政与否，宪法先颁而不经国会通过，有无权限失当与否"。②《东方杂志》对请愿结果不满，刊文表示朝廷的昏庸不是少数人奔走呼吁就能改变的，政府的进步是"为国民督促之力，及外患所逼成也"。③ 当时，国民督促政府之力尚弱，因国民程度提高非一朝一夕之事，有识之士尚为少数。所以，对于清廷惧怕分权而迟迟未立国会之行为，目前无力扭转，此中透露出《东方杂志》对立宪无望的无奈。

1911 年，"皇族内阁"出台。《东方杂志》对于预备立宪的态度由此发生根本改变，其意识到清廷大势已去，立宪无望，认为"亲贵执政为我国责任内阁制之特别关系"，点明皇族担任内阁总理及阁臣的现象在其他立宪制国家均未出现，斥责清廷"慎勿以过渡之制为藉口，而哓哓争辩，置责任精神于不问也"。④ 辛亥革命爆发以后，《东方杂志》给予革命事件相对正面的评价，伧父⑤指出："此次我国革命军之起，其宣示于我国民者，一为政治革命非种族革命，是无人种战争之意味；一为主张人道、保护人民生命财产，是无劫夺捕虏之行为；一为主张建设民国、创立共和政体，是为无争夺统治权之性质。故此次战争，纯乎为转移统治权之政治战争，一改历代革命战争之面目，实为我革命民族中一种之异彩"。⑥ 他认为，"晚清政府已患重大之疾病，渐成慢性之痼疾，终非姑息之疗治所得愈，则不得不行根本上之大手术"，⑦ 认识到温和立宪已无力挽救晚清危亡局面，革命的爆发具有其合理性与必要性。

---

① 孟森：《宪政篇》，《东方杂志》第 5 卷第 9 期，1908 年。

② 问天：《中国大事记》，《东方杂志》第 7 卷第 11 期，1910 年。

③ 《国民程度问题》，《东方杂志》第 8 卷第 7 期，1911 年。

④ 盈之：《论对于责任内阁制人民与政府两方面之误解》，《东方杂志》第 8 卷第 5 期，1911 年。

⑤ 伧父：本名杜亚泉（1873～1933），《东方杂志》主编，提倡西学。

⑥ 伧父：《革命战争》，《东方杂志》第 8 卷第 9 期，1911 年。

⑦ 伧父：《中华民国之前途》，《东方杂志》第 8 卷第 10 期，1911 年。

国会作为清末立宪改革的重要内容，受到社会各界关注。《东方杂志》对于开设国会问题的探讨，比较全面地反映了清末立宪改革风潮，同时折射出当时普遍的社会状况。《东方杂志》作为当时的新媒体，通过讨论开设国会的必要性及其路径，试图构建立宪派的话语表达平台，达成对政府约束与监督的目的，进而推动政治改革发展。在实现媒介对权力的影响与制约的同时，形成报刊社会和政治政权的有效互动。从诉求和功能上，与作为政府喉舌的官媒形成鲜明对比。然而，"新闻媒介和政治环境是一个相互作用的过程"，[①] 随着清廷皇族内阁的出台及辛亥革命的爆发，中国立宪之路几乎断绝，《东方杂志》的政治态度也由赞成预备立宪转向革命，但其开设国会的政治主张仍未改变，影响着民国初期国会改革的走向。"临时政府尚未组织完全，各种事项，须待议会解决者甚多"，其中包括"制定宪法选举法"以及决策"国体采联邦制或统一制"。[②] 总体而言，《东方杂志》对于国会问题的讨论，是清末民初报刊系统一次大规模的关于国会问题的讨论，议题深入，论证有力，丰富了当时各个阶层关于政体的想象。从这个意义上讲，正是《东方杂志》此类媒介的造势和鼓动，为民国成立之后的政体结构和政治形态奠定了舆论和思想基础。

---

① 〔美〕杰里尔·A. 罗赛蒂：《美国对外政策的政治学》，周启朋等译，世界知识出版社，1997。
② 《再论国体与政体之别》，《东方杂志》第 8 卷第 11 期，1911 年。

近代中国南海主权观念与主权教育的嬗变*

温小平**

提　要　近代是中国从"天下观"向"国家观"的转型时期，这不仅体现在对以"主权"和"国家"为中心的系列概念的认知和诠释上，更体现在"国家主权"观念觉醒之后对"国家"集体认知感的增强和"主权"的教育和捍卫上。伴随着西方列强对南海权益的侵犯，从非法测量到资源掠夺，从资源掠夺到非法侵占，"主权观念"认识日趋清晰和完备的中国政府，不但积极采取行政管辖、地图绘制、进驻收复、治理开发等措施来捍卫南海主权完整，更开始注重加强南海的主权教育。在内容上将其融入国耻教育、爱国教育，途径上融入地理教育、历史教育，在阶段上从强调"重领土而保海权"到强调"现在的国境"再到强调"中国领土之一部"。通过加强南海主权教育，不但增强了国人南海的主权观念和主权意识，更增强了南海疆域领土空间意识和捍卫南海主权的行动意识。

关键词　近代中国　南海　主权观念　主权教育

　　主权是国家的最重要属性，是国家具有的独立自主处理其对内、对外事务的最高权力。① 近代以来，随着"主权"观念在世界范围内诠释和运用，并成为建构世界政治格局秩序的基本原则，"主权的捍卫"和"主权的教育"变得更加重要。中国近代以来从"天下观"向"国家观"的转变，一方面是中国中心天下观一步步解体；另一方面是以主权为核心的民

---

　　*　本文系国家社科基金项目"中国政府南海经略史研究"（15CGJ011）的阶段性成果。
　　**　温小平，南京大学历史学院博士研究生，海南大学马克思主义学院副教授。
　　①　周鲠生：《国际法》上册，商务印书馆，1981，第 75 页。

族国家观逐步确立。① 较长一段时间内，学术界在分析近代南海问题的过程中，对南海主权问题研究给予高度的重视，在中国人民和中国政府南海发现、命名和管辖等问题的研究上取得积极的进展，形成丰硕的成果，但就主权观念觉醒后的中国政府如何加强南海主权教育的研究基本没有。翻开史料，一方面我们能够在民国时期的地理、历史教科书中找寻到许多涉及南海知识的内容；另一方面我们能够看到"何瑞年西沙岛承领案"和"南海九小岛"事件发生后，社会舆论和国民大众反响强烈，积极行动起来捍卫南海主权。由此，本文试站在主权教育的角度，对 1907 年东沙岛事件后至 1949 年的历程做考察，主要分析其历史阶段的变化和主权教育的观念、内容、措施和效果等。

一　"重领土而保海权"（1901～1927）

中国最早发现、命名和开发利用南海诸岛及相关海域，但从历史来看，中国人民和中国政府对南海观念的认识转变，沿循着从"天下观"到"国家观"的轨迹。1840 年鸦片战争爆发，中国面临"数千年未有之大变局"，客观上催生了中国人的主权意识和独立意识。伴随着思想启蒙和西学东渐，西方的 sovereignty 概念，在流入中国之后，有了"治国之上权，谓之主权"② 的认识。《南京条约》《天津条约》等一系列不平等条约签署之后，中国开始寻求融入主权国家体系。在这样的转型背景之下，中国人民和中国政府开始改变过去从"天下疆域"那种"普天之下莫非王土"的思维观念来认识南海及南海诸岛。1841 年，明谊、张岳崧撰修的《琼州府志》和钟元棣编的《崖州志》把"琼洋"所属"千里石塘、万里长沙"列入海防领域。③ 1876 年，郭嵩焘出任驻外公使途经西沙，视为"中国属海"。1887 年，中法《续议界务专条》规定"该线以东海中各岛归中国"。面对西方列强对南海的非法测量等侵犯，也开始有了近代国家主权捍卫的意识，"查公法，他国军舰在领海测量，主权国得拒绝，非航行必需之线，可不认许"。④

---

① 张春林：《解构与建构：近代天下观向国家观转变历程解析》，《福建论坛》（人文社会科学版）2018 年第 1 期。

② 〔美〕惠顿：《万国公法》，丁韪良译，何勤华点校，中国政法大学出版社，2003，第 27 页。

③ 韩振华主编《我国南海诸岛史料汇编》，东方出版社，1988，第 123 页。

④ 《力争缉捕权及领土权录》（1907 年 11 月 10 日），转引自刘利民《近代中国水道测量事业的民族化进程述论——以海道测量局为中心的考察》，《晋阳学刊》2016 年第 3 期。

值得注意的是，从历史来看，中国人民和中国政府关于主权的认识有一个逐步强化和深入的过程，而且先是着眼于"陆权"，后逐步发展到"海权"，比如同治年间发生的著名的"海防"与"塞防"之争。1900 年 3 月，在上海出版的日本乙未会主办的中文月刊以《海上权力要素论》为题，连载了马汉《海权对历史的影响》第一章内容。① 《新民丛报》发表《论太平洋海权及中国前途》，疾呼"故欲伸国力于世界，必以争海权为第一义"。② 查阅这一时期《申报》，1904 年之后，先后刊登《俄谋海权》《渤海领海权之抗议》《海权将被日人占尽》等文章，指出："近来辽海一带渔业，日人视为独擅之利，海洋辽阔，行动自由，渐次进至渤海沿岸，网船出没，吾国漠不关心。近且在盖平县境之鲅鱼圈抽收鱼税，直有反客为主之势。锡钦帅以海权所在，断难放任，屡向日领交涉。乃驻奉日总领事坚执领海二字当以潮退时离岸三英里为断，其余海洋除特订条约限制外悉为公海，均归各国人之自由，且借口此说为万国公法之所规定。其强辞夺理，所援公法无非舍短抽长，以片面的单词据为例证，刻交涉司韩司使特函达德领，请其将海权约章抄示一份，以为抗议之根据。"③ 孙中山认为："争太平洋之海权，即争中国之门户权耳。"④ 陈独秀认为："我国海岸……再南下为中国海"。⑤ 1923 年 4 月，海军部也派员南下调研海权，包括渔业权、税务权、引水权和海防权。⑥ 1925 年，在"警卫海岸、救防灾害、传报风警、转助航术"的职责之下，全国海岸巡防处在东沙岛修建了无线电台灯塔，"装配明显炭气灯，发射光度可达二十海里，现已是确定岛屿主权归属的重要依据"。⑦

正在中国近代主权观念和领海观念日趋成熟之时，继英、德等国非法测量南海之后，崛起后的日本接踵而来，并多次登陆东沙岛盗采磷矿资源。日本人对东沙资源的盗采，引起了中国政府的注意，"此为吾国之领海，何来日本之国旗"。⑧ 从晚清政府跟日本交涉东沙岛问题来看，其

① 李强华：《观念史视角下的中国近代海权观念嬗变》，《中国海洋大学学报》（社会科学版）2018 年第 2 期。

② 海军司令部《近代中国海军》编辑部编著《近代中国海军》，海潮出版社，1994，第 1126 页。

③ 《渤海领海权之抗议》，《申报》1910 年 6 月 8 日。

④ 《孙中山全集》第 9 卷，中华书局，2006，第 119 页。

⑤ 《陈独秀著作选》第 1 卷，上海人民出版社，1984，第 64 页。

⑥ 《海军部派员南下调查海权》，《时报》1923 年 4 月 12 日。

⑦ 《东沙岛设立灯塔》，《申报》1925 年 8 月 18 日。

⑧ 李准：《巡海记》，台北，学生书局，1975，第 1~2 页。

显然有了国家主权，特别是海权的意识。"在南海方面，近若庭户，犹若放弃海权，则又何怪别人起而谋我耶。"① 张人骏在给朝廷上奏折中特别强调："其地居琼崖东南，适当欧洲来华之要冲，为南洋第一重门户"，"非唯地利之弃，甚为可惜，亦非所以重领土而保海权也。"② 并采取了一系列"重领土而保海权"的措施，包括"筹办西沙岛事务处"、"复勘西沙岛入手办法大纲十条"和李准率领水师巡视等，巡视过程当中，随船的测绘委员和海军测绘学堂学生绘制了西沙群岛总图和西沙各岛的分图。这一系列的措施，在国内和国际社会上产生了深刻的影响，各国航海之书都称西沙群岛为中国领土，"帕拉赛尔群岛是分散在海南岛南部中国海上的群岛"。③ 另外，我们应该看到的是在"东沙岛事件"处置之后，对南海诸岛的主权意识开始逐步融入国家主权意识教育。当然，这在最早的表现形式是"国耻教育"。④

中华民族共同体的建构和发展既是一个自然的进程，也是一个自新的进程。⑤ 伴随着国家主权意识觉醒而来的，是对国家集体感的认知。这集中体现在对"国耻"的认知和"国耻教育"的发展。20 世纪初，《申报》《东方杂志》《甲寅》《复旦杂志》《清华周刊》等出现大量有关"国耻"的论述文章，比如《申报》在 1908 年后刊登《女界国耻会记略》《论国耻会》《各乡国耻会之踵起》《痛哉国耻会之纪念》等文章，强调："我中国当人人以国耻为纪念，而不可稍忽忘者也。"⑥ 国内还先后出版《国耻杂志》《中国国耻地理图说》《中国国耻地理》等书籍。1904 年，《东方杂志》刊登《社说国耻篇》，认为我国有可耻者五，分别是无个人、无家庭、无社会、无国家、无宗教。⑦ 近代中国国家主权观念是在西方列强的侵犯刺激下觉醒的，这也使得一旦国家主权观念觉醒之后，一方面从已有知识经验和现实利益出发对国际法加以本土化的理解与采择，发生由因应到自

① 田涛：《国际法输入与晚清中国》，济南出版社，2006，第 55 页。

② 陈天锡编《西沙岛东沙岛成案汇编》，商务印书馆，1982，第 322 页。

③ 韩振华主编《我国南海诸岛史料汇编》，第 571 页。

④ 有关"国耻"与"国耻教育"研究代表性的成果有：李里峰《在民族与阶级之间：中共早期的"国耻"论述——以〈向导〉周报为中心》[《福建论坛》（人文社会科学版）2018 年第 3 期]、马建标《历史记忆与国家认同：一战前后中国国耻记忆的形成与演变》（《近代史研究》2017 年第 2 期）等。

⑤ 常士简：《中华民族共同体的现代多重建构及其逻辑》，《西南民族大学学报》（人文社科版）2019 年第 3 期。

⑥ 《痛哉国耻会之纪念》，《申报》1910 年 3 月 21 日。

⑦ 《社说国耻篇》，《东方杂志》第 1 卷第 10 期，1904 年。

觉、由注重工具理性到追求价值理性的整体变迁；① 另一方面，在现实中再次遇到外敌的侵犯之时，很自然地在观念里将它视为对主权的侵犯，视为国耻。

从教科书来看，"国耻"一词较早出现在 1905 年学部审定出版的《最新地理教科书》，认为"国之耻欤，抑吾民之羞也"。1915 年"二十一条"事件之后，国耻开始大规模地纳入教育体系。教科书以"能令学子奋发自强，不忘国耻"为宗旨，以"注重国耻，多采经训"为编辑方针，以"国耻"为题叙述了清中期以后战败赔款、失去藩属、割让和租借土地等历史，以期实现"激发学生的道德心、责任心、雪耻心和爱国心"的目标。② 1916 年，吕思勉出版《新式地理教授书》，详细叙述中国周边的藩属脱离中国的历史收缩过程："朝鲜，本中国藩属。中日战后，离我独立，日俄战后，归日保护，至清宣统二年，遂为日所并。"③ 由"失去的疆域"，引出关于中国"地理空间的缩小"问题，进而从历史"疆域"与现实"领土"之间的反差对比中，激发人们"痛"的意识和"耻"的意识。而从这一时期"国耻教育"的发展和对"国耻"的认识角度，当我们在分析比较 1912 年胡晋接、程敷锴出版的《中华民国边界海岸及面积区划图》和 1927 年屠思聪等编绘和出版的《中华最新形势图·中华疆界变迁图》时，可以发现有国耻和国耻教育的影子。在《中华民国边界海岸及面积区划图》中首次绘出了南海疆界线，但《中华最新形势图·中华疆界变迁图》的绘制，界线从广西防城一直沿北部湾中越中间线往南，在西沙群岛、南沙群岛南部兜过中沙群岛，东北向一直穿过台湾海峡东部，延伸到东海和黄海的鸭绿江口。④

与此同时，这一时期随着《申报》《东方杂志》《地学杂志》等报刊媒体的发展，对南海诸岛历史、地理的介绍逐渐增多。1909 年《东方杂志》刊载《记粤省勘办西沙岛事》，1910 年 4 月刊载了《大东沙岛》，并详细描述了东沙岛的地理位置、历史、物产及我国渔民在该岛进行的开发活动和航路情况。6 月刊载了《中国调查录·广东西沙群岛志》，详细记载了西沙群岛的命名及各岛屿水文地理等情况，"其处为来往香港南洋航海必经之路，海虽深，而多暗礁石花浮砂等"。⑤ 1910 年 9 月至 10 月《地学

---

① 张卫明：《晚清中国对国际法的运用》，博士学位论文，复旦大学，2011。
② 《教育部审定新制小学教科书》，《时报》1915 年 7 月 1 日。
③ 吕思勉：《新式地理教授书》，中华书局，1916，第 31 页。
④ 徐志良：《民国海疆版图演变与南海断续国界线的形成》，《太平洋学报》2010 年第 4 期。
⑤ 《广东西沙群岛志》，《东方杂志》第 7 卷第 6 期，1910 年。

杂志》刊载了《粤东查勘西沙岛小记》，也记述了西沙群岛各岛礁的地理、物产及通航等情况。1922 年《地学杂志》刊载李长博《东沙岛及西沙群岛》，也详细描述了东沙岛和西沙岛的历史、地理及我国对东沙岛和西沙岛的开发经营情况。《东方杂志》以"启导国民，联络东亚"为宗旨，而且是中国杂志中"最努力者""创刊最早而又养积最久之刊物"，其对南海诸岛的持续关注，尤其是对南海诸岛历史地理的关注，并突出介绍中国对南海诸岛的开发经营情况，一定程度上增强了国人对南海诸岛的认识，发挥了南海主权教育的功能。

总结 1901 年至 1927 年南京国民政府成立这一段时间内有关南海的主权教育，一是观念认识更多立足于"重领土而保海权"，二是更多基于"国耻"教育的角度，三是内容侧重历史地理。这一方面使得人们对南海诸岛的地理状况和价值有了更加深刻的认识，1928 年 7 月《国闻周报》便刊载了《东西沙群岛之价值》的文章；另一方面在国人对南海诸岛主权和南海海权有了进一步深化的认识之后，特别是"救亡图存"背景之下国民产生国耻体验感，进而当南海再次面临侵犯之时，积极捍卫南海主权的除了中国政府之外，还有奋起反击的中国人民。其转折点和历史印证便是"何瑞年西沙岛承领案"。

如果说发生在 1907 年的"东沙岛事件"交涉的应对主体主要是中国政府，尤其是广东地方政府，那么"何瑞年西沙岛承领案"事件当中，主体开始转为以民为主。1921 年，日据台湾专卖局长池田等利用粤商何瑞年，以西沙群岛实业公司名义瞒报广东军政府，获得内政部"该商有优先取得矿业权之权"的批准。根据《承领书》，何瑞年开发西沙群岛的年限为 5 年，承领地为"广东琼崖海面西南之西沙群岛，分列 15 处，计东 7 岛、西 8 岛，各距海口海线一千余里，位于北纬 16 度至 17 度、东经 111 度至 113 度之间，距榆林港远者一二百里，近者数十海里"。[①] 此后，又获得承领昌江县港外海面来往西沙群岛必经之地的"浮水洲"的开办之权，面积 300 余方里。1922 年，当何瑞年等人起航经过海南奔赴西沙群岛勘测时，引起同行崖县政府派出的崖县公民大会执行委员陈明华的注意，认为"苟一旦为日本合垦，则海权领土尽行夹失"。陈明华的判断，得到时任琼崖崖县县长孙毓斌的支持。4 月，孙毓斌根据陈明华报告，呈报省署，详细说明何瑞年公司为日股所控制，并站在海权的角度强调西沙群岛的重

---

① 陈天锡编《西沙岛成案汇编》，海南出版社，2004，第 42 页。

要性。①

《崖县勘测西沙群岛委员陈明华报告》和孙毓斌县长的报告，"一石激起千层浪"，迅速引发一场激烈的"琼崖保卫西沙群岛的运动"。4 月，张启经、吉采等 24 人以"琼崖公民代表"的名义发表《琼崖公民对西沙群岛沦亡宣言书》，指出"西沙而入日人之掌握，则琼崖海权随之尽失"，"他日肉搏西沙，血飞琼海，争主权于万难"。琼东县第二高等小学在校学生联合会、乐会县学生联合会、中国国民党琼侨联合会筹办处、香港琼崖商会、越南琼崖侨商海口琼侨联合会等 30 多个团体纷纷向有关部门提出抗议和质询。1923 年 4 月 1 日，琼崖各界人士在广州琼崖会馆集会，讨论日本借由奸商之手侵占我西沙群岛之事。会后，由大会推举的 10 名代表联合琼籍省议员，共赴元帅府及省长署请愿，要求省政府以实力驱逐日本人出境，"即出激烈手段，亦在所不辞"。1924 年 2 月，琼崖各界召开全琼公民大会，"抗议日人侵占西沙群岛"。正是民众积极捍卫西沙群岛的活动和呼声，使得何瑞年西沙岛承领一事"一波三折"，最终让日本扶持中国汉奸商人掠夺西沙群岛资源的计划破产。

二　"现在的国境"（1927～1945）

观念的嬗变总会受到其他观念谱系的影响。1927 年 4 月 18 日，南京国民政府建立。虽然仅仅是形式上统一全国，但国家意识和民族意识进一步增强。比如南京国民政府成立之后，对国耻教育的重视进一步增强，并将它作为唤起国人民族观念、民族精神的重要途径。1928 年，朱家骅等人提交《中小学应特别注意国耻教材以唤起民族观念案》给中华民国大学院第一次全国教育会议，提出："我国迭受外侮，民气日弱，欲强国保种，须唤起国民同仇敌忾。"② 蒋介石也认为"教科书之精神，其一即为国耻"。③ 国民政府先后通过和颁布《初级中学历史暂行课程标准》《今后中小学训育上应特别注重之事项》《修正中小学教学科目及课时数》《革命纪念日简明表》《修正革命纪念日简明表》等，并建立内容审查制度。1929 年河南省教育厅便函开封各书局："饬各书坊迅速将所出各种外交史国耻史各一份，呈部审查为要。"④ 谢洪赉在《最新地理教科书》中更是明确指

---

① 陈天锡编《西沙岛成案汇编》，第 61 页。
② 《中国教育事典（中等教育卷）》，河北教育出版社，1994，第 980 页。
③ 齐红深主编《日本侵华教育史》，人民教育出版社，2004，第 410 页。
④ 《函开封各书局所出外交史国耻史径呈教育部审查》，《河南教育》第 22 期，1929 年。

出儿童肄习地理是以"激发国家思想为宗旨"。

　　与国民国家意识、民族意识进一步增强同时，南京国民政府成立之后，对"海权"的认识也在进一步增强，并有了根本性的变化。如果说此前还仅仅是"重领土而保海权"，所着眼还更多是"领土"，此时则进一步拓展为"领海""领水"，而且对"领海""领水"的管辖进一步完备，积极争取"领海权""领水权"。1929 年 5 月，南京国民政府海军部成立，积极从事收回海权的活动。7 月 3 日，海军部呈请行政院转呈国民政府要求统一审查海图。① 强调"不但本国领水测绘，失所专司，贻羞国际，而图表纪载，又未正确，用者每致歧误，流弊滋多"。海军部呈请获得国民政府的同意，《中央日报》发布通告要求"所有海关及浚江、港务各局，拟制之图表，应送交海道测量局检查"。② 1930 年 1 月 27 日，国民政府颁令实施《水陆地图审查条例》，强调"陆海军要塞位置、国防界址、军港要港、军用航空站，无论在地在水不得自由测量及制图"，应行审查之种类包括"本国地图、本国水道图、本国海岸潮汐图表、本国江海水系之记载"。③ 1931 年，《修正水陆地图审查条例》和《水陆地图审查委员会规则》先后颁布，进一步强调审查事项包括疆界之位置正确、地方名称之正确、记载及量度之适宜、图式及颜色之合法、负责测绘机关之认可以及其他有关系之事项。④ 1933 年 6 月 7 日，"水陆地图审查委员会"正式成立，行政院"颁发水陆地图审查委员会铜质关防一颗"。⑤

　　除了积极争取"领海权""领水权"和积极从事收回海权的活动，这一时期国民政府也开始加强海权的教育。这一方面体现于在 20 世纪 30 年代出版的教科书中，相继出现了"领土""领海"的概念。1932 年 7 月至 12 月，《时事月报》刊载《西沙群岛之领土权》，特别强调"依国际公法与习惯，凡发现之岛，岛中住民系何国籍，即可证明为属于何国，现该岛完全为华人居住，即足以证明属于中国"。⑥ 另一方面体现在水陆地图审查委员会成员的构成上，内政部、参谋本部、外交部、教育部、海军部、蒙藏委员会分别指派郑震宇、陈屯、郭铁孙、陈鉴、徐东藩、沈鹏飞、翁

---

① 《函广东治河委员会函知全国水道测绘奉令交由海道测量局办理嗣后拟制各图请先送局审查由》（1930 年 10 月 11 日海军部公函第 458 号），《海军公报》第 17 期，1930 年。
② 《国府令海部审定全国水道》，《中央日报》1929 年 7 月 27 日。
③ 《水陆地图审查条例》，《行政院公报》第 121 期，1930 年。
④ 《修正水陆地图审查条例》，《行政院公报》第 283 期，1931 年。
⑤ 《行政院训令第 347 号》，中国第二历史档案馆藏，档案号：一二（6）-14206-7。
⑥ 《西沙群岛之领土权》，《时事月报》第 7 卷合订本，1932 年 7～12 月，第 35 页。

筹、朱章等 8 人为水陆地图审查委员会出席代表，内政部郑震宇担任主席。① 由教育部参与水陆地图审查委员会工作，一方面基于教科书是审查的重点，另一方面也是为了推动用规范的教科书来加强教育工作。正是在国民政府国家主权观念进一步觉醒，尤其是加强"领海"和"领水"等国际法知识教育的背景下，南海"九小岛事件"的发生，进一步激发国人对"领海"主权的认识，也在一定程度上促使国民政府重视和加强南海的主权意识教育，特别是将之融入中小学校历史地理教育。

"九小岛事件"的发生，影响了近代以来南海局势的发展，南海问题由之前面临列强私自测绘和私自盗采资源的危机，转变为面临列强赤裸裸地侵占和主权声索危机，引起国内外社会各界的极大反响。宁夏省党务特派员办事处、上海市商会、申报社等 50 余单位、机构和个人，纷纷致电，希望政府能够对历史由来已久属于中国的海洋疆土进行捍卫。1933 年 7 月27 日，《申报》刊载《法占粤海九小岛外部准备提抗议》。29 日，《申报》刊载"西南政会讨论法占九小岛案，搜集九岛隶属粤版图之证据，请国府据理向法严重抗议"。② 31 日，又刊发了《中央重视法占九小岛案，令饬参谋海军两部会商彻查》的新闻报道和《再论法占我国南海九小岛》的时评文章，"在我国主权方面，法人所占九岛即为我国之领土，则政府当向法方作切实之抗议"。③《汕头市执委会代电》指出："其侮辱我国体，侵夺我主权有如此者，我国政府若不及早交涉，不但有失领海主权，且恐封豕长蛇得寸进尺，将来琼崖海权亦将受人控制。"④《申报》《大公报》等舆论媒体的报道和评析，表述了国人捍卫主权的决心和"九小岛"属我的事实。这对于各界明了事件的原委，增强南海主权意识，推动政府采取行动起到了积极作用。国民政府则以外交部为中心，各部门或机构能相互配合，展开事件调查并酝酿交涉。⑤ 广东省政府还采取了一定主权捍卫措施，如"禁止本国渔船悬挂外国旗，另发本国旗悬挂"等。⑥

"九小岛事件"的发生，让国民政府意识到规范地图测绘和加强地图审查工作的重要性。12 月 21 日，水陆地图审查委员会召开第 25 次会议，根据会前草拟的《南海诸岛译名表》，专门审定了中国南海各岛礁中英岛

---

① 《水陆地图审查委员会成立》，《地政月刊》第 1 期，1933 年。
② 《西南政会讨论法占九小岛案》，《申报》1933 年 7 月 29 日。
③ 《再论法占我国南海九小岛》，《申报》1933 年 7 月 31 日。
④ 《外交部南海诸岛档案汇编》（上），台北，"外交部研究设计委员会"，1995，第 97 页。
⑤ 郭渊：《南海九小岛事件与中法日之间的交涉》，《世界历史》2015 年第 3 期。
⑥ 韩振华主编《我国南海诸岛史料汇编》，第 259 页。

名。《南海诸岛译名表》分西名、译名、拟定名三类列表，拟定名包括特里顿沙、北险岛、帝都岛、沙比礁、赖他岛、兰肯、赖他南岛、铁砂群岛等。① 1935 年 1 月，经过审定形成《中国南海各岛屿华英名对照表》，在《水陆地图审查委员会会刊》第 1 期对外公布。根据《中国南海各岛屿华英名对照表》，国民政府首次将南海诸岛明确地分为东沙岛、西沙群岛、南沙群岛和团沙群岛等 4 部分，共计涵盖 132 个岛、沙洲、暗沙、暗礁的名称。② 4 月，经国民政府水陆地图审查委员会通过的《中国南海各岛屿图》，刊登在《水陆地图审查委员会会刊》第 2 期，正式对外公布。《中国南海各岛屿图》根据《中国南海各岛屿华英名对照表》，在地图上详细标绘西沙南沙东沙团沙各群岛 132 个岛、沙洲、暗沙、暗礁的位置和名称，将南海最南端标绘在曾母滩。其后，在《指示编制地图应注意事项》中，特别强调："南海有东沙、西沙、南沙等群岛及现法占九小岛均属我国，凡属中国全图及广东省图应绘具此项岛屿并注明属中国。"③ 1935 年 3 月 22 日，水陆地图审查委员会召开第 29 次会议，讨论决定"东沙岛、西沙南沙团沙各群岛，除政区疆域各图必须添绘外，其余各类图中，如各岛位置轶出图幅范围，可不必添绘"。④ 水陆地图审查委员会在审查《广东分县详图》时，认为"南海诸岛名加图界线并改正名称"，⑤ 给出审查意见"南海诸岛名称应依照南海诸岛位置图所示修正"。⑥

中国政府对南海疆域地图的编绘规范和出版审查，对开展和加强国人南海主权教育的规范化起到积极的作用，突出体现在这一时期中小学历史地理教科书中有关中华民国、世界地图插图和这一时期公开出版发行的中华民国地图和世界地图等图集当中。1934 年 3 月，武昌亚新地学社出版欧阳缨主编华英文对照的《新世界列国地图》，在该图集第 5 页《中华民国》图中，标绘有东沙岛和西沙群岛，在第 18 页"南洋群岛"中标绘有特里屯岛和法占九小岛，而且特别用红色进行标注。而仅在一年前，同样由武昌亚新地学社出版欧阳缨主编的《新中华民国分省图》，其第 2 图《中华民国》标绘的只有东沙岛、西沙群岛和特里屯岛。1935 年 3 月，武昌亚新地学社出版的欧阳缨主编华英文对照的《新世界列国地图》，图集第 5 页

---

① 《南海诸岛译名表》，中国第二历史档案馆藏，档案号：一二（6）- 10476 - 29。
② 《中国南海各岛屿华英名对照表》，《水陆地图审查委员会会刊》第 1 期，1935 年。
③ 《指示编制地图应注意事项》，中国第二历史档案馆藏，档案号：一二（6）- 14206 - 43。
④ 《本会自 24 年 1 月起之重要决议案》，《水陆地图审查委员会会刊》第 3 期，1935 年。
⑤ 《广东省分县详图指示事项》，中国第二历史档案馆藏，档案号：一二（2）- 136 - 24。
⑥ 《广东分县详图审查意见》，中国第二历史档案馆藏，档案号：一二（2）- 136 - 7。

《中华民国》，南海标绘进一步规范东沙岛、西沙群岛和附图《我国南海诸小岛》，第 18 页《南洋群岛》图中标绘西沙群岛、九洲洋、东沙群岛、南沙群岛和法占九小岛。此后至 1948 年间，国内至少有 60 种出版的各类行政区域地图或专业地图，较为完整地标绘了南沙群岛。[①] 1936 年 8 月，中华书局出版的丁文江等编的《中国分省新图》，在第 28～29 页《广东》附图中标绘有东沙岛、西沙群岛、南沙群岛和团沙群岛。1937 年，日新舆地学社出版的苏甲荣编《中华省市地方新图》第五图《中华民国南海各岛地图》，直接依据《水陆地图审查委员会会刊》刊登的《中国南海各岛屿图》改制。1937 年 1 月，武昌亚新地学社出版的《新世界列国地图》，在附图《我国南海诸小岛》中编绘西沙群岛、南沙群岛、团沙群岛和危险区域。同年，亚新地学社出版欧阳缨主编的《中华析类分省图》，第 35 页《国境变迁图》编绘不同时期和当时的国界，南海部分与我国目前海上断续国界线相似，线内标绘有东沙群岛、西沙群岛、南沙群岛和团沙群岛，并注明团沙群岛被"法占"。在第 48 页《广东省图》右下角有《南海诸小岛》附图，标绘有西沙群岛、南沙群岛和团沙群岛，并特别在《广东省图表》的《海岸·岛屿》条目中明确指明广东省岛屿包括东沙、西沙、南沙和团沙等群岛。

由于这一时期国民政府对"领海"观念的认识进一步增强，所以总结这一时期国民政府南海主权教育的重点则更多是侧重"国境"，而不仅仅是"海权"。其一，随着抗日战争的爆发，国人对"国家"的观念有了更加深刻的认识，更加注重加强"国耻教育"，"使全国数千万的青年，能对于民族的演进与光荣，有深切的认识"，[②] 激烈全民族的团结抗战。为此，在学校环境设备上，"配置国耻地图、国耻历史表解、国难中所受损失统计图表、国难发生地方前后比较详图、中国民族运动史事图、各地义勇军抗敌图以及记载中日交涉的图书资料和其它国难资料"。"把民族精神做骨干，特别注重救国雪耻的教材"，[③] 先后组织编写了《国耻小史》《帝国主义侵略中国小史》《中国丧地史》等大批付诸教学用书和中华书局的新小学教科书、商务印书馆的复兴小学教科书、世界书局的新标准小学教科书、大东书局的新生活小学教科书、开明书局的开明小学教科书等合乎规范的教材。[④] 进而国耻教育渗透于各学科教学中，覆盖中小学。在加强国

①　李国强：《民国政府与南沙群岛》，《近代史研究》1992 年第 6 期。

②　陈训慈：《民族名人传记与历史教材》，《教与学》第 4 期，1935 年。

③　吴研因：《清末以来我国小学教科书概观》，《中华教育界》第 11 期，1936 年。

④　张逸红：《民国前期学校国耻教育的兴起与发展》，《广西社会科学》2006 年第 12 期。

耻教育的背景之下，对南海的主权教育也就势必纳入国耻教育，或者说有国耻教育的影子。比如 1941 年出版的《高中本国地理》，延续了民国初年以来有关国耻论述的基调和脉络，将近代以来中国疆域变迁描述为"过去的疆域"和"现在的国境"，指出过去的疆域"南面又有安南、缅甸，东面又有朝鲜、琉球等藩属"，而现在的国境"南起南沙群岛的詹姆士滩（北纬 4 度）"。①

其二，注重将"领海"视为"国境"。1937 年，《复兴地理教科书》介绍"我国的领土与领海"，认为"领土"是"一个国家统治权所及的地方，不是别的国家可以侵犯的"，沿海各国为保护渔业和国防都有"领海"，"领海以内，有完全主权，别国不得侵犯"，"现在各国，以六海里为领海的定界"。在日本占领南海诸岛之后，国民政府对南海的主权教育一直没有中断，而且将它视为国耻教育的重要内容。1938 年 10 月，商务印书馆出版刘季辰、李庆长编撰的《中国分省图》，第 10 页《广东省图》标绘有东沙岛、西沙群岛、南沙群岛和团沙群岛。1939 年，由重庆申报馆出版的丁文江、翁文灏等编的《中国分省新图》，在其 27～28 页《广东》附图中标绘有东沙岛、西沙群岛、南沙群岛和团沙群岛。同年由上海申报馆发行的《中国分省新图》，也在《广东省分图》中明确标绘西沙、东沙、南沙和团沙群岛的地理位置及各主要岛礁名称，在后附《中国分省新图地名索引》注明西沙、东沙、南沙和团沙群岛皆归粤管辖。1941 年版《高小地理课本》提出"我们要保全领土、领海"②的主张。

三　"国境范围"（1945～1949）

中国赢得抗日战争的胜利后，中国政府捍卫国家领土完整的决心，随着民族自信心的恢复而增强。比如抗战胜利前后，国内探讨主权的文章进一步增多。在《学思》《新中华》《东方杂志》《中国建设月刊》《中美周报》等杂志，先后发表《国家主权论》《主权国家与国家责任》《主权与国际法》《论主权》《如何保证主权属于国民全体》《中国领土主权与行政完整的要件》《关于要求主权》《领土主权不容割裂》等文章。1946 年，中国政府和国内民众还特别就东北主权完整，发布《上海自由协会宣言力主东北主权完整》《东北主权不容分割》等。

---

① 葛绥成：《高中本国地理》，中华书局，1941，第 1～2 页。
② 喻守真编《适用标准课程修正〈高小地理课本〉》第 3 册，中华书局，1941，第 7 页。

抗战胜利后，根据《开罗宣言》规定，剥夺日本自 1914 年一战后在太平洋所得的或占领的一切岛屿，日本所窃取的中国领土，归还中国。[①] 在此过程中，对南海诸岛主权的收复也逐渐提上日程。1946 年 1 月，由上海东方舆地学社出版李长博等编绘的《东方中华新地图》，其第 3 页《中国政治区域图》中，不但标绘了南沙群岛和团沙群岛等南海诸岛，并注明属于中国。在第 29 页《广东省图》附图《团沙群岛》，也标绘有东沙岛、西沙群岛、南沙群岛和团沙群岛，而且也注明了属于中国。7 月 5 日，时任行政院秘书长的蒋梦麟致电外交部，要求迅速查明新南群岛"是否系南沙群岛之别称"。[②] 根据台湾行政长官陈仪的建议，国民政府很快决定南沙、西沙群岛改归广东省政府管辖，行政院指示外交部令广东省政府接管各岛群。9 月，国民政府发布了关于收复西沙、南沙群岛的训令。经国防部及海军总司令部、外交部、内政部等会商决定，由海军组织舰队，协助广东省政府接收西沙群岛和南沙群岛，并由海军派兵驻守西沙的永兴岛和南沙的太平岛，竖立"太平岛""南威岛"碑。经过积极谋划，克服诸多困难，从日本手中接收了南海诸岛主权，派兵进驻东沙群岛、西沙群岛、南沙群岛。[③] 在发生法国军舰登陆南威岛和太平岛并建立石碑的事件后，国民政府对此提出抗议，民间也在加强南海主权证据研究，比如《申报》发表文章指出："我某慰关系方面连日集会，研究西沙群岛问题，准备向法方彻底交涉。按该群岛主权，一八五八年《天津条约》之附图，明确属于我国。"[④]

这是抗战胜利后国民政府收复南海诸岛的大致过程，正如陈谦平教授指出的那样："中国收复南海诸岛主权，是第二次世界大战后联合国和同盟国赋予中国的权利，更是中国依据战后国际秩序所享有的权利。"[⑤] 不过从加强主权教育角度来审视抗战胜利后国民政府南海诸岛的进驻详细过程，会发现自始至终国民政府都较为重视加强南海主权的教育，特别是在进驻南海诸岛之后，对南海的主权教育也进一步成熟和完善，"明确属于我国"。在南海诸岛收复的准备过程中，每次开会都有教育部的人员参会，而且要求教育部通饬各学校。比如 1947 年 1 月 16 日在国防部召开的"关

---

① 李国栋：《民国时期中国南海诸岛及其附近海域的主权维护及其启示》，《西南民族大学学报》（人文社会科学版）2014 年第 5 期。

② 《行政院秘书处公函》，台北"国史馆"藏，档案号：020/049904/0005/0042x。

③ 陈谦平：《抗战胜利后国民政府收复南海诸岛主权述论》，《近代史研究》2017 年第 2 期。

④ 《西沙群岛主权依天津条约确属我国》，《申报》1947 年 1 月 17 日。

⑤ 陈谦平：《抗战胜利后国民政府收复南海诸岛主权述论》，《近代史研究》2017 年第 2 期。

于西南沙群岛建设实施会议",一方面要求西沙、南沙群岛"其经纬度之界线、岛名之更订,由内政部审定,再饬出版机构遵办";① 另一方面还特别规定"由教育部通饬各级学校"。② 4 月 14 日,时任内政部方域司司长傅角今按照《水陆地图审查条例实施细则》有关地图审查之"内政部办理,召集国防部、教育部、外交部、地政部专门人员会同审查"的规定,召集国防部马定波、外交部沈默和陈泽湘、海军总司令部林遵和丁其璋、内政部王政诗等开会,商讨"西南沙群岛范围及主权之确定与公布报告"。会议一方面确定了进驻及接收西南沙群岛的公布方式及时间、本国国境范围、西南沙群岛之范围、西南沙群岛主权之公布等问题,强调"值此全国民众对西南沙问题发生兴趣之时,似亦应公布以激发民众对南海之思想并确定国境范围",并要求"南海领土范围最南应至曾母滩,此项范围抗战前,我国政府机关学校及书局出版物均以此为准,并曾经内政部呈奉有案,仍照原案不变"。这在一个角度强调了南海是"国境范围",在另一个角度也点出了此前在学校教育中强化南海主权教育对此时的影响。另一方面,这次会议还做出"西南沙群岛主权之公布,由内政部命名后附具图说,呈请国民政府备案,仍由内政部通告全国周知"的决定。③ 在 6 月 10 日由行政院秘书处召集内政部、外交部、国防部等部门召开"公布南沙群岛收复范围图案审查会",也一方面强调"国界南端系达于北纬 4 度曾母暗沙";另一方面要求"通饬国内机关学校一体知照"。④ 从历史结果看来,此后在收复过程当中,由内政部方域司自 1947 年起组织郑资约等一批专家根据测绘资料绘制南海东沙、西沙、中沙和南沙群岛地图,并最终形成的《南海诸岛位置略图》《南海诸岛新旧名称对照表》等,都发给了教育部,作为教育部"通饬国内机关学校一体知照"的模板。

在国民政府规范南海地图绘制之后,"我国南海诸岛,自经国防部会同各有关机关接收后,即经积极整顿,现已全部竣事。关于海内各岛之名称,顷已由内政部方域司拟定,并由内政部正式核定公布"。⑤ 依据 1947 年 6 月至 8 月修正的《水陆地图审查条例》和《水陆地图审查条例实施细

---

① 《外交部南海诸岛档案汇编》(下),第 423 页。

② 《关于西南沙群岛建设实施会议记录》,台北"国史馆"藏,档案号:002/020400/00050/054/003x。

③ 《西南沙群岛范围及主权之确定与公布案会议记录》,台北"国史馆"藏,档案号:020/049904/0008/0086x - 0091x。

④ 《外交部刘家驹呈关于审查公布西、南沙群岛为我收复案讨论与决议情形》,台北"国史馆"藏,档案号:020/049904/0009/0029a - 0033a。

⑤ 《南海诸岛名称内部核定公布》,《申报》1947 年 12 月 2 日。

则》，国民政府还加强"禁止各出版社未经政府核准擅自刊行中国及其领海之地理图表，并禁止国外所印中国地图未得中国政府许可而在中国翻印或售卖"，[①] 避免在疆域界限和主权教育上出现"以讹传讹"等问题。1948 年 2 月，经过国民政府水陆地图审查委员会审查通过的《中华民国行政区域图》，右下角附有南海诸岛插图，绘有南海十一段线和标注清楚南海诸岛名称。7 月 1 日，由上海申报馆发行出版的《中国分省新图》中，按照要求，在广东省部分专门用一幅小图，明确标绘南海四大群岛的位置和弹丸礁、安波沙洲、景宏岛等具体岛礁的位置和名称。1949 年 4 月，经审核通过出版的《袖珍中国分省精图》，在断续线最南端的曾母暗沙标注"中国"字样，在西沙、中沙与南沙群岛的地名后，标注（中）。7 月，由华夏图书出版公司出版丁文江、翁文灏编撰的《中国分省新图》，在该图集《政治区域图》中编绘了海上断续国界线，还标绘了东沙群岛、西沙群岛、中沙群岛和南沙群岛，并且将最南端标绘在曾姆沙之南。8 月由武昌亚新地学社编制的《中华形势讲授地图》，绘有南海断续国界线，线内绘有西沙群岛、中沙群岛和南沙群岛等南海诸岛。

与此同时，需要特别指出的是，这一时期国民政府为加强南海主权教育，还通过举办展览会等形式来丰富南海主权教育。1947 年 6 月 11 日至 15 日，广东省政府在广州文庙举办一次"西沙、南沙群岛物产展览会"，参与展览的有各种实物、标本、照片、图表以及历史文物等珍贵资料，比如台湾大学海洋研究所等提供的 40 多张珊瑚图片、省立海军专科学校提供的 100 多件鱼类标本、海军司令部舰队指挥姚汝钰提供的 300 多件珊瑚贝壳等等，最终展览会吸引 30 多万人次的参观。

四　结语

由上梳理可见，近代是中国从"天下观"向近代"国家主权观"的转型时期，这不仅体现在对以"主权"和"国家"为中心的系列概念的认知和诠释，更体现在"国家主权"观念觉醒之后对"国家主权"的教育和捍卫。南海问题在今天看来，本质是国家主权之争，但在南海问题上围绕"国家主权"而来的对"领土""领海""公海""自由航行""渔业权"等的认识和捍卫，有一个萌芽、发展、成熟和完善的过程。伴随着近代西方列强对南海权益的侵犯，从非法测量到资源掠夺，从资源掠夺到非法侵

---

① 《中国地图检查条例国府已明令颁布》，《申报》1947 年 6 月 6 日。

占，"主权观念"认识日趋清晰和完备的中国政府，不但积极采取行政管辖、地图绘制、进驻收复、治理开发等措施来捍卫南海主权完整，更开始注重加强南海的主权教育。在内容上将其融入国耻教育、爱国教育，途径上融入地理教育、历史教育，在阶段上从强调"重领土而保海权"到强调"现在的国境"再到强调"中国领土之一部"。通过加强南海主权教育，不但增强了国人南海的主权观念和主权意识，更增强了南海疆域领土空间意识和捍卫南海主权的行动意识，进而才能最终让我们看到在"何瑞年西沙岛承领案""南海九小岛"等事件中，除了中国政府积极捍卫南海主权权益外，南海主权意识和观念觉醒后的中国人民，在南海主权捍卫中也发挥了重要的作用。

"政治博弈"：1921~1928年苏联对外蒙古政策探析[*]

谷继坤[**]

提　要　1921年苏俄帮助蒙古人民党夺取政权后，并未能立刻确立对外蒙古的影响控制力。蒙古早期领导人将苏联更多视为外援，而不希望苏联对蒙古过多干预，力图在苏联"重压"之下寻求独立发展之路。因而，苏联对外蒙古的强力政治干预以及双方的"政治博弈"持续了整个20年代，直至1928年苏联扶植的"农村派"在蒙古人民革命党七大上掌权，苏联方才确立其对外蒙古占优势地位的政治影响力。此后，外蒙古寻求独立自主发展道路的尝试被打断，蒙古人民革命党成为贯彻苏联对外蒙古既定政策的执行者。苏联则为后续在外蒙古建立苏式发展模式打下了政治基础。

关键词　苏联对蒙政策　蒙古人民党　"农村派"

外蒙古问题长期以来是人们"所知但又知之不详的问题"，"所知"集中于外蒙古1911年、1921年、1945年自中国三次分离的历史过程及缠绕其间的中俄（苏）关系，[①]"不详"在于苏联对外蒙古的内部

---

[*] 本文为国家社科基金特别委托项目"中国周边国家对华关系档案收集及历史研究"（15@zh009）第三期子课题"苏联对外蒙古内部改造研究（1921~1949）"的阶段性成果，同时得到上海市教育委员会、上海市教育发展基金会青年人才项目晨光计划（18CG25）的资助。

[**] 谷继坤，华东师范大学历史系周边国家研究院讲师。

[①] 如刘存宽《中俄关系与外蒙古自中国的分离（1911~1915）》，《历史研究》2004年第4期；樊明方：《1911~1921年的外蒙古》，西北工业大学出版社，2015；尤淑君：《蒋介石与1945~1952年的外蒙古独立问题》，《抗日战争研究》2015年第1期；等等。

政策，[①] 即苏俄在 1921 年"进入"外蒙古之后是如何逐步确立自身在外蒙古占优势地位的影响控制力的。究其原因，一方面是受传统问题意识关注点影响；另一方面则在于对俄国档案缺乏发掘利用。本文即以近年来笔者收集的俄国档案为核心，在前人研究基础上，探讨 20 年代苏联对外蒙古的内部政策问题。本研究可以为更深刻地理解外蒙古何以在 1921 年之后同中国渐行渐远并最终在 1945 年独立提供一个全新的视角，即苏联对外蒙古内部改造的视角——正是得益于 20 年代对外蒙古的政治改造，苏联方才在此后能够将自身的诸如"集体化"等发展模式套之于外蒙古，并最终将外蒙古改造成为苏联的"卫星国"。从此角度看，1945 年外蒙古的彻底独立只不过是苏联长期以来对外蒙古政策的"应有之义"。

一　苏俄同蒙古人民党的早期分歧与矛盾

十月革命后，新生的苏维埃政权在远东和西伯利亚地区面临着内部沙俄白卫军叛乱和外部包括日本在内协约国集团武装干预的严重局面。此种背景下，苏俄将外蒙古视为打破自身孤立地位和捍卫远东安全以及在东方推动"世界革命"的关键一环。为此，1920 年初，俄共（布）中央和共产国际在伊尔库茨克成立了蒙古西藏处，加紧对外蒙古地下革命者的暗中支援，并将乔巴山（Чойбалсан Х.）和苏赫巴托（Сухэ‐Батор Д.）各自领导的革命小组合并成统一的革命组织——蒙古人民党。[②] 与此同时，外蒙古当地局势也风起云涌——1919 年 11 月徐树铮强力撤销外蒙古自治，次年 10 月恩琴白卫军进入外蒙古并于 1921 年 2 月攻占库伦，1921 年 6 月

---

① 苏联学者论及此时期苏蒙关系时，多基于意识形态立场，着重强调苏共和蒙古人民革命党的"友好合作"，如 БалдоБ.（гл. ред.），*Исторический опыт братского содружества КПСС и МНРП в борьбе за социализм*（《苏联共产党同蒙古人民革命党为建设社会主义而奋斗的合作经验》），М.：Политизда，1971；Гафуров Б. Г.（гл. ред.），*История советско‐монгольских отношений*（《苏蒙关系史》），М.：Наука，1981。苏联解体后，俄罗斯学者开始使用解密档案来探讨其间苏蒙关系，但也多从外交史角度将此时期外蒙古问题放置于中苏关系的框架内进行讨论，关注点同样也集中在外蒙古独立地位的获得等相关问题，代表研究为 Лузянин С. Г.，*Россия‐Монголия‐Китай в первой половине XXв Политические взаимоотношения в 1911‐1946 гг.*（《20 世纪上半叶的俄国—蒙古—中国：1911～1946 年的相互政治关系》），М.：ИДВ РАН，2000。
② 1925 年 3 月之前称蒙古人民党，之后称蒙古人民革命党。

苏俄红军出兵外蒙古并在 7 月同蒙古人民军进占库伦①。应当说，蒙古人民党是在苏俄全面援助下方才夺取政权，但在此过程中，双方的合作并非"亲密无间"，而是一开始即存在分歧和矛盾。

1920 年 8 月，蒙古人民党为获取苏俄援助，派遣"七人代表团"秘密抵达伊尔库茨克，彼时苏俄方面虽然同蒙古代表团进行了多次会谈，但更多是探听蒙古代表团的"底细"和主张，而并未给予任何实质性的援助。苏俄此种态度显然不能使蒙古代表们满意，蒙古代表团被迫进行选择，要么空手返回蒙古，要么继续了解布尔什维克对外蒙古的政策以寻求获得援助的可能。此种情况下，蒙古代表团内部陷入激烈争吵之中，分裂成激进和保守两个对立派别，"蒙古代表团成员之间甚至在日常生活中避免彼此接触"，代表团中的激进成员则"积极活动以从根本上改变布尔什维克对蒙古地区局势的态度"。② 对此，蒙古西藏处负责人加蓬（Гапон Ф. И.）在 8 月 17 日发往莫斯科的电报中提到，蒙古代表团实际代表了外蒙古三种群体，即左派革命团体、高级僧侣和封建王公、基层官员和商人，其所共同关心的问题是恢复外蒙古自治，并致力于得到苏俄的援助。③

实际上，蒙古代表团的七名代表均是蒙古人民党成员，只不过各自的主张不同，而苏俄更倾向于支持其中的左派团体，并将其称为真正的"人民党小组代表"。基于此种判断，苏俄对蒙古代表团采取了区别对待的方针，即在与整个代表团举行会谈的同时，单独同代表团中所谓"人民党小组代表"进行接触。8 月 19 日，蒙古西藏处代表贡恰罗夫（Гончаров）单独同蒙古代表团中的"人民党小组代表"举行了会谈，从会谈记录看，双方非常"坦诚"：贡恰罗夫询问"苏俄政府和俄国共产党可以给予蒙古人民党什么样的援助？""人民党小组代表"则明确回答"我们希望是实际的军事援助，主要以俄国军队的形式，但不得不说，在军事援助问题上蒙古人民党内部确实存在分歧，部分成员认为只要军事技术援助就足够"。④ 21日，苏俄方面同整个代表团举行会谈，会谈中加蓬再次提出了关于苏俄军队介入的问题。加蓬询问"代表团是否考虑过，凭借蒙古力量就足

---

① 苏俄对蒙古人民党的早期援助及蒙古人民党夺取政权的过程，可参考谷继坤《1918 ~ 1921 年苏俄对外蒙古政策再探讨》，《民国研究》2018 年春季号（总第 33 辑），社会科学文献出版社，2018，第 15 ~ 29 页。

② Яскина Г. С., *История Монголии*., М.：ИВРАН，2007，с. 49 - 50.

③ 《加蓬关于蒙古代表团成员政治鉴定的电报》，俄罗斯国家社会政治史档案馆（以下简称"政治史档案馆"），档案号：325 - 2 - 51。

④ 《蒙古西藏处同人民党小组代表 8 月 19 日会谈记录》，政治史档案馆，档案号：495 - 152 - 4。

够，或者需要苏俄的援助?" 与 19 日会谈中"人民党小组代表"希望"以俄国军队的形式"直接介入的回答不同，蒙古代表团表示"代表团中没有关于（苏俄）军队援助必要性的意见，只需要（苏俄提供）指导员和武器"。①

苏俄方面与整个代表团和"人民党小组代表"分别进行接触的做法，其实反映了苏俄对蒙古人民党持不完全信任的态度，至少是对蒙古人民党成员的革命"纯洁度"存在疑虑。而蒙古人民党代表团内部对是否需要苏俄军队"直接援助"问题的不同态度，则表明蒙古人民党部分领导人从开始即存在着强烈的"本土性意识"——只是希望苏俄提供军事援助，而并非想要苏俄军队直接介入。

随着外蒙古局势的发展，苏俄同蒙古人民党的分歧和矛盾进一步显现出来。在苏俄的全面援助和直接武力干预下，1921 年 7 月蒙古人民党夺取政权。是年 9 月至 12 月，为了获取苏俄进一步的援助并且明确苏俄同蒙古之间的关系，时任蒙古人民党中央主席、政府总理和财政部部长的 C. 丹赞（Данзан С.）率领蒙古代表团访问莫斯科。莫斯科谈判期间，C. 丹赞在唐努乌梁海和沙俄特许经营权②等问题上表现出了强烈的独立自主意识和"民族主义倾向"，引起了苏俄方面的不满。

最终，1921 年 11 月 5 日双方签署了《俄蒙修好条约》③，苏俄虽承认"蒙古人民政府"为"蒙古唯一合法政府"，但 C. 丹赞在谈判期间所表现出来的强烈"民族主义倾向"给苏俄领导人留下了"深刻"印象。11 月 19 日，苏俄外交人民委员部驻远东全权代表舒米亚茨基（Шумяцкий Б. З.）在给布里亚特蒙古革命家仁钦诺（Ринчино Э. Д.）的信中抱怨道，以 C. 丹赞为首的蒙古代表团对诸多事务"一窍不通"并且表现得"粗俗无比"，C. 丹赞在谈判过程中"过分的敏感，给人的感觉，他不是代表，而是客人，他妄自尊大，刚到莫斯科待了两天就准备返回"，C. 丹赞强调把"将唐努乌梁海置于蒙古政府管理之下"和"无条件地废除关于租借权的问题"列入新协定之中，"当我们的工作人员知道了这些情况后，产生

---

① 《蒙古西藏处同蒙古代表团 8 月 21 日会谈记录》，政治史档案馆，档案号：495－152－4。
② 在苏俄［联］进入外蒙古之前，沙俄在外蒙古库伦等地的工商业经营诸方面享有"特许经营权"。蒙古人民（革命）党人取得政权后，力图促使苏俄领导人放弃这些"特许经营权"。最终，苏俄实际继承了沙俄在外蒙古的"特许经营权"，作为补偿，苏俄向蒙古人民（革命）党提供了大量经济援助。
③ 条约内容参见薛衔天等编《中苏国家关系史资料汇编（1917～1924）》，中国社会科学出版社，1993，第 462～464 页。

了令人忧郁不快的印象"。① 可以看出，以舒米亚茨基为代表的苏俄领导人对 C. 丹赞在谈判期间的表现极为不满。由此，苏俄也开始考虑如何才能进一步确立自身在外蒙古占优势地位的政治影响力，所采取的具体策略即是扶持蒙古青年团以改组并控制蒙古人民党中央。

二 苏联对蒙古人民党中央的首次改组

1921 年 8 月，苏俄即支持蒙古人民党内的左派激进人员成立了蒙古青年团，主要领导人为乔巴山、扎丹巴（Джа - Дамба）等人。② 青年共产国际也派遣了斯塔尔科夫（Старков А. Г.）作为全权代表，常驻蒙古青年团指导工作。蒙古青年团从成立伊始就同人民党存在着分歧，蒙古人民党的部分领导人认为，青年团应当以人民党"助手"的形式存在，必须完全服从于蒙古人民党领导。而青年团的领导层则认为，青年团主要由年轻人组成，应独立于人民党之外。1921 年 10 月，舒米亚茨基对蒙古青年团的"属性"做了明确界定：蒙古青年团必须独立于蒙古政府之外，并且只同蒙古人民党保持"事务性"的联系，青年团成员不应当加入政府机构，否则的话会变成人民党的"附属品"。③ 显然，苏俄此时是将青年团作为完全独立于人民党而存在的政治组织来培养。

需要指出的是，1921 年 3 月召开的蒙古人民党第一次代表大会选举的蒙古人民党中央由 C. 丹赞、丹巴道尔吉（Дамба - Доржи Ц.）、劳索勒（Лосол Д.）三人组成。蒙古人民党中央第一任主席为 C. 丹赞，随后是鲍道（Бодо Д.）。丹巴道尔吉自 1921 年 11 月开始成为蒙古人民党中央副主席，从 1922 年 3 月至 1923 年 1 月担任主席职务。从 1923 年 1 月开始，由于丹巴道尔吉前往莫斯科学习，蒙古人民党中央主席的职务由 A. 丹赞（Данзан А.）接任。1923 年 8 月召开的蒙古人民党第二次代表大会选举了蒙古人民党中央主席团，成员由 C. 丹赞、丹巴道尔吉、仁钦诺、策伦道尔吉（Церен - Дорджи Б.）、A. 丹赞、纳察戈道尔吉（Нацагдорж Д.）、布雅乃迈赫组成。④ 蒙古人民党早期的党内斗争主要在上述人员当中展开。

---

① 《舒米亚茨基关于谈判期间 C. 丹赞的表现给仁钦诺的信》，政治史档案馆，档案号：495 - 152 - 9；Леонид Шинкарев, *Цеденбал и его время: документы письма воспоминания, в двух томах* Том 2，Москва：Собрание 2006，с. 73 - 75。

② 《关于蒙古青年团的参考资料》，政治史档案馆，档案号：495 - 152 - 19。

③ 《舒米亚茨基关于蒙古青年团独立性的报告》，政治史档案馆，档案号：495 - 152 - 9。

④ Рощин С. К., *Политическая история Монголии (1921 - 1940 гг)*，с. 88 - 89。

　　进入 1922 年后，蒙古人民党的党内斗争开始加剧，斗争首先在 C. 丹赞和鲍道之间展开。在苏俄看来，鲍道犯了诸多方面的"错误"，如一方面没有同蒙古青年团的领导人达成一致，另一方面同高层喇嘛的关系过于亲近。鲍道认为蒙古青年团在政治上过于独立，有"单独成立一个党的危险"，因此极力反对蒙古青年团的独立性，引起了青年团领导人的不满。①此外，喇嘛上层人士也极力拉拢鲍道。② 1922 年 1 月 7 日，鲍道被解除一切职务，不久成立了以 C. 丹赞为首调查"鲍道阴谋案件"的专门委员会，为此 1922 年 7 月还成立了"蒙古国家内防处"。8 月 30 日，以鲍道为首的 15 人被逮捕枪毙，罪名是"阴谋推翻蒙古政府和恢复旧的反动政府"等，此即"鲍道事件"。

　　"鲍道事件"之后，蒙古人民党党内斗争的方向开始转变。如同 1923 年斯塔尔科夫在其报告中所言，"蒙古人民党中央已经明显分成了两个派别，一派以 C. 丹赞及其支持者为代表，依靠的是党内野心家和钻营之徒，另一派是少数依靠青年团的成员和部分人民党的成员"。③ 双方斗争的焦点同样集中于蒙古青年团和蒙古人民党之间的隶属关系问题。C. 丹赞曾阐述其本人对于蒙古人民党和青年团之间相互关系的理解："青年团与人民党就像是同一个家庭的成员，就像是父亲和儿子，兄长和弟弟。如果父亲和兄长加入了人民党，那么儿子和弟弟留在青年团中并且随着年龄的增长也要成为人民党的一员。双方的关系就像父亲和儿子之间的关系，兄长和弟弟之间的关系。"④ C. 丹赞的逻辑很简单——人民党和青年团的关系如同父子兄弟间的关系，儿子和弟弟自然应当听命于父亲和兄长。此外，1924 年 5 月 31 日，中苏签署了《中俄解决悬案大纲协定》，其中第五条直接涉及了外蒙古问题，规定"苏联政府承认外蒙为完全中华民国之一部分，及尊重在该领土内中国之主权"，苏联政府同时声明，经后续会商后"即将苏联政府一切军队由外蒙古尽数撤出"。⑤ C. 丹赞等人把《协定》看作苏联对蒙古的出卖，认为苏联"背着蒙古签订了取消蒙古独立的协定"，直言"蒙古将捍卫自己的独立，不依附于中国……我们将反抗到底"。⑥

①　《关于鲍道对待蒙古青年团的态度问题》，政治史档案馆，档案号：495 - 152 - 13。
②　Рощин С. К., *Политическая история Монголии（1921 - 1940 гг）*，с. 59.
③　《斯塔尔科夫关于蒙古人民党中央形势的报告》，政治史档案馆，档案号：495 - 152 - 19。
④　《丹赞关于人民党和青年团关系问题的言论》，政治史档案馆，档案号：495 - 152 - 13。
⑤　中国第二历史档案馆编《中华民国史档案资料汇编》第 3 辑《外交》，江苏古籍出版社，1991，第 833~835 页。
⑥　Лузянин С. Г., *Россия - Монголия - Китай в первой половине ХХв Политические взаимоотношения в 1911 - 1946 гг.*，с. 118 - 119.

　　1924 年 8 月 4 日蒙古人民党第三次代表大会召开，C. 丹赞被选为大会主席。大会期间，蒙古青年团在库伦召开了库伦青年大会，选举了 30 多名青年团代表参加蒙古人民党大会，并且决定召开青年团和人民党代表大会的联席会议。联席会议"多次派代表通知 C. 丹赞到会，但作为会议主席的 C. 丹赞却置之不理，并声称蒙古青年团代表是在武力威胁下参加人民党代表大会的"，大会鉴于"C. 丹赞拒不参会，并散布各种极端恶毒的言论，实属可疑，必须对其采取断然措施"。与此同时，青年团的代表们开始在大会上揭露 C. 丹赞等人"挑拨内外关系并与中国相互勾结的事实"，代表大会认为 C. 丹赞确有极端反动的叛国罪行并且已暴露无遗，决定由内防处连夜逮捕 C. 丹赞等人。8 月 26 日，C. 丹赞被逮捕，31 日，以 C. 丹赞为首的 15 名右派领导人被判处枪决。① 如此，在蒙古青年团的参与下，以 C. 丹赞为首的右派集团被清洗。

　　综上所述，从"鲍道事件"到以 C. 丹赞为首的右派集团被清洗，苏联扶持政治独立且思想激进的蒙古青年团完成了对蒙古人民党中央的首次改组。应当说在整个过程中，蒙古青年团起到了关键性作用，两次重大的政治变动都是在青年团的积极参与下完成的。在后来蒙古政治生活的很长时间里，蒙古青年团和蒙古人民党之间的隶属关系一直没有被分清，苏联有意无意地支持蒙古青年团在思想甚至是组织上保持相当的独立性。如此，苏联便在外蒙古掌握了一支政治"变量"——蒙古青年团，一旦苏联需要对蒙古人民党中央有所行动，蒙古青年团这支"变量"就会起到重要作用。不过，令苏联领导层没有想到的是，改组后的蒙古人民党中央对苏联的指示并未言听计从，不久也转变成了"新的右派"。

三　围绕"雷斯库洛夫事件"展开的政治斗争

　　苏联对蒙古人民党中央完成首次改组后，即决定派遣共产国际全权代表进驻库伦，以对蒙古人民党中央进行"指导工作"。共产国际首任全权代表雷斯库洛夫（Рыскулов Т. Р.）抵达库伦之后，便积极参与到蒙古的党政建设工作之中。不过，在蒙古领导人看来，苏联工作人员对蒙古党政建设的"积极"参与，很大程度上是对蒙古"内政"的干预。因而，蒙古领导层策划了"雷斯库洛夫事件"，即秘密开会决定驱逐共产国际驻蒙古人民革命党全权代表雷斯库洛夫。

---

　　①　《青年共产国际关于蒙古人民党局势的参考资料》，政治史档案馆，档案号：495 – 152 – 28。

1924 年 11 月 2 日，雷斯库洛夫向莫斯科发送了其就任以来的第一份长文报告。雷斯库洛夫在报告中总结了蒙古人民党和青年团的斗争历史，分析了蒙古的政治和经济形势。雷斯库洛夫指出，"1921 年我们占领了库伦，我们的力量在这里是足够强大的，蒙古军队对我们完全忠诚，这点已在 1921 年（进军库伦过程中）和清除 C. 丹赞集团的行动中证明"。但同时，"蒙古党和政府的上层分子现在几乎已经完全脱离了群众，都没有反映阿拉特①的利益"。为此，雷斯库洛夫对蒙古下一步的党政建设制订了详细的工作计划。其中包括修订《蒙古人民党党纲》、开展"清党"运动、广泛吸纳阿拉特入党、选派蒙古青年前往苏联进修学习，等等。② 充分调研之后，雷斯库洛夫还积极参与了 1924 年 11 月召开的蒙古第一次大呼拉尔会议，大会通过了蒙古第一部"宪法"。在编制"蒙古人民共和国宪法"过程中，雷斯库洛夫参考了苏联的宪法文本，主持并帮助完成了"蒙古宪法草案"的最终定稿。如雷斯库洛夫所言，该"宪法"从内容和形式上"都接近于苏联类型（的宪法）"。③ 同样在雷斯库洛夫的建议下，大会决定组建小呼拉尔作为大人民呼拉尔休会期间蒙古最高的权力机构，雷斯库洛夫还极力主张提拔来自底层尤其是农村的阿拉特进入各部委机关工作。在其力荐下，出身阿拉特且当时名不见经传的根敦（Гендун Г.）成为小呼拉尔主席团的首任主席。④

然而，就在雷斯库洛夫信心满怀地对蒙古党政建设"指点江山"时，却突遭变故。1925 年 6 月 15 日，蒙古人民革命党中央主席团在未事先通报莫斯科和通知雷斯库洛夫本人的情况下，召开秘密会议，认为雷斯库洛夫在参与蒙古人民革命党的领导工作中，表现出了大权独揽的倾向，经常做出些"没有分寸的行为"。雷斯库洛夫脾气暴躁，且致力于营造其本人是蒙古最高领导人的氛围。会议认为在完成共产国际关于蒙古问题的指示时，需要考虑蒙古当地的实际情况，但雷斯库洛夫并未做到这点。因此，雷斯库洛夫的工作不能给蒙古人民带来益处。鉴于此，会议决定"将上述情况通报给共产国际并请求共产国际召回雷斯库洛夫，同时派遣新的全权代表前来"。⑤ 此即

---

① 阿拉特即 Арат 的音译，是对外蒙古农牧民的统称。

② 《雷斯库洛夫关于外蒙古政治形势的报告》，政治史档案馆，档案号：495 - 152 - 24。

③ Кудрявцеви И. И. и т. д. составители，*Монголия в документах Коминтерна（1919 - 1934）*. Часть I（1919 - 1929），c. 129，135.

④ 《雷斯库洛夫关于提拔蒙古基层工作人员的报告》，政治史档案馆，档案号：495 - 152 - 33。

⑤ 《蒙古人民革命党中央关于请求共产国际召回雷斯库洛夫的决议》，政治史档案馆，档案号：495 - 152 - 39。

"雷斯库洛夫事件"。最终，苏联选择了暂时妥协——承认蒙古人民革命党中央的决定，同时召回雷斯库洛夫。

"雷斯库洛夫事件"的发生是蒙古人民革命党寻求独立自主的尝试和蒙古领导人反苏情绪的一次集中爆发。同时也证明苏联在外蒙古的政治影响力并非绝对稳固——蒙古领导人竟然在事先未请示通报的情况下擅自决定停止共产国际代表的职权，在苏联看来，当前的蒙古领导层无疑也是"不可靠的"。蒙古人民革命党做出将雷斯库洛夫召回决定的领导人主要由两部分组成：一部分是分别担任蒙古人民革命党中央主席与副主席的丹巴道尔吉和扎丹巴，莫斯科一直将两人视为左派的领袖。一部分是分别担任"政府总理"与"外交部部长"的策伦道尔吉和阿莫尔（Амор），此二人从"自治政府"时期就担任公职且有着丰富的工作经验，是出身于"旧体制"的"老干部"。"雷斯库洛夫事件"发生后，苏联开始将这些领导人视为新的"右倾"派别，因此，苏联更加重视外蒙古的农村工作，并着手培植"农村派"来实现对蒙古人民革命党中央的再次改组。

所谓"农村派"或"农村反对派"，是对从蒙古基层阿拉特和农村党组织机关中提拔进入蒙古人民革命党中央部委机关工作的人员总称，对于苏联来说这些人缺乏政治经验而更加便于掌控。虽然苏联一直推动蒙古人民革命党中央从农村吸纳人员参与蒙古党政建设，但真正被提拔进入中央的"农村派"干部并不多，"农村派"在蒙古人民革命党中央一直是少数，不能成为决定性的政治力量。"农村派"的代表人物是根敦和巴德拉霍（Бадрахо О.）。

1928 年 1 月 5 日，联共（布）中央政治局在关于蒙古问题的决议中指出，当前必须全面支持并最终推动"农村派""在下一次的代表大会上"掌握政权。必须将在苏联培养忠于革命的蒙古年轻人作为重要任务，立刻派遣由苏联培养的蒙古大学生前往蒙古工作以加强"农村派"的力量。必须采取紧急措施在 6 ~ 8 个月内完成更换蒙古骑兵部队武器的工作。① 9 月 10 日，联共（布）中央政治局决定由共产国际执委会派遣代表团参加蒙古人民革命党第七次代表大会，代表团成员由什梅拉利（Шмераль Б.）、阿马加耶夫（Амагаев М. И.）等三人组成。② 13 日，共产国际执委会就蒙古问题做出决议，认为蒙古人民革命党领导层压制并阻挠"农村派"同蒙古的资本主义和封建主义派别做斗争，决定蒙古人民革命党不再有隶属并

---

① 《联共（布）中央政治局关于支持蒙古农村派的决议》，政治史档案馆，档案号：17 - 162 - 6。
② 《联共（布）中央政治局关于派遣代表团参加蒙古人民革命党第七次代表大会的决议》，政治史档案馆，档案号：17 - 162 - 6。

接受共产国际领导的"必要性"。决议特别指出，该决定即时生效，并通告蒙古人民革命党中央。① 苏联中断共产国际同蒙古人民革命党的联系意在迫使蒙古领导人承认"错误"，在苏联看来，蒙古的政治问题确已到了非解决不可的地步。

四　苏联对蒙古人民革命党中央的再次改组

1928年9月24日，共产国际代表团抵达乌兰巴托。10月8日，什梅拉利致电莫斯科，汇报了代表团对蒙古当地局势的看法和对蒙古人民革命党中央组织问题的初步想法，电报为绝密级。什梅拉利在电报中指出，虽然目前"农村派"领导人的力量薄弱，但是蒙古发展落后，各地阿拉特存在着很大的不满，"而这种不满可以为我们所用"，"来自地方的代表们，尤其是年轻人，多处在我们的影响之下"。② 10月10日至20日，蒙古人民革命党中央召开了第七次代表大会开幕前最重要的一次会议——第三次中央全会。全会主要讨论了蒙古人民革命党中央的政治总结报告、反对派的纲领、第七次代表大会的日程问题。在10月10日的会议开幕式上，"农村派"向右派领导层发动了猛烈进攻，在自由讨论阶段双方互相指责，以至于什梅拉利不得不出面干预，要求会议参加者"安静一些"。10月12日晚，"农村派"代表甚至向共产国际代表团告密"丹巴道尔吉同中国联系紧密，有叛国行为"，并建议将丹巴道尔吉逮捕。在"农村派"的持续进攻下，被孤立的丹巴道尔吉在大会上公开承认了错误。丹巴道尔吉承认错误之后，共产国际代表团开始表明立场。10月19日，什梅拉利在会上做了长篇发言，他指出蒙古人民革命党正在经历重大的危机，蒙古领导层的错误在于"对右倾危险估计不足"。20日，全会举行了闭幕会议并通过了决议，决议列举了蒙古人民革命党中央对于右倾危险估计不足等系列错误。③

蒙古人民革命党中央全会刚一结束，共产国际代表团即向斯大林发送了关于全会结果的绝密电报，电报中洋溢着对"农村派"在中央全会中获得胜利的高兴之情。电报指出，"农村派"在蒙古人民革命党中央全会上向右派发起了进攻，在发言中指责了蒙古人民革命党中央的大部分领导

---

① 《共产国际关于中断同蒙古人民革命党联系的问题》，政治史档案馆，档案号：495－3－76；17－162－6。

② 《什梅拉利关于蒙古人民革命党中央当前局势的电报》，政治史档案馆，档案号：495－152－64。

③ 《蒙古人民革命党第三次中央全会的有关情况》，政治史档案馆，档案号：495－152－66。

人，与会的大部分委员表示支持"农村派"，丹巴道尔吉被迫在中央全会上承认了错误。电报对全会的决议表示满意，指出全会决议已经在蒙古人民革命党和蒙古人民军内进行传达，蒙古人民革命党代表大会的政治总结报告将在反对派纲领的基础上重新编制，而且丹巴道尔吉向代表团请求允许其在代表大会做"揭发右派"的发言。①

1928 年 10 月 23 日，蒙古人民革命党第七次代表大会在乌兰巴托召开，来自 15269 名党员中的 192 名代表出席了会议。什梅拉利在 10 月 23 日的大会开幕式上做了发言。他毫不避讳地表示，蒙古人民革命党中央没有正确对待共产国际关于蒙古问题的决议和指示，共产国际之所以派遣代表团参加蒙古人民革命党代表大会，是出于"对蒙古人民革命党内右倾危险积聚的担忧"。什梅拉利强调，蒙古人民革命党第七次代表大会的主要任务是同蒙古人民革命党内的右倾危险做斗争，代表们应当在广泛自由讨论的基础上为蒙古人民革命党制定正确的路线方针并确保付诸实施。② 10 月 25 日，丹巴道尔吉在大会发言中公开承认蒙古党和"政府"内部存在着右倾危险，根源在于沿着资本主义道路发展，主要罪责是使异己分子混入了蒙古"国家机关"。丹巴道尔吉强调，所有的责任不能由其一人承担，应当由掌握权力的整个领导层来承担。③ 什梅拉利的发言无异于向全体与会代表指明了大会的主旨和发展方向，而丹巴道尔吉承认错误的行为则无异于向参会代表们公开表明右派领导层已经分裂，而且其本人已经"缴械投降"。

11 月 29 日，联共（布）中央政治局就蒙古新领导层组织人选问题通过了决议。决议指出，应当确保左派成员在蒙古人民革命党中央委员会和中央监察委员会中占到大多数，其中应加入 5 名忠诚可靠的毕业于东方大学的蒙古大学生。应当确保能够坚决执行蒙古人民革命党中央方针政策的人员占到"蒙古政府"成员的大多数。代表团应当注意，蒙古军队总司令的职务需要由"绝对忠诚的党员"来担任。解除丹巴道尔吉和扎丹巴所有领导职务后，将二人派往苏联。④

根据联共（布）中央政治局的上述决议指示，12 月 10 日，大会选举

---

① 《共产国际代表团关于取得初步胜利致斯大林的电报》，政治史档案馆，档案号：495 - 152 - 64。

② 《什梅拉利在蒙古人民革命党第七次代表大会开幕式上的发言》，政治史档案馆，档案号：495 - 152 - 69。

③ 《丹巴道尔吉公开承认错误的发言》，政治史档案馆，档案号：495 - 152 - 64。

④ 《联共（布）中央政治局关于蒙古新领导层人选的决议》，政治史档案馆，档案号：17 - 162 - 7。

了新的领导机构，撤销蒙古人民革命党中央主席职位，改设蒙古人民革命党中央书记处。中央书记处作为蒙古人民革命党的最高领导机构，其三名书记由"农村派"领导人根敦和巴德拉霍以及东方大学学生额尔敦布奥其尔（Элдэв - Очир Б.）担任。阿莫尔任政府总理，乔巴山为小呼拉尔主席团主席，联共（布）党员沙尔虎（Шархуу Л.）被任命为军事委员会主席，希德热（Шиджээ З.）担任"蒙古国家内防处处长"。"农村派"成员占到了新一届蒙古领导层的大多数，并且担任了诸多要害部门的领导职务。丹巴道尔吉时代留任的中央领导人只有阿莫尔和乔巴山。此外，丹巴道尔吉和扎丹巴被安排随同共产国际代表团一起返回莫斯科。[①] 12 月 11 日，蒙古人民革命党七大闭幕。

　　如此，苏联完成了对蒙古人民革命党中央的再次改组，以丹巴道尔吉为首的右派领导层被清除，以"农村派"为核心的新左派全面掌握政权。正如阿马加耶夫在向莫斯科发回的报告中所言，"蒙古人民革命党七大做出决议之后，没有任何一个集团或是个人反对……蒙古共产主义者，甚至如果他们认为这些决议是不正确的，他们也不敢直接反对"。[②] 苏联显然达到了预期效果，要完全消除蒙古领导人心中独立自主的倾向虽不可能，但此后蒙古领导层对苏联的指示再也不敢公开反对。如此，通过对蒙古中央领导层的再次改组，苏联重塑了共产国际在蒙古人民革命党中央的权威，保证了蒙古领导层政治上绝对的亲苏倾向。至此苏联也确立了自身在蒙古占优势地位的政治影响力，进而保证了此后苏联对蒙古经济等方面政策的顺利贯彻实施。

结　语

　　蒙古早期领导人很多自清末时即投身于外蒙古的"民族解放事业"，这批人有着丰富的政治经验和强烈的民族主义情结，对内主张走适合蒙古国情的发展道路，对外在寻求苏联帮助的同时不放弃同欧美等资本主义国家开展经济文化交往。通过梳理苏联对外蒙古政治干预的历史过程可以发现，双方的政治博弈持续了整个 20 年代，直至苏联在蒙古人民革命党七大上成功扶植"农村派"上台，方才最终确立了苏联在外蒙古占优势地位的

---

① 《蒙古人民革命党第七次代表大会选举新领导层的结果》，政治史档案馆，档案号：495 - 152 - 64。

② 《阿马加耶夫关于共产国际代表团取得最终胜利的报告》，政治史档案馆，档案号：495 - 152 - 87。

政治影响力。言之如此，是因为掌握政权的"农村派"领导人无论是政治经验还是文化水平均不如之前的领导层，很容易为苏联所控制，而且苏联通过蒙古人民革命党七大配置的蒙古新领导层除了"农村派"之外，还包括了苏联一手培养的莫斯科东方大学蒙古毕业生。总之，对外蒙古来说，其政治上寻求独立自主发展道路的尝试被打断，蒙古人民革命党成为苏联对外蒙古既定政策的执行者。从苏联角度看，这为苏联后续在外蒙古推行"集体化"等各项运动，实现对外蒙古的经济和社会改造，以及为苏联在亚洲落后地区推行苏联经济和政治模式打下了政治基础。

行文至此，有一个问题需要考虑和回应，即 20 年代苏联同蒙古人民革命党"政治博弈"的过程中，外蒙古民众做何反应，同时，彼时的中华民国政府对于这一切是否知晓并有何应对。笔者查阅同年代民国史志文献和蒙藏委员会档案文件以及《申报》等彼时主要报刊舆情媒介，尚未能找到同时期直接关涉的文献记录。目力所及，目前只找到 1932 年《益世报》和 1938 年《新天津》对 30 年代苏联在外蒙古推行集体化、"大清洗"等运动的侧面报道。① 《益世报》的消息源是美国合众社 12 月 10 日驻莫斯科的电讯，《新天津》援引的是新京（时伪满洲国首都，今长春）的消息。此外，笔者在联共（布）中央、共产国际等所收录有关蒙古的俄国档案中也没有发现关涉中国政府反应的文件。可以做出推断：一方面 20 年代的"政治博弈"主要发生在苏联和蒙古党政上层，同中国联系也只是对外蒙上层领导人进行整肃的一个"托借罪名"，外蒙古民众未必知情，只是到了 30 年代苏联在外蒙古推行"集体化"等关涉外蒙古底层民众实际利益的强力运动时，外蒙古民众才有了"暴动"反抗、外逃内蒙古的情况发生，这是笔者另文论述 30 年代苏联对外蒙古社会改造将要论及的问题。另一方面，考虑彼时中国的国内形势，中华民国政府对于外蒙古所发生的这一切基本处于茫然无知之中，因为自 1921 年陈毅率中国在外蒙古驻军残部退出外蒙古之后，② 对于中国来说，外蒙古已经成为"域外之地"，加之苏联随后对外蒙古进行的社会改造和经济控制，民国政府对此时外蒙古发生的一切应基本处于茫然无知的状态，即便偶尔能从外部渠道获悉相关情形，也无力做出切实有效的回应。

---

① 《亚细亚暴风外蒙古奋起抗俄现已占据库伦政府》，《益世报》1932 年 12 月 12 日，第 2 版；《外蒙政府压迫喇嘛僧 各僧为求生路 相继移入内蒙》，《新天津》1938 年 9 月 21 日，第 2 版。

② 详情参见中研院近代史研究所编《中俄关系史料：东北边防与外蒙古（1921）》（台北，中研院近代史研究所，1975）收录的档案文件。

【民国经济与生活】

抗战时期新疆交通问题研究*

李佳佳**

提　要　抗战初期，随着东北沦陷，西北的国防军事地位益发凸显，而西伯利亚铁路、土西铁路相继开通，新疆有被包围之势，交通的便利和贸易的得天独厚加速了苏、英在新疆的渗透。反观新疆与内地交通态势，该省和通往内地的交通极为落后，传统人畜力运输占多数，可谓偏处一隅。国人对此危局，倡言新疆得失关系中华民族安危，开发新疆首重交通。交通即在"巩固边疆、开发西北、抗战建国"国策下渐趋发展，在抗战中成为战时国际援华物资重要通道。交通亦在新疆与内地间起牵引作用，中央试图通过交通建设有效统合新省，这对提升新疆同中央的依附关系，加强新疆与内地国防、政治、经济、文化的紧密性不无裨益。

关键词　抗战　新疆交通建设　边疆治理

自古至今，解决边疆问题是巩固国防和建设国家的关键所在。无论是古代"经略边疆""底定边疆"的治边经验，还是近代国人在国际关系准则下逐渐形成民族国家观念，对边疆与中华民族危亡关系进行重新审视和思考，都在不断探索治理边疆的路径。边疆问题有特殊性，也有历史延续性，怎样从历史脉络中把握治边经验，怎样科学认识边疆安全与稳定问

---

* 本文系 2019 年国家社科基金青年项目"抗战时期国民政府西北交通开发政策与成效研究"（19CZS041）阶段性成果；陕西师范大学 2017 年中央高校基本科研业务费专项资金资助（Supported by the Fundamental Research Funds for the Central Universities）创新基金项目"新式交通与近代西北社会经济研究"（2017CBY016）阶段性成果；2018 年兰州交通大学青年科学基金项目"近代西北交通开发与边疆安全研究"（2018025）阶段性成果。
** 李佳佳，陕西师范大学历史文化学院博士研究生，兰州交通大学马克思主义学院讲师。

题，怎样实现边疆安定及现代化是学界研究重中之重。目前学界对近代新疆问题研究成果可谓汗牛充栋，在政治、军事、经济、文化、民族诸方面多有涉及，但对民国时期新疆交通问题的研究较为零散和宽泛，且资料挖掘不够。① 就抗战时期新疆交通问题也未做深层探究，仅高月《试论 20 世纪 30 年代内地与新疆间的交通勘探与建设——以绥新公路为中心》一文，提出交通落后不利于中央对新疆的统合，绥新公路的开辟说明政府层面亦将交通建设作为统合新疆的重要方式。② 本文拟在爬梳史料和综合前人研究基础上，探究交通滞后对新疆局势的影响，分析中央与地方当局的交通举措以及在此过程中双方博弈问题，并评价交通进步对边疆的内地化牵引作用。

一　交通滞后与新疆困厄之局

近代以来，新疆"孤悬塞外"，有"绝域"之称，③ 及至九一八事变，该局势未有改变。南京国民政府鞭长莫及，新疆当局利用地理位置优势对中央持游离状态，反与苏、英关系甚密，呈"赤白帝国主义者逼处其旁，耽耽虎视"④ 局面。究其原因，新疆与内地交通落后加速了该困局的形成。

省内交通方面，道路崎岖，器具短缺，至少需时两三个月，困难情形不言可知。⑤ 由内地入新疆仍为传统的甘新、漠北、漠南三大道，其中甘新大道官方通行较多，商旅以陕甘一带驿道迂回，税捐重叠，土匪横行而裹足不前，多改走蒙古草地。⑥ 但内、外蒙两商路并非道路，乃系方向，⑦ 且被游牧人控制，因政局变动常有断绝之势，亦时有扣留抢劫之事发生，

---

① 相关重要论文参见潘志平《清代新疆的交通和邮传》（《中国边疆史地研究》1996 年第 2 期），周泓《民国新疆交通概综》（《喀什师范学院学报》2002 年第 5 期），黄达远《铁路与新疆的现代化》（硕士学位论文，新疆大学，2003），刘卓《近代以来新疆公路交通运输发展研究》（硕士学位论文，新疆大学，2003），杨博惠《试论阎毓善对新疆公路交通发展的贡献》（《新疆大学学报》2013 年第 3 期），陶勇《民国时期新疆国际陆路交通线》（硕士学位论文，新疆大学，2007），张蕾《20 世纪 30～50 年代甘新公路修建及贡献研究》（硕士学位论文，西北师范大学，2012）。

② 高月：《试论 20 世纪 30 年代内地与新疆间的交通勘探与建设——以绥新公路为中心》，《中国边疆史地研究》2018 年第 1 期。

③ 李寰：《新疆研究》，南天书局，时间不详，第 73 页。

④ 行政院新疆建设计划委员会编印《新疆建设计划大纲草案》，1934，第 2 页。

⑤ 方秋苇：《中国边疆问题十讲》，上海引擎出版社，1937，第 48 页。

⑥ 张大军：《新疆风暴七十年》第 4 册，台北，兰溪出版社，1970，第 2280 页。

⑦ 张之毅：《新疆之经济》，中华书局，1946，第 5 页。

旅客视为畏途。"由新省运入内地及由内地运往新省之货物，往往为蒙新边界之匪所抢劫，损失既巨，商人裹足。"① 内地军政要人和商人只能假道苏联，从海参崴乘土西铁路火车入苏境而至塔城。反观新疆国际交通，早在 1891 年沙俄开始修建西伯利亚铁路、中亚铁路，至 1903 年已南临喀什，西逼宁远，北界塔城。1930 年，土西铁路（土耳其斯坦—西伯利亚铁路）筑成，长 2558 公里，② 且爱古兹站至塔城、阿尔泰站至伊犁、安集延站至喀什噶尔已修筑公路通行汽车，③ 苏联与新疆间交通缩短不少，④ 对西北边疆呈包围状。时人谈："俄国以西伯利亚铁路围我国北部及东北部，今又以土西铁路包我西北部，而其全部铁路，互相贯通，连成一气，在交通上已占绝对之优势。"⑤ 其影响之大莫不予新疆以极大威胁，苏联随时可借此控制新省。⑥ 并且，新疆与印度山岭重叠，交通虽远不及新苏间便利，但其铁路亦自北印度劳尔向东展至克什米尔，与中国西南部成平行线达 1800 公里，"虽未直达南疆，但距我国边境不过 600 里，比较自内地达新疆，速度已不知相差若干"，⑦ 故于交通上占有绝大优势。

纵观新疆内外交通态势，内地与新疆万山阻塞，苏联与新疆若共处一堂，新疆形势有如虎口羔羊，⑧ "一旦事端发生，噬脐莫及矣"。⑨ 亦易滋长地方势力与外国密切联系，"长此以往，深恐人民对外日近，对内日疏，时久习深，更难挽救"。⑩ 尤其苏联在政治、经济方面对新疆影响之大可以想见。⑪ 其一，新苏间交通的便利密切了彼此的经济贸易联系。马克思认为缩短流通时间的主要方法是改进交通。⑫ 交通进步有助于提高流通效率，激活商贸市场。新疆虽与印度、阿富汗、苏联相接，但经济贸易独为苏联垄断，甚至内地亦处被动地位，新疆所需进口货除向苏联购买，出口货除运销苏联外别无他法，苏联货物"遂向新疆源源不断而来，新疆物产，亦

① 《新疆建设计划大纲草案》，第 23 页。
② 《苏俄新筑土西铁路与中国之关系》，《湘鄂铁路公报》第 2 卷第 11 期，1930 年，第 44 页。
③ 《西土铁路与新疆关系》，《蒙藏月报》第 2 卷第 4 期，1935 年，第 15 页。
④ 《可注意之苏俄新铁路》，《中华实事周刊》第 2 卷第 9 期，1930 年，第 11～12 页。
⑤ 杨刚毅：《新疆问题讲话》，武定同文印刷社，1935，第 196 页。
⑥ 何璟：《苏联势力控制下的苏新关系之剖视（下）》，《边疆》第 1 卷第 9 期，1936 年，第 11 页。
⑦ 杨刚毅：《新疆问题讲话》，第 196 页。
⑧ 曾问吾：《中国经营西域史》，上海商务印书馆，1936，第 673 页。
⑨ 《苏俄新筑土西铁路与中国之关系》，《湘鄂铁路公报》第 2 卷第 11 期，1930 年，第 44 页。
⑩ 罗文干：《开辟新疆交通计划》，《道路月刊》第 43 卷第 1 期，1934 年，第 9 页。
⑪ 吕敢编《新新疆之建设》，时代出版社，1947，第 52～53 页。
⑫ 《马克思恩格斯全集》第 25 卷，人民出版社，1965，第 85 页。

向苏联滚滚而去"。①　此原因不止一端，但最重要者即为交通不便。②　这使原本处边缘化的经济贸易呈瘫痪状态，因之，从经济立场观察，新疆已被苏联经济势力所控制并非过分之言。③

其二，新疆与内地间交通落后成为政局不稳的催化剂。新疆屏蔽西北，为我国边防重地，种族势力亦极庞杂，新疆与中央在政治上长期处游离态势，中央权威实难触及，处境尴尬。交通落后使中央指挥不灵，使新疆各民族下情不能上达，成为各族易生误会而起变乱的一大原因。④　且苏联乘机挑唆地方分裂势力，左右逢源于上层统治阶级和地方社会势力间，"亦复尽其挑拨利用之能事，以收任意操纵指挥之实效"，加大了分裂势力对中央的离心力。例如苏联担心盛世才实力过大，而利用马仲英来牵制，在马仲英余部退驻南疆后联络维吾尔族领袖麻木提与马仲英对抗，又为防止麻木提尾大不掉，利用和加尼牙子（维吾尔族首领之一）来牵制。"种种神机妙算，任用组织手腕，得错〔借〕新疆政治如磐石之安，而苏联之在新地位与既得权益亦可确保无虞，其用心之险毒有如是者。"⑤

同时，英国觊觎南疆亦非一朝一夕。1935 年，时人吴学衡指出："1928 年一年中，统计英国在新疆贸易的总额，已超过 4004413 罗比，它这种经济侵略，当然是可惊人的了；然而，还有比这更惊人的事体，便是它的政治侵略！去年 10 月间，疏勒宣布独立，便是英帝国主义作背景。英人哈列德施尔德克，自称欧洲回教领袖，企图在新疆组织回教国，定国名为伊斯兰米斯坦回回国，英人辛博森为之策动，而经费的来源大半是阿昆巴叶贸易公司。这种政治侵略，委实可怕！去年 3 月 2 日上海密勒斯评论称：'英国嗾使南疆玉木耳巴及其侄阿布多里木与萨毕特，并供给 10000 支来复枪，200 多名英兵，去帮助叛乱的国民，将中国的官吏驱出南疆之外'"。⑥　这是英国侵略南疆的一篇写状，其程度与苏联不差上下。国际关系交错复杂的新疆政局如时人评价一般："现在的新疆，虽是中国行省的一部分，然中央政府仅握有外交权而已。实际上的新疆，却是一个自治体，中国在新疆的政治势力是很薄弱的。"⑦　新疆当局不得不接受的现实是

---

①　冯有真：《新疆视察记》，世界书局，1934，第 178～179 页。

②　曾问吾：《中国经营西域史》，第 698 页。

③　〔日〕村田孜郎：《苏俄对于新疆交通的控制》，朱孝曾译，《边疆》第 2 卷第 1 期，1937年，第 48 页。

④　方秋苇：《中国边疆问题十讲》，第 48 页。

⑤　何璟：《苏联势力控制下的苏新关系之剖视（下）》，《边疆》第 1 卷第 9 期，1936 年，第 16 页。

⑥　吴学衡：《西北交通在国防上的重要》，《西北刍议》第 4、5 期，1935 年，第 6 页。

⑦　方秋苇：《中国边疆问题十讲》，第 49 页。

"新疆孤悬塞外，紧与俄连，以交通言，则苏俄近便，而本部则否，以经济言，则苏俄发达，而本国弗如，时至今日，新疆全省实已在苏俄势力笼罩之下"。①

总之，新疆与内地久呈政治绝缘状态，与地理交通的落后隔绝息息相关，"国家非但不能占到利益，反而受累"，②"若不急图救济，则贻患将不堪设想……盖新疆之得失存亡，不仅关系新疆一省，实全国安危之所系也"，③国人不可不深切注意。④时人呼吁："实则通新公路之急应建筑，其意义远在经济价值之上，而在于国防与政治也。"⑤故欲求新省国防、政治和经济臻于安全，首宜发展交通。⑥

二　国民政府与新疆当局在交通建设中的博弈

抗战初期是国民政府权威开始生根新疆之际，但新疆对中央依附程度较低，与中央存貌合神离关系。随着抗战持续深入，中央与新疆当局在开辟国际交通运输线过程中不断交涉和沟通，一定程度上有利于中央对新疆的联络与控制，亦可加强新疆对中央的依附度。

一是交通建设成为中央政府统合新疆的有效方式。随着边疆危机情势加重，中央政府认识到交通建设为开发新疆第一要务。1933 年 5 月，行政院成立新疆建设计划委员会，制订《新疆建设计划大纲草案》，计划完成西安至伊犁铁路，整理绥新汽车路，恢复汽车运输，修筑兰州、迪化至塔城公路，恢复欧亚航空公司兰州—迪化—塔城间航行，并减免沿途捐税，保护商货运输。⑦同年 9 月 22 日，行政院召开第 121 次会议决议修筑直通新疆公路，由铁道部主办，拨 5 万元为开办费。⑧9 月 25 日，司法行政部部长罗文干奉命前往新疆南北疆重要城镇考察，并拟具《开辟新疆交通计划》，对兴筑经费，设立汽车路局、车站，修理车辆，路警保护等做出详细规划。罗认为新疆善后以开辟交通为先务，内地通新疆南北大道皆旧时

---

① 《1933 年 3 月 10 日新疆喀什区行政长兼前路司令马绍武致颜惠庆大使电》，转引自蔡锦松《盛世才在新疆》，河南人民出版社，1998，第 140 页。
② 王沿津：《泛论边疆交通》，《边政公论》第 1 卷第 2 期，1941 年，第 43 页。
③ 冯有真：《新疆视察记》，第 81～82 页。
④ 许崇灏：《新疆志略》，正中书局，1945，第 247 页。
⑤ 洪瑞涛：《开辟新疆交通计划之商讨》，《开发西北》第 1 卷第 4 期，1934 年，第 65 页。
⑥ 兆钟：《新疆之交通》，《新亚细亚》第 8 卷第 6 期，1934 年，第 35 页。
⑦ 《新疆建设计划大纲草案》，第 2、21～24 页。
⑧ 《铁道部建筑直通新疆公路》，《华侨周报》第 42 期，1933 年，第 44 页。

官道，"向恃驮运，迟缓需时，在现代实难为用。势非兴筑铁路，不足以利交通"。但铁路举办匪易，缓不济急，唯一之法，"只有建筑汽车路，轻而易举"。① 该计划很快得到中央采纳，饬令铁道部指派人员前往勘查绥远通新道路。② 同时，行政院下令新省政府、甘省政府筹划兰州至迪化公路建设，由甘省负责修建兰州至星星峡段，由新省负责星星峡至迪化段。

筹措经费是建设公路的关键，在中央和地方财政困窘下解决该问题并非易事。甘新路线绵长，地势险峻，需款甚巨，1933 年 6 月 7 日甘肃省政府致行政院文书中提到灾祸频仍、省库奇绌、财政亏空，"以现在甘肃之财政，欲施行此巨大之工程，殊非易易"，③ 呈请中央拨款补助以利交通。为此，行政院命令铁道部、蒙藏委员会、内政部就甘省府修路情况及需款项会同核议，商量对策。9 月 22 日，铁道部、蒙藏委员会、内政部致行政院呈：

> 西北地居重要，亟待开发，而新疆尤关国防。值此边陲多事，易启外人觊觎之际，欲图巩固边疆，繁荣西北，其惟一要务，首在便利交通……惟甘新两省财力较绌，建筑经费自有不敷之虞，似应由各该省政府各就本省路段，拟具建筑计划及经费预算，估计本省负担此项经费之最高额数，不敷之数，呈请中央补助，庶易进行。现在中央财政固极支绌，但该段道路，亟应克期完成，令各该省既力有不足，自不得不由中央勉为筹划补助，以利交通而固边疆。④

以上呈词可知，中央对通新道路可谓心有余而力不足，财政无力全额垫支修路经费，只能要求甘、新两省估计出可以承担经费最高数，不敷之数再由中央补助。最终甘省政府预算出自皋兰至星星峡长约 1481 公里，需工程费大洋 2553984.5 元。⑤ 铁道部对此"尚感拮据，委再无力筹拨该项经费"，并转请全国经济委员会筹划举办。⑥ 但全国经济委员会同样面临经

① 罗文干：《开辟新疆交通计划》，《道路月刊》第 43 卷第 1 期，1934 年，第 1 页。
② 洪瑞涛：《开辟新疆交通计划之商讨》，《开发西北》第 1 卷第 4 期，1934 年，第 61 页。
③ 《甘肃省政府致行政院呈》（1933 年 6 月 7 日），中国第二历史档案馆编《民国时期新疆档案汇编（1928 ~ 1949）》第 16 册，凤凰出版社，2015，第 5 页。
④ 《铁道部蒙藏委员会内政部致行政院呈》（1933 年 9 月 22 日），《民国时期新疆档案汇编（1928 ~ 1949）》第 16 册，第 19 ~ 20 页。
⑤ 《甘肃省政府致行政院呈》（1933 年 12 月 26 日），《民国时期新疆档案汇编（1928 ~ 1949）》第 16 册，第 51 页。
⑥ 《铁道部蒙藏委员会内政部致行政院呈》（1934 年 3 月 10 日），《民国时期新疆档案汇编（1928 ~ 1949）》第 16 册，第 76 页。

费困窘问题，使得甘新公路建设遥遥无期。① 可见，在国家贫弱、政府财政拮据面前希图实现交通现代化实困难重重。

随着抗战的深入，西北成为抗战安全根据地，② 新疆成为中苏"以货易货"物资顺利运输的桥头堡，建设一条保证运输安全有效的道路迫在眉睫。正所谓"不有外患，不知中国边疆之危。不有抗战，不识边疆交通之重要"。③ 为此，中央严令全国经济委员会及新省制订战时交通建设计划，以打通国际运输通道。甘新公路于 1936 年 12 月底路基工程已完成 24%，桥涵工程已分别招商承造和采料，"惟因天寒地冻，进行甚感困难"，④ 于 1937 年开始大规模修筑，至 1938 年底全路完成，所用工人达 10 万人，路基宽 9 米，路面宽 3～3.5 米，厚 20 厘米，系用碎石、碎砖铺成，最大纵坡 7%，最小曲线半径 25 米，修建桥梁 81 座，总长 1524 米，载重 10 吨，设路标号志 1000 余件，植树 30 万株，建道班房 60 余处，共耗费 500 余万元。⑤ 后期改善养护工程亦不间断。

新省方面，早在抗战初期当局对交通事业发展就有重视。1935 年春，成立新疆省公路总局，专司全疆公路建筑、养护及营运业务。至该年年底，新疆道长路阻的交通面貌大有改观，可通行汽车的道路有迪塔、迪伊、迪哈、迪喀 4 线，总计 4271 公里。⑥ 但等级较低，标准较差，多为土路。抗战即将全面爆发之际，新省制定第一期三年计划（1936 年 6 月～1939 年 6 月）和第二期三年计划（1940～1942），重点以最大财力人力开辟全省主干道，提升汽车运输力，增强城市交通，培养驾驶机械人才，以及整理电报线路，增设无线电台，扩大广播放送，发展长途电话，以配合和协助各部门建设完成。⑦ 自 1935 年至 1937 年 7 月，完成迪化—伊宁、迪化—哈密二路，长 1859 公里，大小桥梁 2439 座。⑧ 此二路成为贯通中苏要道的重要组成部分。自 1939 年至 1942 年，修筑额敏至塔城、迪化至焉耆、焉耆至阿克苏、阿克苏至喀什、喀什至和阗等公路 3404.5 公里，桥梁

---

① 《全国经济委员会致行政院公函》（1934 年 4 月 18 日），《民国时期新疆档案汇编（1928～1949）》第 16 册，第 99 页。

② Goro Oguchi：《西北的运输路线》，辛不同译，《潮声》第 2 卷第 1 期，1943 年，第 40 页。

③ 严德一：《抗战与我国边疆之交通》，《边政公论》第 3 卷第 3 期，1944 年，第 17、20 页。

④ 《甘新公路进行情形》，《交通杂志》第 5 卷第 2 期，1937 年，第 6 页。

⑤ 《甘肃公路交通史·公路篇》上册（二）（油印本），第 274～275 页。

⑥ 戈吾：《新疆交通之概况》，《道路月刊》第 48 卷第 2 期，1935 年，第 12～14 页。

⑦ 《新疆省第一期三年计划建设》，《民国时期新疆档案汇编（1928～1949）》第 24 册，第 501 页。

⑧ 吕敢编《新新疆之建设》，第 50 页。

2764 座，① 其间均由民众担任劳动力，由政府补助器料，对全省各地社会经济与文化进步辅助良多。② 当然，因战时军事物资运输需要，新省公路建设主要集中在北疆地区，南疆地区公路里程相对较短。铁路方面，交通部为保证西北大后方战略物资及时供应前方军事，在 1939 年 5 月修建宝天铁路时对甘新铁路进行规划和测量，但囿于时局和财政经费，直到 1944 年 7 月乃派宝天铁路甘新线勘测队前往新疆测量肃州至迪化段，③ 最终也不了了之。

总体上，在中央主导参与下新疆省际、省内交通建设渐趋进步，有助于支援抗战、物资流通和政治往来，成为国民政府有效统合新疆的重要方式。主要体现在抗战时期中央政府借中苏关系缓和之机与新疆当局保持合作抗日态势，并试图利用河西走廊将政治触角延伸至新疆，以加强中央对新疆的控制。1941 年，蒋介石派蒙藏委员会委员长吴忠信任西北党政考察团团长，赴甘、宁、青等省考察党务，意在控制河西走廊。吴忠信到西北后利用青海军阀马步芳、马步青之间矛盾，诱迫马步芳献出河西走廊，为中央军入疆打开通道。④ 1942 年，盛世才正式脱离苏联服从中央，使中央得以在新疆设立党部，派驻军队。盛的这种转变离不开中央政府在西北的诸多努力。从交通本身来看，交通部将新疆交通运输机构统制在全国交通系统中，无疑是中央有效统合新疆的重要方式。1944 年 11 月 24 日，交通部公路总局公布《管制机关公车办法》，统制机关公车，并于该年年底撤销交通部所属公路总局及附属机构，合并成立战时运输管理局。1945 年初，新疆成立分局，原省公路运输管理局、省驿运分处、西北运输委员会迪化分会等交通机构均归并在战时运输管理局新疆分局之内。主要任务为统制交通工具，配合军事反攻，便利物资运输，准备公路运输复员与复兴。⑤ 1945 年 6 月，军事委员会西北运输司令部在新疆成立迪化运输指挥部，主要任务是配合军事需要，统筹支配重要运输，适宜调度新疆军、公、商车辆，统制全疆汽车运输。

抗战胜利后，为统一新疆交通行政管理事权，中央于 1947 年 7 月 1 日

① 韩清涛：《今日新疆》，中央日报总社，1943，第 52 页。
② 吕敢编《新新疆之建设》，第 50 页。
③ 《甘新铁路线勘测队抵迪化》，《公路月报》第 9、10 期，1944 年，第 78 页。
④ 洪丽萍：《反法西斯战争时期苏联与中国新疆关系研究》，硕士学位论文，兰州大学，2007，第 45 页。
⑤ 政 2 - 3 - 806，转引自新疆维吾尔自治区公路交通史编委会编印《新疆公路交通史·运输篇》上册，1982，第 73 页。

成立新疆第六区公路工程管理局，于 8 月 1 日接并新疆公路管理局管理省内全部路线。1947 年 8 月，交通部公路总局公布全国国道网计划，将新疆基 3 线安西—霍尔果斯段、纬 4 线茫崖—莎车段、纬 5 - 1 线安西—金鸿山段、纬 5 - 2 线白杨河—莎车段、经 6 - 4 线婼羌—库尔勒段、经 6 - 5 线乌苏—塔城段公路划归国道共有，统归六区局管理，长 6820 公里。1948 年 1 月，交通部公路总局增划纬 5 - 2 线巴楚—喀什—莎车段、纬 5 - 3 线七角井—奇台—迪化段、纬 5 - 4 线额敏—承化段等三线为国道。① 可以说，战时中苏国际运输通道的开辟、中央交通统制机构在新疆的渗透以及战后将新疆交通体系纳入国家统一管理轨道，都有助于中央政府对新疆的有效控制，使中央与新疆的关系在保证交通畅通条件下有了新发展，成为中央有效统合新疆的重要方式。

二是为保障国际援华物资通道的顺利畅通，中央就交通建设和运输问题对新疆当局持协商隐忍态度。1936 年，绥新公司张仁山带队由甘赴新勘测甘新公路，对于"入境问题"深感困难，其回忆："余自从去年秋间，受了新绥公司之聘，担任甘新绥新间的现行汽车路测量工作，因为新疆的入境问题，没得解决，所以留滞兰州，未能出发，直到去年年底，才得到盛督办的应允，准许入境，故于今年 2 月 8 日，始率同测量员 2 人，由甘入新，本来新绥公司的汽车自甘至绥，往来新疆是通行无阻的，但提到测量队，我们多少是有点顾虑，所以没得到督办允许以前，我们不敢冒昧前往。"② 因哈密检查严格，工作人员仅有 10 人，整个测量费时半年。且在运输过程中，中央就内运、外运货物与新省沟通和衔接深感不易，尽量避免直接摩擦和冲突。如 1939 年全年本该由西北运出货物 6000 吨左右，但盛世才严格限制运出数量，限每月仅 300 吨，规定新省骆驼禁止出境，甘省车辆亦不得自由出入新省，只能运到星星峡，不能到苏新边境。③ 中央为避免向苏联交货愆期引起责难而影响信誉，于 1939 年 4 月财政部频繁致电盛世才，请求增加运输数量，"如果新省感有困难，可否由本会自组运输队补充，到达新省时，由新省协助办理，直运哈密，又本会须派员常驻哈密办理接运"，④ 中央态度可谓小心谨慎。而盛世才态度较

---

① 刘良湛：《新疆的公路建设》，《现代公路》第 1 卷第 5 期，1948 年，第 30 页。

② 《甘新公路测量经过》，《西京日报》1936 年 9 月 10 日，第 6 版。

③ 《西北办事处致贸易委员会呈》（1939 年 3 月 18 日），《民国时期新疆档案汇编（1928 ~ 1949）》第 25 册，第 235 页。

④ 《财政部致盛世才电稿及致贸易委员会代电稿》（1939 年 4 月 4 日），《民国时期新疆档案汇编（1928 ~ 1949）》第 25 册，第 157 页。

为强硬："以该项货物已利用由猩哈运油往返骆驼尽量载运，可不致延误运输，水陆运输联合委员会似无派员来新之必要，将来如有困难当再电商"。① 说明中央政府对新疆当局就运输问题表现出商量协作诚意，而盛却不时推诿敷衍。西北办事处面对盛的强势亦有所顾忌，从其致贸易委员会电文中可知：

> 关于应由本处遴派干员前赴哈密设处办理接运交货事宜一节，按哈密亦在新疆省境内，入境颇感不易，且以盛督办隐示甘省车驼现尚未能入境之意，似应俟盛督办复电到时，再为决定，以资妥善……否则办法纷歧，易滋错误，如盛督办准本处车驼入境，当由本处统筹办法，设或不允，则星星峡交接手续应请钧会转呈财政部，电咨盛督办派员与本处洽定，以免周折。②

由此看出，西北办事处与新疆当局在运输过程中的交接手续极其复杂，中央驻西北代表为求货物顺利运输，对盛督办的强势持隐忍态度，以免周折。即便在新苏关系冷淡之际的 1942 年，蒋介石视察西北却也止于兰州，不敢直往新疆，对盛有所顾虑。

三是新省当局加强交通建设，在全民族抗战局势下尽量配合中央承担军事物资运输。盛世才虽然对中央持游离状态，但国难当头对新疆交通重要性亦有清楚认识，并未表现极端强势。其指出，"在抗战之际应该扩充与改善水陆空三方面的交通路线，应该扩充与改善交通工具，以便在便利交通条件下，发展经济，繁荣农牧工商业，节约行旅与运输的时间，和加快集中军队便于迅速转移兵力，以利'抗战建国'大业"。③ 事实上也做出一定努力，在动员当地民力、物力发展汽运的同时，积极配合中央复兴驿运，支援抗战。如 1940 年，新省公路运输局组织内部驿运股、驿运科、驿运部等附属机构办理短途驿运，辅助汽车运输。1943 年初，新疆成立驿运分处，设立星星峡、哈密、迪化三站，驿运部所属马车 200 辆亦交驿运分处统一经营，并添置铁轮大车 50 辆，胶轮车 30 辆，办理新疆境内及新苏、新印国际路线的车驮运输。④ 1944 年夏，新疆省府积极配合新印线军事物

---

① 《西北办事处致贸易委员会电》（1939 年 8 月 1 日），《民国时期新疆档案汇编（1928 ~ 1949）》第 25 册，第 359 页。

② 《西北办事处致贸易委员会电》（1939 年 4 月 18 日），《民国时期新疆档案汇编（1928 ~ 1949）》第 25 册，第 344 ~ 345 页。

③ 盛世才：《六大政策教程》，新疆民众反帝联合会，1942，第 118 页。

④ 交 2 - 1 - 30、政 2 - 3 - 815，转引自《新疆公路交通史·运输篇》上册，第 62 页。

资的运输。具体先由英军将轮胎等物资运至克什米尔首府斯利那加，再由英军代租驮马，经 12 天行程转运到列城。10 月初新疆马队来到列城，于 15 日装运轮胎从列城出发，沿沙腰克河越喀喇昆仑山口进入国境。此行共 170 余人，驮马 800 余匹，经 27 天跋涉，于 11 月 10 日回到新疆叶城，单向行程 650 公里。与此同时，西北公路运输局派 18 辆汽车西去新疆叶城接运，车队编制为大客车、修理材料车各 1 辆，货车 16 辆。该车队出行人员 43 人，于 1944 年 10 月 4 日从兰州出发，1945 年 2 月 7 日返回兰州，历时 127 天，往返行程 8393 公里。① 新印线先后共用驮马 2925 匹，运入军事援助物资 5850 件，其中轮胎 4444 套，军需布匹 782 包，经济部装油袋 588 件，电信总局呢料 36 捆，至 1945 年下半年方告结束。② 以上是新疆当局与中央就军用物资运输积极配合的表现。

四是新省当局在交通建设和运输过程中时生龃龉，是对中央有意防范的表现。1934 年，盛世才对抗马仲英、张培元胜利后开始考虑新绥汽车恢复通车问题。但盛仅准许通至哈密，不能直达迪化，从哈密到迪化一段由新疆省派汽车接运。③ 其用意是不愿内地军政要员轻易进入新疆。与此同时，欧亚航空改经华南直飞欧洲，迪化航空站职员六人乘新绥汽车东归更属莫名其妙。时人言："同一迪化，杨金时代，何以飞机汽车均可通达？盛刘主政何以突不能通？吾们对新疆交通之退化，则不能不感觉到无限遗憾！"④ 另外，新疆通往内地交通迟至抗战才开始修筑，与盛世才坚决反对修通甘新交界（由哈密至星星峡）公路有关。以致 1937 年抗战军兴，兰新交通"大感困难，影响军事极大，临时赶工，经济物力加倍消耗，尚不能济事"。⑤ 更甚的是，即便甘新公路因形势需要得以修通，盛对于往来新疆内地人员不论官阶高低都严格检查。例如，因军事运输关系中央派员来新疆接运，所来人员必须得盛世才同意方准进入星星峡。若无新省护照或其允许的证明，擅自到星星峡的指为汉奸，立即逮捕。1938 年，军委会派交通组组长辜达岸视察公路至星星峡，盛当即电辜立即东返，不得在新停留。1942 年，后方勤务部部长俞鹏飞拟赴迪化视察公路，因事先未通知盛

---

① 中国公路交通史编审委员会编《中国公路运输史》第 1 册，人民交通出版社，1990，第 288 页。
② 《新疆公路交通史·运输篇》上册，第 114 页。
③ 文萱：《一年来新绥汽车交通之一笔总账》，《开发西北》第 2 卷第 5 期，1934 年，第 90 页。
④ 牛：《新疆的交通》，《国闻周报》第 11 卷第 43 期，1934 年，第 2 页。
⑤ 张大军：《新疆风暴七十年》第 7 册，第 4070～4071 页。

世才，被阻于哈密，不准至迪。① 以上种种情事反映出盛世才对中央时刻防范，目的在于防止中央势力渗透到新疆，打破其"独立王国"局面。如此被动局面，非但不利于苏联援华物资的顺利运输，反而映射出中央对新疆统摄力不从心，更易助长甘、宁、青、新地方军阀为各自利益展开角逐之势。一旦地方内乱，交通便成为冲突的工具和牺牲品。如 1933 年 9 月 16 日，马仲英与盛世才内战，绥新汽车有 7 辆在吐鲁番、哈密滞留长达两个月。② 且 1937 年盛世才与哈密警备司令尧拉多波发生冲突，后者在境内布置军事，情形严重，原因不明，绥新长途汽车路因是中断。③ 地方政局不稳严重阻碍交通正常运营。

三 交通建设对新疆的内地化牵引作用

交通在边疆治理中扮演重要角色，交通畅达与否同边疆政治、经济、文化、国防安全关系密切。一方面，交通落后易使新疆与内地隔阂甚远，中央政令下达地方甚为迟缓，地方军阀割据一方，经济贸易和文化交流困难；另一方面，交通进步促进新疆与内地政治联络、物资流通、文化交融、人员往来。交通建设"允宜着手实施，以期新省一切内地化！"④

其一，加强了新疆在国家安全中的战略地位，使之成为承担抗战物资运输的关键省份。1933 年国庆日交通部部长朱子爽发言："边疆各区，文化闭塞，种族复杂，且毗邻外国，关系于国防者甚大。且近年来英俄之侵略益亟，若不设法沟通边区交通，则中央之意志及政策，不无宣达及施行上之困难，其危险程度，令人思之，不寒而栗。"⑤ 诚然，交通是国防生命线，观察 20 世纪以来我国国防交通，不但无铁路可言，而且公路除迪霍、南疆、青新等数线外亦无多有，"一朝有事，运输不灵，徒唤奈何？"为巩固边陲，坚强国防，"在铁路未兴建之前，而公路更应有加紧建筑之必要，俾能负起国防安全之责任"。⑥ 更有人认为："新疆一切问题，国防为先，

---

① 张大军：《新疆风暴七十年》第 7 册，第 4071 页。

② 文萱：《一年来新绥汽车交通之一笔总账》，《西北开发》第 2 卷第 5 期，1934 年，第 91 页。

③ 《绥新汽车路交通中断》，《边疆》第 2 卷第 11 期，1937 年，第 5 ~ 6 页。

④ 李寰：《新疆研究》，第 70 页。

⑤ 兆元：《与服务新疆的交通职工谈谈新疆状况》，《交通职工月报》第 8 期，1933 年，第 49 页。

⑥ 皖萍：《展望新疆公路》，《交通部公路总局第六区公路工程管理局月刊》第 1 卷第 9 期，1948 年，第 11 页。

主要工具，即为通路。"① 边疆问题的中心问题是边疆交通问题，② 交通安全是边疆安全的基础，打通腹地与新疆的交通命脉是保障国防和边疆安全的当务之急。这一任务最终在抗日战争全面爆发之际迫于西北战略地位的提升而得到落实。

抗战时期，中苏两国将公路交接处设在伊犁边界霍尔果斯，所有苏联运华货物在霍尔果斯出发，经迪化、兰州、西安、汉中、成都至重庆，全长 5274 公里。③ 新疆成为抗战的桥头堡，全国经济委员会在新疆设立中央运输委员会办理接运苏联援华物资事宜，并设有新二台、精河、乌苏、绥来、迪化、吐鲁番、鄯善、七角井、哈密、星星峡等 10 个接待站，自星星峡以东甘肃境内亦由西北公路局及中国新生活运动会服务处设置接待站，专门接待苏联援华物资运输过往车辆及人员。④ 1937 年冬，苏联援华物资开始内运，羊毛、茶、砖、铁砂等产品经新疆运往苏联。运输初期，因西北公路局汽车及油料缺乏，苏联派车将物资通过新疆直接运往兰州。1939 年 2 月 28 日，新疆边防督办公署致财政部电："关于甘新骆驼联运事自当遵嘱，要为协助办理：（1）外运货运至猩站时，即饬嘱转运；（2）内运俄油到达边境向未延误输运，今后仍当饬嘱继续接运，以利运输而便交易。"⑤ 可知外运货物至星星峡时由新疆负责转运，内运货物至霍尔果斯时由新疆负责接运，新疆成为中苏往返物资至关重要的中转站。1941 年，西北公路局汽车延至哈密，在哈密设办事处办理汽车运输。在此期间，新疆公路运输管理局利用送货到星星峡的回空车辆代运西北公路局出口至苏联物资，两局在星星峡衔接联运。总之，抗战时期新疆一大成就便是沟通了与内地的陆路及空中交通，使苏联货物得以源源接济。正如一首革命歌所描述的一样："中国西北角，有一个好地方，地大物博，抗战好地方，交通要道国防地，我们的新新疆。"⑥

其二，有利于中央对新疆有效统合，加强新疆对中央依附度。抗战初期是国民政府权威生根新疆之际，新疆对中央依附程度较低，与中央貌合神离。盛世才为抵制中央势力渗透新疆，严格控制新疆与内地交通联系。

---

① 凌鸿勋：《由左宗棠平定新疆说到甘新铁路之兴筑》，《公路月报》第 1 期，1943 年，第 68 页。

② 王沿津：《泛论边疆交通》，《边政公论》第 1 卷第 2 期，1941 年，第 41 页。

③ 吴蔼宸：《新疆纪游》，商务印书馆，1944，第 7 页。

④ 交 2 - 1 - 4180、交 2 - 2 - 1144，转引自《新疆公路交通史·运输篇》上册，第 68 页。

⑤ 《新疆边防督办公署致财政部电》（1939 年 2 月 28 日），《民国时期新疆档案汇编（1928～1949）》第 25 册，第 154 页。

⑥ 吴蔼宸：《新疆纪游》，第 355 页。

如 1933 年 12 月 14 日，盛拒绝欧亚航空公司飞经新疆，撤销迪化航空站，没收财产，航空线只剩迪化通至兰州一线。[①] 这种被动局面反映中央对新疆统治无力。且地理位置偏远以及交通落后一定程度上限制了中央对新疆的有效统合。为统合新疆，中央政府曾派黄绍竑武力平定新疆。出于对新疆军事形势的估计，1934 年 1 月，黄绍竑向蒋介石提出远征新疆计划，计划动用兵力 15000 人，购置汽车 650 辆将兵力输送新疆。路线决定由归绥至居延海，转入酒泉出玉门关，再沿南路西段而至迪化。[②] 最终因新疆通往内地的交通落后，自然条件过差无法解决军事运输问题，且新疆局势急转直下，蒋介石考虑中苏关系不可过僵，下令黄绍竑停止执行平定新疆计划。[③] 随着新疆边防重要性日益突显，交通建设成为中央有效统合新疆的重要方式之一。在"建设新新疆""抗战建国"形势下，国民政府制订新疆交通建设计划并付诸实施，最终促成省内及国际交通运输线的开辟与运营，在此过程中中央与新疆当局由政策措施的制定到具体运作环节都有诸多沟通。主要体现在中央政府为保证抗战时期中苏"以货易货"物资的顺利运输，在新疆设立专门运输机构，派遣中央人员驻于新疆，与新疆当局积极沟通和交涉。边防督办盛世才一方面组织运输队努力配合中央政府的军事运输任务，另一方面在中央财政困窘情况下给予大量资金支持。如积极垫付苏联驻迪化的商务机关代运贸易委员会由星星峡至霍尔果斯出口货物的运费。自 1937 年 10 月至 1939 年 12 月共垫运费款数达国币 13768237.76 元，美金 180424.66 元。[④] 可见，在全民族抗战之下，新疆当局有力配合中央进行援华物资的顺利运输，一定程度上反映出新疆对中央政策的执行力度，也体现出中央以交通运输为契机努力实现对新疆的有效统合。

其三，加强了新省与内地的经济联系，促进新省自身发展，成为国家现代化建构重要一环。交通是带动新疆与内地紧密联系的纽带，"如辅之以现代化的交通设备，使与内地经济联系起来，则建国的资源，可以'取之不尽，用之不竭'了"。[⑤] 抗战时期新疆与内地交通进步有利于军工商运输业发展繁荣，甘新道上公私货运往返频繁，内地大量茶叶、花椒、红

① 马飞熊：《回顾解放前的新疆邮政》，《新疆文史资料选辑》第 1 辑，新疆人民出版社，1979，第 141 页。

② 黄绍竑：《五十回忆》，岳麓出版社，1999，第 291、294 页。

③ 黄建华：《国民党政府的新疆政策研究》，民族出版社，2003，第 7~8 页。

④ 《财政部为稳定新省币值及发还垫付运费与军事委员会及新疆省政府驻渝办事处来往文书》（1940 年 5 月 23 日~6 月 15 日），《民国时期新疆档案汇编（1928~1949）》第 26 册，第 380 页。

⑤ 李溥霖：《十年来新疆的经济建设》，《新新疆》第 1 卷第 1 期，1943 年，第 68 页。

糖、布匹以及其他日用品均运往新疆贸易。① 1937 年至 1938 年新疆与苏联贸易总额中，新疆进口物资 53329 吨，出口物资达 65338 吨，出超 12009 吨，这些物资运输在新疆境内全以汽车与畜力承运，② 且所需行程由原来 50 天缩减为 23 天，大大提高了运输效率。③

有关战时出口苏联农矿产品目前尚未发现确切统计，不过相关统计亦可反映中苏贸易运输的大致面相。据苏方统计，1938 年至 1945 年中国出口苏联农产品，生丝 301 吨，猪鬃 1119 吨，绵羊毛 21296 吨，驼毛 1026 吨，山羊毛 304 吨，茶叶 31486 吨，桐油 8626 吨，生皮（羊羔皮、山羊皮等）540.7 万张。④ 据资源委员会国外贸易事务所统计，1941 年 3 月开始在哈密对苏交货，至年底共交矿品 24 批，其中交钨砂 525.5470 吨，锡品 157.3156 吨。⑤ 1942 年，由西北路线交矿品数量增加，全年交出钨砂 1501.7663 吨，锡品 15.4249 吨，汞品 1115 罐（依每罐 34.474 公斤计合净重 38.4385 吨），合计交出矿品总吨量 1555.6297 吨，较上年度 682.8626 吨增加 1 倍多。⑥ 至 1943 年交出钨砂 2786.5619 吨，锡品 10.1293 吨，贡品 1.5169 吨，合计净重 2798.2081 吨。⑦ 总之，抗战时期新疆交通对中苏贸易运输贡献重大，既加强了省内各地物资流通，也保障了抗战前方战略物资的顺利运输。

其四，对促进新疆与内地文化交流，增强国家民族认同感起重要作用。在公路未通达内地以前，新疆完全困于崇山峻岭中，固守茫茫戈壁，以致文物闭塞，沟通不便，文教风习多与内地不同。从上海至新疆万余里，来往函件得一年始达。1931 年，上海举行路市展览会，事前函请各省市选送展品，遣派代表赴会出席，内地各省市，均纷纷莅止，"惟边远省区，多未与会。后接新疆省政府金树仁主席来函，谓去函一年始达，足证交通不便，为之厉阶"。⑧ 1947 年 10 月，新省政府参议员刘子健率领保送的将近 200 名新疆各族青年前往南京升学，因陇海路中断，交通受阻，从

---

① 《甘新道上货运频仍，国内茶叶红糖来新》，《新疆日报》1944 年 1 月 25 日，第 3 版。

② 《新疆公路交通史·运输篇》上册，第 70 页。

③ 西北公路运输局编《到西北去!》，全国公路展览会，1944，第 3 页。

④ 〔俄〕斯拉德科夫斯基：《苏中贸易经济关系史（1917～1974 年）》，莫斯科俄文版，1977，第 148 页，转引自孟宪章主编《中苏贸易史资料》，中国对外经济贸易出版社，1991，第 491 页。

⑤ 《资源委员会国外贸易事务所三十年度业务报告》，该所油印本，第 33～34 页。

⑥ 《资源委员会国外贸易事务所三十一年度业务报告》，该所油印本，第 34 页。

⑦ 《资源委员会国外贸易事务所三十二年度业务报告》，该所油印本，第 33～34 页。

⑧ 《新疆之新建设》，《道路月刊》第 37 卷第 2 期，1932 年，第 1 页。

迪化到兰州后，只能暂留兰州开补习班。[①] 种种事例反映出如要提高民众文化水准和政治认识，在兴办推广社会教育和文化事业的同时，畅达的交通条件是传递书刊、报章，儿童远途就学，文化工作人员深入各地服务获致高度效果的基础。[②] 抗战时期，新疆交通建设有了长足进步，新疆与内地文化沟通和交流机会明显增多。抗战中，经过政府大量爱国宣传和教育，新疆民众国家观念、民族意识逐渐增强：边防督办盛世才电呈中央表示极力拥护，请求在西北训练新兵以期长期抵抗；新疆地方民众亦踊跃捐献物资，积极支援抗战。1938 年 10 月，全疆第三次代表大会通过捐款飞机 10 架，冬令军衣 100 万套。1941 年，新省协购大批战时公债，情绪热烈不亚他省。[③] 时人生动描述：新疆民众"知道保护交通，他们夜间骑马巡哨，他们献枪，献口，他们只有一个心眼儿——巩固抗战后方。从此，民族的血开了灿烂的花苞"。[④] 这形象地反映出以抗战为契机，以西北国际交通线为桥梁，新疆民众的国家民族认同感增强。

当然，交通建设过程中存在诸多弊端。第一，受各种主客观因素限制，交通建设工程质量难以保证，整体效果不尽如人意。因自然环境恶劣、时局不稳、技术条件差、经费拮据、车辆油料缺乏等因素的限制，公路等级差、标准低，行程时间较长，如迪化猩猩（星星）峡间往返 14 天，迪化哈密间往返 11 天，迪化塔城间往返 18 天。[⑤] 且绥新汽车路损坏翻车常有发生，路费昂贵，多为官员商人行驶，普通人一般承担不起。[⑥] 符合内地公路标准的仅有迪化至伊犁、迪化至猩猩（星星）峡线，其他公路状况并不理想。如迪化至和阗线为南北疆主要动脉，沿山麓石砾地带修筑，缺乏涵洞等排水设备。"建于冲击层上者被冲为无数深沟，交通价值大为减色；而迪化控制南疆之力量，亦受莫大之限制。"[⑦] 养护方面，公路局限于时局动荡、经费及人力不足，各线公路养护逐年荒废。如 1944 年 8 月秋伊宁事变发生，迪霍（迪化—霍尔果斯）沿线路桥破坏非常严重，交通梗阻。其他各线或年久失修或洪水冲刷，大部桥涵均已朽坏，路基断断续续、坎坷不平。又库婼（库车—婼羌）线贯穿塔里木沙漠，所经均属软沙

---

① 《在兰州访问了二百名新疆青年》，《新闻报》1947 年 11 月 9 日。
② 李尚智：《从公路建设展望新疆繁荣》，《交通部公路总局第六区公路工程管理局月刊》第 1 卷第 10 期，1948 年，第 5 页。
③ 吴蔼宸：《新疆纪游》，第 7 页。
④ 陈纪滢：《新疆鸟瞰》，商务印书馆，1941，第 147～148 页。
⑤ 《全疆公路各线里程》，《新疆日报》1944 年 2 月 12 日，第 3 版。
⑥ 谭惕吾：《新疆之交通》，禹贡学会，1936，第 3 页。
⑦ 张之毅：《新疆之经济》，第 11 页。

地区，因养护失常路线多为流沙所湮没。抗战结束后，新省公路已无全盘计划，渐陷支离破碎境地，很难担负运输重任。南疆公路新段工程处处长刘良湛谈："因各方展望甚殷，居常以新疆目前各路，仅能办到不好，不坏，不畅，不阻之地步相答，虽云聊以解嘲，实亦针对现实也。"①

第二，交通建设体现速成与时效特点。新疆交通建设与国家政策和国际局势分不开，抗战初期中央为巩固国防和边防开始重视新疆交通建设，但由于新疆当局对中央持游离态度以及经费困难、技术人才缺乏等，交通计划基本止于文本。直至1935年春，新省开始修筑迪伊、迪哈公路，至1937年7月正式通车。随着抗战局势日趋严峻，甘新公路于1936年修筑，因天气、经费、材料、人工、技术原因时断时续，最终在战争因素驱动下于1938年底修通。这种交通建设不但体现出因战而兴的速成特点，而且体现出因战而衰的时效特点。抗战胜利后，新疆省内交通建设开始陷入瘫痪状态，有日益破落衰败现象；甘新交通亦失去军事运输需要，表现出陆路运输后劲乏力，甚至时人建议中央政府准许赴新商货由航空运输。②

总之，抗战时期新疆交通建设裨益国防、政治、经济、文化诸方面，对新疆内地化起重要牵引作用，有助于消除新疆与内地隔膜，加强沟通和联系。同时，弊端之处明显，体现速成与时效特点，中央政府对边疆交通的关注和实际介入实是迫于日益深重的民族危机所做的战时应急性措置，现代交通建设虽有了系统性的宏观规划与有计划的具体推行，但实际效果并非理想，总体因特殊战略需要呈现"潮起又潮落"的畸形特点。

四　结语

自古以来，维护边疆安全和治理边疆是国家地缘政治不变的历史主题。作为国家疆域边缘省份之一的新疆是构建现代国家必不可少的重要组成部分，作为西北安全屏障和锁钥，处在维护国家安全和疆域完整的国防第一线。③"不仅为中国民族之命根，又为古代中西交流之孔道。新疆之得失关系民族安危"。④故新疆与内地关系"保而有之，则中国安宁，一旦失之，则神州不得安息"，"两合俱利，两分俱害者也"，⑤可以说，新疆危机

---

① 刘良湛：《新疆之公路建设》，《世界交通月刊》第1卷第5期，1947年，第12页。
② 新疆省商会联合会编印《新疆商业报告书》，1946，无页码。
③ 成崇德：《清代西部开发》，山西古籍出版社，2002，第57页。
④ 张大军：《新疆风暴七十年》第1册，第14页。
⑤ 黄慕松：《我国边政问题》，西北导报社，1936，第41页。

与国家安全相辅相成，互相依存。

抗战初期，新疆危机在苏、英势力不断渗透和西北内部诸多不稳定因素相互交织下愈益严峻，而边疆治理是维护边疆安定与团结的根本所在，交通建设成为边疆治理的关键环节。如时人言："在与内地各省关系较密的时期，正是中国政治修明国力充实的时候。在与中亚各地较为接近的时期，正是中国混乱、国力衰微的时期。今后新疆对外关系的浓淡，将视乎交通的难易而有变化。交通愈便利，则关系愈接近；交通愈困难，则关系愈疏远。"① 可见加强交通建设尤为关键，且表现出重要价值。其一，是巩固国防、保障边疆安全的有效路径。"面临俄、英在中亚的强势扩张，边疆危机的步步深入，中国的路径选择其实没有多少回旋余地，必须以国家力量集中资源，以行政主导方式构建社会组织，从而建立起确保边疆安全的国防、交通、通讯等基础。这是一种修路情结，也是整个 20 世纪现代中国的一个情结。"② 是国人面对民族危亡，保障国家统一，实现边疆安全"倒逼"出来的路径选择，其强烈影响不亚于外生因素的冲击，成为挽救边疆危局的有力手段。其二，是抗战生命线，保障前方战略物资顺利运输和后方物资流通的支柱。其三，对国民政府加强中央同新疆紧密联系和国家话语在新疆的延伸，推进新疆在国防、政治、经济、文化教育方面内地化不无裨益。"过去新疆文化落后，民情隔阂，货不畅流，经济锁闭，莫不以地域僻远联络匪易所致"，如能积极进行交通建设，则能"以人为之力量大破空间上之障碍"，实现新疆与内地社会、经济、文化发展中点、线、面的有力联络，从而使各地"物资易于流通，劳力易于调济，即文化思想亦利于传导"，使省境内"因环境不同之各小区域，其经济发展得互为济助"，并且"国际交通之加强联络，犹可直接增强本省地理地位之重要性"。③

诚然，交通是现代化改革的关键，也是国家未来发展机会的钥匙，是确保国家统一之一法，"如果有完善的道路可资利用，地方性变乱很容易敉平。除此之外，交通愈便利愈发达，人民交往也愈频繁，观念交流也愈容易"。④ 目前新疆形势严峻，传统安全问题与非传统安全问题在新疆至为突出，现实需要我们科学认识历史上交通在边疆存亡中的作用，建构出中国特色的交通安全理论，为有效维护我国当代边疆安全提供更好的资鉴。

---

① 邹豹君：《由地理和地缘方面看新疆》，《新疆论丛》第 1 卷第 1 期，1947 年，第 27 页。
② 韦兵：《认同与建构：20 世纪的西北边疆与现代国家》，《学术月刊》2014 年第 8 期。
③ 周立三：《新疆经济建设之刍议》，《边政公论》第 4 卷第 1 期，1945 年，第 13 页。
④ 蒋梦麟：《蒋梦麟自传》，团结出版社，2004，第 219 页。

民国时期城市租房生活管窥*

李自典**

提 要 民国时期，租房生活是城市社会的普遍现象。主要呈现租房群体规模大、构成阶层多元、租房生活水平等级差异明显、房租波动大、租房纠纷多等特点。其原因既与中国近代城市化发展进程有关，也受到战乱、天灾等因素影响，此外还与近代中国房地产业以房地产出租为主要经营方式有一定关联。

关键词 民国 城市租房 住房需求

衣食住行是人类最基本的日常生活要素。居住生活与住房密切相连，住房是人类立足之地、栖身之所，承担着遮风避雨、安养生息等一系列功能。民国时期，人们解决居住问题，除了自有住房外，租住房屋也是一个重要途径。由此，租房群体成为城市居民的重要组成部分。随着房屋租赁关系的缔结，房客（亦称租户）与房东（亦称房主）成为租赁关系的双方代表，围绕房租问题，双方展开博弈。租房生活是近代城市社会重要的生活方式之一，也是值得重视的一个研究课题，目前学界已取得了一些相关成果，① 主要涉及房客团体以及房租、租房纠纷等问题。其中有关房客的

---

* 本文系国家社科基金后期资助项目"城市管理者：近代北京警察研究"（项目号：16FZS040）、北京市社科基金研究基地项目"近代北京治安防控管理研究"（15JDLSC003）以及北京联合大学人才强校优选计划资助项目，研究生学科特色课程建设项目的阶段性成果。

** 李自典，北京联合大学应用文理学院历史文博系副教授。

① 主要专著有：唐博《住在民国：北京房地产旧事（1912～1949）》，山西教育出版社，2015；曹炜《开埠后的上海住宅》，中国建筑工业出版社，2004；邱泽元等《租房·买房》，中国人民大学出版社，1992；潘信中《长沙市一年来之地价与房租》，台北成文出版社、美国中文资料中心1977年联合影印；王慰祖《上海市房租之研究》，台北成文出

研究以朱英、孔令彬对上海房客团体的研究较有代表性；关于房租的研究大多从经济学视角分析，代表性成果是台北的成文出版社、美国中文资料中心 1977 年联合影印的关于长沙、上海、北平、汉口、南京、重庆、昆明、成都等城市房租与地价的一系列著作；关于租房纠纷的研究，孙慧敏关于上海房屋租赁纠纷的论文较有代表性。综观既有成果不难发现，从社会生活视角来考察民国时期租房生活情况的研究比较缺乏，因此本文拟在此方面做些努力，不足之处，恳请方家指正。

一　城市租房群体概览

民国以后，随着城市化进程加快发展，大量外来人口涌入城市，租房生活成为城市社会的一个显著现象。这在一些较为发达的大中城市更为普遍。例如，在北京①，据调查，城内普通居民，在民国时期约有 22% 的家庭是居住自家的房屋。② 由此可见，北京居民中租住房屋非常普遍，这主要是由于政局混乱，物价飞涨，不少原来居住在四合院内的八旗子弟随着时势变化逐渐沦为贫民，由向外租房的房主到后来变成租客。加之外地来京谋生、求学、经商的流动人员不断增加，买房置业成本高，租房需求扩大，租房群体逐渐扩大。当然，不同经济层面的住户租房情况的差异是十分明显的。一般地，在社会上处于中上阶层的人群，包括官僚、高级公务员、大学教员、医生、律师、买办、富商等，收入比较稳定，有能力支付

版社、美国中文资料中心 1977 年联合影印；魏树东《北平市之地价、地租、房租与税收》，台北成文出版社、美国中文资料中心 1977 年联合影印；鲍家驹《汉口市住宅问题》，台北成文出版社、美国中文资料中心 1977 年联合影印；陈岳麟《南京市之住宅问题》，台北成文出版社、美国中文资料中心 1977 年联合影印；董国祥《重庆地价与房租之研究》，台北成文出版社、美国中文资料中心 1977 年联合影印；王槃《昆明市房屋问题》，台北成文出版社、美国中文资料中心 1977 年联合影印；佚名《成都市地价与房租之研究》，台北成文出版社、美国中文资料中心 1977 年联合影印等。主要论文有：朱英、孔令彬《近代上海房客团体的产生、发展及其组织特点》，《浙江学刊》2010 年第 2 期；布儒《民国时期南京的廉租房》，《团结报》2013 年 7 月 18 日；朱奇红《由城市租房意象看漂移生活问题》，《知识经济》2007 年第 11 期；孙慧敏《上海居，大不易：淞沪战役后上海的房屋租赁纠纷（1937～1938）》，台北，2005 年中研院近代史研究所“战争与日常生活”学术研讨会；等等。

① 关于北京的称谓，在北洋政府时期称“北京”，1928 年 6 月南京国民政府开始统治全国后，改“北京”为“北平”，故本文中泛指时称北京，国民政府统治时期称北平。

② 北京市地方志编纂委员会编著《北京志·综合卷·人民生活志》，北京出版社，2007，第 306 页。

较高房租，一般租住在位置、设施等都比较好的四合院或新式花园洋房、公寓等，例如胡适曾租住在缎库胡同 8 号院，这是一个标准四合院，有门房、厢房、正房十余间，而且离北京大学近，租金每月 20 元大洋。① 处于社会中下层的工人、伙计、小职员、低等公务员等人群，因收入低，生活无保障，租住的房屋条件十分简陋，有的分租一个四合院的不同房间，还有更差的租住土房和草房，房间以一间为多，能容身即可。有学者曾于 1931 年起对北京城厢贫困户进行调查，结果显示，1200 贫户中自有住房者仅 80 家，其余 1120 户皆须租房居住，租房率达 93.3%；住房一间者有 994 家之多，占比为 82.8%。②

上海是近代快速发展起来的大城市，在工商业的推动下，到 20 世纪 20 年代初期其人口已达 200 多万人，其中大多外来人口无力购置房产，租房居住成为他们唯一的选择。据 1936 年官方统计，房客住户达到 347776 户，在总的分类统计中占到 80.5%。③ 可见，租房群体占到上海居民的大部分，数量相当庞大，构成成分多元。据朱英、孔令彬的研究，上海的房客团体一般来说可分为三大层次，其中上等阶层如买办、富商、官僚、大地主等，主要居住于花园洋房，租金高，居住条件优越舒适；数量最多的中等阶层人家或者更低层次的住户，包括中小商人，在大公司、大商店中地位较高的职员，或者政府部门中职位较高的公务员，也包括医生、律师、会计师、文人、教员、新闻记者等，他们在社会上有一定地位，收入较稳定，有能力支付相对较高的房租，一般租住在里弄；第三层次的房客基本是靠普通技能或者体力换取衣食的小民，包括商店伙计、小职员、技术工人、小学教师、落魄文人、职位较低的政府公务员等，他们收入很低，甚至只能支付其中一间房屋的房租，因此这部分人主要分租在里弄住宅中位置最差的角落，比如阁楼等地。④

在南京，普通市民大多自住或租住"私房"。这种私房的建筑和土地为私人所有，式样为沿袭明清时期传统的朝南平房或带院落的房屋。城市贫民主要居住在棚户区，20 世纪二三十年代棚屋广泛分布于南京城区内

---

① 林怀青：《活在民国也不错：有趣有料有种的重口味民国史》，长江文艺出版社，2013，第 8~9 页。

② 牛萧鄂：《北平 1200 贫户之研究》，李文海主编《民国时期社会调查丛编（一编）·底边社会卷》（下），福建教育出版社，2014，第 723 页。

③ 张忠民主编《近代上海城市发展与城市综合竞争力》，上海社会科学院出版社，2005，第 278~279 页。

④ 朱英、孔令彬：《近代上海房客团体的产生、发展及其组织特点》，《浙江学刊》2010 年第 2 期。

外。据 1936 年首都警察厅调查，当时南京第一区的国府站、第二区的武学园、第三区的武定门、第四区的中华门、第五区的莫愁湖二道埂子、第六区的金川门，都建有密密麻麻的棚屋，共有 5 万多所，住有 6 万多户居民，大约 30 万人。① 城市贫民是城市居民中的重要组成部分，其居住环境十分拥挤，各种设施简陋至极。1937 年对金陵女子文理学院四邻棚户的调查显示，145 家棚户中有 53 家住屋为自有，15 家不明，其余 77 家为租住，每家每月所付屋租以 1.6 ~ 2 元为最多数，77 家中有 24 家平均每间房屋住 3.28 人。② 南京市民租房生活情况由此可见一斑。

在天津，市民租住房屋也是非常普遍的现象，房租是普通人生活的一项重要开支。据调查，20 世纪 20 年代末，上海、南京、北平、天津和塘沽五个地区的工人平均生活费中，房租所占的比例达 7.1% ~ 16%，天津更以 16% 的高位居于各城市之首。③ 高房租带来的租房生活压力，对收入微薄的下层民众更显巨大。南开大学经济研究所于 1927 年 9 月至 1928 年 6 月对市内 132 家手艺工人家庭生活费的调查显示，当时天津的下层市民家庭大都租住一两间土坯间，冬季取暖或用火盆或烧暖炕，很少有用火炉者，晚间点煤油灯照明。尽管此时期市区已有电力供应，但这些收入微薄的家庭无能力享用。④

在西南城市成都，市民中有 68% 是租屋住的，全市的住宅掌握在占全市人户 32% 的人户手中。⑤ 中上阶层的房屋供给向无问题，大多为比较高档的带有庄园等的房屋，中下阶层一直忍受着人口拥挤、房屋不卫生、房租昂贵等痛苦，在贫民区大多是两三家挤在两间一方丈的屋子。⑥

抗日战争爆发后，因战争破坏城市住房数量锐减，尤其在被战争直接蹂躏过的城市，随着战乱而不断逃难的庞大人群在城市间流动，加之因战争而流入的大量外国人群也需要住房安置，诸多因素共同作用，使战时租房呈现更为复杂的局面，租房群体不断扩大，租房困难成为比较突出的社会问题。例如，抗战时期沿海地区内迁人群和难民大量涌入昆明，昆明住房不敷使用，西南联大校委蒋梦麟先生曾回忆说："昆明人对于从沿海省

---

① 布儒：《民国时期南京的廉租房》，《团结报》2013 年 7 月 18 日，第 5 版。

② 林玉文：《南京东瓜市与其附近之棚户调查》，李文海主编《民国时期社会调查丛编（一编）·底边社会卷》（下），第 819 ~ 820 页。

③ 赵津、李娟：《近代天津保障性住房建设（1940 ~ 1942）》，《中国房地产》2014 年第 2 期。

④ 南开大学经济研究所编《南开指数资料汇编》，统计出版社，1958，第 8 页。

⑤ 轶名：《成都市地价与房租之研究》，台北，成文出版社，1977，第 40886 ~ 40887 页。

⑥ 轶名：《成都市地价与房租之研究》，第 40874 ~ 40875 页。

份涌来的千万难民感到相当头痛……房租迅速上涨，旅馆到处客满，新建筑像雨后春笋一样出现。被飞机炸毁的旧房子迅速修复，但是新建的房子究竟还是赶不上人口增加的速度。"① 又如战时陪都重庆，抗战全面爆发后，大量人口的涌入给城市发展带来了巨大的压力。在重庆找房子，有意想不到之困难，时人曾有记载："在重庆找太太比找事容易，只须三天；找事又比找房子容易，只须三个月；而找一所房子却须三年。说三年或许失之夸大，但困难是不言而喻了。房子难找，是因为重庆的房屋，原来就挤得满满的，你要想从这里面钻寻出一个空隙，自是一件艰巨的工作。"② 北平沦陷后，随着大量外国人涌入，租房群体中外国人群越来越不容忽视，为此政府还出台了专门的相关管理法规。例如《北平市政府公安局修正外国人租赁房地规则》规定："下列外国人得在本市区内租赁房地居住使用，但不得开设行店公司经营工商业。一、中国官署学校公司厂店所聘雇之人员。二、各国使馆或领事馆之随从员役。三、各国教会教士及医院医士看护。四、游历人士或通讯社报馆之访员。五、前四款外有正当职业之外侨。"③ 天津沦陷后，难民大量涌入造成空前的住房危机，为缓解住房压力，1940 年 7 月 21 日天津市市政会议通过建设市营住宅的方案，这种住房没有对登记租用者的资格做限制。据一项截至 1940 年 10 月 31 日的市营住房登记统计，新租户登记七间一所的有 139 号，登记四间一所的有 167 号，单间登记者 34 号，门面登记者 4 号，申请登记的人员包括政府机关职员、医士、教员、公司工厂职员、商人、图书馆员、报社职员、汽车司机等，④ 这些人群在社会上有一定地位，收入相对稳定，他们积极申请租住政府营建的相对低廉的住房，从一个侧面可反映出天津租房生活压力之大，租房群体范围之广。

　　由上可见，民国时期依赖租房生活的人群几乎包括了城市社会的各个阶层，其数量庞大，分布广泛，职业各有不同，尽管不同城市情况略有差异，但租房生活是城市社会的一个普遍现象。当然，民国时期不同城市的租房生活群体随时势变化也不断波动，战争影响下的城市租房危机与压力

---

① 蒋梦麟：《西潮与新潮：蒋梦麟回忆录》（插图珍藏本），东方出版社，2005，第 256 页。
② 黄洛：《重庆杂写（二）》，《中央周刊》第 50 期，1945 年，第 7 页，转引自何一民主编《抗战时期西南大后方城市发展变迁研究》，重庆出版社，2015，第 248 页。
③ 《北平市警察局令发财政局公产承领房地经租所规则、房用限制暂行办法》（1939 年 1 月 1 日至 1939 年 2 月 1 日），北京市档案馆藏，档案号：J181 - 017 - 00068。
④ 《新租户呈请租用市营住房登记清册》（截至 1940 年 10 月 31 日第一次），天津市档案馆藏，档案号：J0001 - 3 - 004011 - 008。

更为鲜明。

二　房租影响下的租房生活实景

对城市租房群体来说，房租无疑是其非常关切的问题。概括地讲，房租是由住房面积、住房设施、周围环境等条件决定的。不同城市间经济状况的差异会使房租存在一些不同，此外受战乱等外力因素影响，各地房租也出现几多变化，由此引发一系列社会问题。围绕房租，审视民国时期不同城市租房生活的实景，为深刻认识那个时代的民生提供了一个新的视角，这从以下几个大中城市的状况可略见一二。

首先，房租时刻反映着租房生活的实态。房租的涨落直接关系到生活费的支出比例，影响着生活水准的高低。当然，不同城市间房租多少存在一定差异，这一方面反映出各地生活水平的不同，另一方面也反映了各地经济状况的差异。

在北京，房租是普通居民家庭的一项重要开支，其占比仅次于食品费与燃料费。当然，不同经济状况的家庭因为房租不同，居住条件也存在一定差异。据对 797 个工人家庭的住房情况调查，1918～1923 年房租平均占家庭总支出的 8%，其中最高占 13%，最低占 6.7%。[①] 另据美国学者甘博于 1919 年前后对北京三个教会教区的调查，在齐化门（朝阳门）城边居住的贫民家庭中，每间房的租金平均为 0.55 元；而市中心繁华的灯市口地区，租金则在 1.5～1.6 元。[②] 至于房间材料，以砖瓦房为最多，灰房次之，土房及草房又次之。至于居住的拥挤程度，据调查，在中上等收入者居多的灯市口地区，每家平均有 4.6 间房，每间平均住 1.8 人；北堂地区，每间房平均住 2.5 人；在贫民居多的齐化门（朝阳门）地区，每家平均只有 2.4 间房，每间平均住 3 人以上，甚至还有六七人住一间的情况。此外，还有一些店员、车夫、学徒等住在工厂、作坊中，一般是多人合伙住通铺，或睡在店铺台案上。[③] 到 1927 年，据对北京 48 个工人家庭调查，平均房租占生活费的 7.5%，其中收入最低的一组，房租占 11.2%；收入最

---

① 〔美〕甘博、孟天培：《廿五年来北京之物价工资及生活程度》，李景汉译，北京大学出版社，1926，第 58 页。
② 〔美〕西德尼·D. 甘博：《北京的社会调查》，陈愉秉、袁嘉、齐大芝、李作钦、鞠方安、赵漫译，中国书店，2010，第 395 页。
③ 《北京志·综合卷·人民生活志》，第 311 页。

高的一组，房租占 4.4%。① 一般工人家庭的居住环境比较恶劣，在调查的 48 个工人家庭中，除有两家，每家住两间房外，其余每家皆住一间房，平均每间房居住 3.04 等成年。② 1928 年国民政府定都南京后，北京经济骤然萧条，房租一度回落，但随后物价不断上涨，房租也随之回升。据一项关于北京灰房房租（"以银元计"）的历年统计，1928 年 1～3 月每间为 1.06 元，5～8 月降为 1.0175 元，9～12 月回升为 1.0453 元，到 1929 年 1～5 月涨为 1.295 元，7～8 月又骤降为 1.0175 元，9 月至 1930 年 6 月保持在 1.0453 元，1930 年 7 月至 1931 年 7 月一年间保持在 1.0362 元，1931 年 8 月至 1932 年 3 月保持在 1.0822 元，1932 年 4～7 月涨为 1.1285 元，同年 9～11 月继续上涨为 1.369 元，随后半年内保持在 1.295 元，继而在 1933 年 6～9 月回落为 1.258 元，后又稍涨，到年底 12 月为 1.332 元。③ 房租的变动如同一个晴雨表，时刻反映着租房生活的发展动态。

　　在上海，房租是市民生活中普遍存在的一项生活费开支。根据经济状况的不同，租房生活的差异十分明显。经济条件好的，租住的房屋设施齐全，宽敞舒适，房租价格自然也高。例如，鲁迅 1933 年曾租住在大陆新村的一处高级新式里弄房屋，生活设施比较齐全，据其记载："付房钱四十五两，付煤气押柜钱二十，付水道押柜钱四十。"④ 当时一两大约相当于银元一元四角，据此计算，房租每月约 63 元。而广大平民普遍地租住在简陋拥挤的里弄房屋。据载，1926～1927 年，有人在上海金司徒庙附近建造简陋的平房出租，房中没有地板、自来水。当时这一带很冷落，像乡村一样，屋门就在村路旁，一间月租金是银币四元。然而这样条件的出租屋生意相当好，每间房屋造价连同地皮成本不过 350 元左右，一年即可得 48 元的利息。⑤ 另据一项关于上海工人生活的调查统计，工人平均每家居住房屋 1.65 间，按平均每家有 4.62 人计算，则平均每间约住 2.8 人。⑥ 由上可见，"上海居，大不易"确是真实的生活写照。

　　在天津，从 20 世纪 20 年代起，中外房地产公司开始在各国租界兴建新式里弄住宅，如法租界的普爱里、连璧里，意租界的团结东、西胡同，英租界的民园西村、安乐村、友爱和桂林里等。这些住宅主要供军阀官

---

① 陶孟和：《北平生活费之分析》，商务印书馆，2011，第 36 页。
② 陶孟和：《北平生活费之分析》，第 69～70 页。
③ 魏树东：《北平市之地价地租房租与税收》，台北，成文出版社，1977，第 40509 页。
④ 邓云乡：《水流云在丛稿》，中华书局，2001，第 415 页。
⑤ 邓云乡：《水流云在丛稿》，第 415 页。
⑥ 李文海主编《民国时期社会调查丛编（一编）·城市（劳工）生活卷》（下），第 1048 页。

僚、绅商以及中高级职员居住，以户为单元，各户有独立的出入口，各房间分工明确，功能齐全。对一般工人阶级而言，据 1926 年 7 月至 1927 年 6 月对塘沽久大工厂工人生活调查可知，工人家庭，无论收入多少，如需租房，至多住两间，大多数工人家庭只住一间屋。工人家庭所住的房屋，皆是土房，房屋的高矮、大小，很不一律。①

民国时期，武汉市民租房生活同样存在明显的社会分层差距，社会上的富有阶层一般租住在现代化的高级公寓里，这与上海、天津、北京等大中城市情况类似。对普通市民来说，其住房消费情况，据调查，在 410 个工人家庭中，房租以每月支出 1 元为最多，计 160 家；其次为 2 元，计 126 家，平均每家每月房租支出为 2.23 元。② 普通民众的住屋拥挤不堪，据统计，计两三人住一间者为最多数，三四人住一间者也不少，甚至有五六人乃至八人住一房间者。其住两间者，又以五人为最多，而住三四间以上之家庭为数渐少。③ 除此之外，实在无力租赁民房的劳工只好搭建棚户、简屋栖身。南京的租房生活情况与武汉类似，一般市民普遍租房生活，房屋简陋拥挤。据 1933 年调查，南京棚户人数有 15 万余人，户数几乎达 4 万户之多。④ 在调查的 180 家棚户中，自有房屋者共 132 家，48 家（占26.67%）没有房屋，要靠租住生活。棚户所住的房屋建筑非常简陋，多为草房，而且每家所住的房间甚少，居住非常拥挤，180 家所住间数合计为 310 间，平均每家只住 1.7 间。⑤ 此外大量无力租房的贫苦户只能在更为简易搭建的棚屋里栖居。

其次，房租直接关系租赁双方的切身经济利益，围绕房租的涨跌，双方不可避免会产生矛盾。尤其在抗战时期，受到战乱等因素影响，房屋紧缺，房租高涨，由此引发的租房纠纷此起彼伏，成为一个比较显著的社会问题。各地政府对此也非常关注，采取了一系列管理举措。

北平沦陷后，房租随物价不断高涨，由此造成的房屋租赁纠纷普遍存

---

① 林颂河：《塘沽工人调查》，李文海主编《民国时期社会调查丛编（一编）·城市（劳工）生活卷》（下），第 849～850 页。

② 陈华寅：《劳工家庭之生计调查与人口研究》，李文海主编《民国时期社会调查丛编（一编）·城市（劳工）生活卷》（下），第 757 页。

③ 陈华寅：《劳工家庭之生计调查与人口研究》，李文海主编《民国时期社会调查丛编（一编）·城市（劳工）生活卷》（下），第 765 页。

④ 吴文晖：《南京棚户家庭调查》，李文海主编《民国时期社会调查丛编（一编）·底边社会卷》（下），第 740 页。

⑤ 吴文晖：《南京棚户家庭调查》，李文海主编《民国时期社会调查丛编（一编）·底边社会卷》（下），第 762～785 页。

在，政府因之出台了一系列管理法规，力求规范房屋租赁行为。1939 年 6
月，北平特别市警察局颁行《北平特别市房租限制暂行办法》，强调"非
有正当理由不得藉故增加租金"，并公告"市公署设立房租评议会，房主
房客因增租发生争议时得声请评议之。……凡房屋租定后必须按照合同或
房租簿履行一切规定，不得擅行转租转倒于他人，以维产权。房客租得房
屋并无不许转租限制者，其分租增加额不得超过原房租之二成，即一元只
准加二角，超过者以不当利得论，将其超过之二成增加额仍归房主"。① 针
对转租引发的租房纠葛问题，警察局特别训令，"令各区署转饬各段传之
界内住户，嗣后租赁房屋除包租分赁他人为本地习惯所许外，其他不论中
外人须由本人或携同眷属自行居住，不得转租他人并应在租房合同内注
明，俾资遵守，倘有转租情事，即由房主报告本管区署核办，以免日后种
种纠纷解决为难"。② 同年 11 月，市警察局颁行《北平特别市补订租房办
法》，重申"房客租妥房屋后，必须按照租房契约及房租簿履行一切规定，
倘有私自转租转倒或其他违反情事，房主得立向其退租收房。……房主房
客因增租退租等项发生争议时，得以书面向市公署房租评议会声请评
议"。③ 1943 年，国民政府行政院公布《战时房屋租赁条例》，针对房屋紧
缺问题，规定"战时省市县政府所在地，或经政府指定为疏散迁建之区
域，或其他因租屋困难经政府指定之地区，该管市县政府得为下列各款之
命令：一、检视空余房屋适于居住者，得限期令房主出租。二、房主自住
房屋超过其实际之需要者，得令其将多余之房屋出租。三、可供居住之房
屋，得禁止其拆毁。四、现供居住之房屋，得禁止其改作他用。五、被炸
烧毁或倾圮之房屋尚可修复者，得令房主修复出租"。④ 抗战胜利后，北平
市政府针对房荒问题曾宣布："房荒救济本属市行政一端，本市一年来房
价房租逐月增涨，拥有房产者往往高抬租价，滥索实物，倍取押租，推厥
原因，不外供不应求及垄断居奇之所致，此种人为之恐慌，自应以政府力
量，予以彻底纠正。"⑤ 北平市地政局为解决房屋租赁纠纷问题，专门派人

① 《北平特别市警察局关于限制增涨房租及补订租房办法等布告训令》（1939 年 6 月 1 日至
　　1939 年 12 月 31 日），北京市档案馆藏，档案号：J184 - 002 - 35174。
② 《北平特别市警察局关于住房人除包租者不得转租、房屋减租办法、增列房租限制办法补
　　订租房办法等训令》（1939 年 6 月 1 日至 1939 年 11 月 30 日），北京市档案馆藏，档案
　　号：J184 - 002 - 35175。
③ 《北平特别市补订租房办法》（1939 年 1 月 1 日至 1939 年 12 月 31 日），北京市档案馆藏，
　　档案号：J002 - 007 - 00240。
④ 祝匡正编《房屋租赁条例详解》，大东书局，1948，第 68 页。
⑤ 北平市政府编印《光复一年之北平市政》，1946，第 112 页。

分区抽查一般房屋租赁情形。此外，国民政府于 1947 年 12 月公布《房屋租赁条例》，针对租屋困难情形，规定"可供居住之房屋，现非自用且非出租者，该管政府得限期一个月内命其出租。租金按月给付，其最高额得由该管政府经民意机关之同意，按当地经济状况，予以限制"。① 1947 年，北平市房屋租赁纠纷调解委员会成立，各区成立分会，政府重新拟定《北平市房屋租赁纠纷处理办法》及《北平市房屋租赁管理规则》各 12 条，前者对房屋租赁纠纷申请调解的程序进行了详细说明，后者规定了房屋租金调整标准、房租支付应以法币为限、租金订定得双方当事人磋商调整等内容。② 根据法规，北平市房屋租赁纠纷调解委员会至当年十月底，共受理租赁纠纷案件 153 件，其中调解成立者 74 件。③ 1948 年《北平市房屋租赁补充办法》出台，提出为缓解本市房荒，解决居住问题，规定"凡市民在本市市区内（郊区除外）建筑房屋（以住宅为限）者得受如下之奖励：一、房屋租赁条例实施后第一年内建筑之房屋自建竣之日起，免征土地税及改良物税四年。二、房屋租赁条例实施后第二年内建筑之房屋自建竣之日起，免征土地税及改良物税二年。三、房屋租赁条例实施后第三年内建筑之房屋自建竣之日起，免征土地税及改良物税一年。前三项之免征依工务局颁发之建筑执照为凭"。④ 可见，租房问题不仅关乎民生，而且影响社会秩序，政府层面加强租房管理及纠纷调解，在一定程度上缓和了房屋租赁矛盾，但问题的彻底解决还需要多方的共同努力。

在上海，围绕房租问题，20 世纪 30 年代出版的《上海地产大全》曾阐述："市上最大债主，首推房东，债务之严重，又无过于房租，吾人日常生活费中，第一项开支即房租是，其经济困难之房客类多厌恶房东。"⑤寥寥数语道出了上海房客与房东之间的关系，房租是问题的核心，也是矛盾集中所在。由房租引发纠纷，进而发展成声势浩大的减租运动，成为上海租房生活中的一个鲜明特色。随着减租运动的发展，上海市减低房租运动委员会成立，公开提出若干条减租办法，并举办减租运动周，组织游行示威，推举代表向中央政府和上海地方政府（包括租界当局）请愿等。房

①　蔡鸿源主编《民国法规集成》第 54 册，黄山书社，1999，第 151 页。
②　《河北高院奉转司法部关于严禁各地房主出租房屋索取金条、食米等的训令》（1948 年 1 月 1 日至 1948 年 7 月 31 日），北京市档案馆藏，档案号：J065 - 003 - 00419。
③　北平市参议会秘书处编印《北平市参议会第一届第一次大会会刊》，1947，第 37、41 页。
④　《河北高院奉转司法部关于严禁各地房主出租房屋索取金条、食米等的训令》（1948 年 1 月 1 日至 1948 年 7 月 31 日），北京市档案馆藏，档案号：J065 - 003 - 00419。
⑤　陈炎林：《上海地产大全》，上海地产研究所，1933，第 327 ~ 328 页。

东们也不示弱，在减租运动高涨的 1934 年，上海房产公会公布了"呈市参议会意见书"，从经济的角度提出了房租不可减的种种理由，为加租辩护。针对声势浩大的减租运动，上海市政府积极筹拟办法，调解双方关系，提出房屋租赁乃契约问题，属于司法范围，行政官厅不能以命令勒减房租，只能与法院会商有效救济办法，但支持房客以里弄为单位，组织临时团体，与房东集体谈判，市党部并应设法予以领导。后来减租要求虽然没有普遍实现，但有不少房客通过与房东谈判等方式达到了一定程度上减租的目的。①

在抗战时期，天津房屋紧缺情况比较严峻，房租高涨，由此引发此起彼伏的租房纠纷。为此，政府等相关组织出台了一系列管理办法，例如，1945 年，新民会天津特别市联合协议会出面向政府提议明定战时租房办法四条，即"（一）明令取缔租房需索项费限制，租房移动，如移动时须经房东盖章证明以防转顶。（二）规定增租期限以每年最多一次，最多增百分之五十，以防随时任意增加。（三）市政府财政局所属下之各区征收所应对业主每年交纳房捐地税予以方便，俾收圆滑。（四）由警察局严加取缔二房东之暴利行为"。② 市财政局针对房捐征收问题，回应此后将随时积极改善。1946 年，天津市参议会又提出租房纠纷处理办法四条，即"取缔二房东转租转兑情形""依现时生活水准限定房租伸缩范围""取缔倒底茶水费等陋规""函处理局请速将查封敌伪房产出租。"③ 据此，同年 9 月，政府组织天津市政府租房纠纷处理委员会制定了《天津市政府租房纠纷处理委员会规则草案》，同年 12 月 5 日，由市政会议议决通过《天津市出租房屋拆修办法》，规定"业主因拆修房屋增租问题与租户商订不协时，在本市租房纠纷处理委员会未成立前得呈请社会局予以调解。社会局调解不能成立时，得呈请市政府核定办法令行警察局执行"。④ 1947 年 10 月 1 日，天津市《出租房屋拆修办法》修正公布，规定"因业主拆修房屋而迁出之租户，于拆修后有优先租赁权。业主因拆修房屋增租问题与租户商订不协时，在本市租房纠纷处理委员会未成立前得呈请区公所予以调解。不成立

---

① 上海市通志馆年鉴委员会编《上海市年鉴》，上海市通志馆，1935，第 B6～B8 页。
② 《关于政府明定战时租房办法议案财政局等的回答》（1945 年），天津市档案馆藏，档案号：J0001-2-000665-046。
③ 《关于核议租房纠纷处理办法及租房纠纷处理委员会规则草案给市长的呈（附意见）》（1946 年 9 月），天津市档案馆藏，档案号：J0002-3-003860-029。
④ 《为天津市管理房屋租赁规则草案出具意见事致天津市政府杜市长张副市长的呈（附出租房屋拆修办法）》（1947 年 5 月 24 日），天津市档案馆藏，档案号：J0002-2-000430-029。

时得诉请司法机关处理"。① 诸多关于房租以及租房纠纷的管理办法，为缓和紧张的房屋租赁关系提出了解决之道，也从一个侧面反映了当时租房双方矛盾之激烈。

抗战时期，沦陷区的人口大量涌入昆明，给昆明的租房市场造成空前压力，人多房少，供求失衡，房租迅速上涨。抗战前每间房月租只需 5 ～ 10 元，1941 年一间房月租涨至 70 元，上涨了 10 倍左右。到了 1943 年，一间房月租涨至 300 元，还难觅住房。为了解决住房难这一社会问题，昆明市政府先后出台了一系列调控政策。第一，减少租房押金。为此，昆明市政府出台《租赁双方应守规约》，规定押金不得超过月租 6 倍，房东也不得变相索取其他任何费用，如果房东超额强收押金或者在退房的时候无理扣押不还，房客可以到区公所投诉，如果区公所不予受理或者处理不公，房客可以请"市政府房租评价委员会"仲裁。第二，限制房东权利。1943 年出台的《昆明市居屋租赁规则》对房东的权利进行限制，如规定除非租赁契约期满，或房主翻造房屋，或租户欠租在三个月以上或租户犯罪入监，房主不得辞退租户及分租户；如房主因翻造房屋而辞退租户，须补偿租户一个月房租等。第三，建造平民住所，即由政府出资兴建，允许低收入者入住，入住者每月向政府交纳低额租金。抗战胜利前夕，为解决刻不容缓的租房难问题，昆明市政府在翠湖沿岸被日军炸毁的旧民宅废墟上建起了第一批廉租房。②

关系房东与房客利益的房租问题，受战争因素的影响，在战时城市生活中经历了过山车般的价格高速波动调整，由此引发的纠纷逐步成为一个重要的社会问题，在一定程度上影响了社会秩序的管理，为此各地政府相应采取了一系列举措。无论成效如何，从中可以略见当时租房生活困苦之一斑。

三　民国租房生活试析

民国时期，租房生活是城市社会中的普遍现象，甚至可以说是住居生活的一种主流趋势。概览民国时期城市租房生活面貌，不难发现，主要呈现租房群体规模大、成分多元、阶层分化明显、房租波动大、租房纠纷多

---

① 《出租房屋拆修办法》（1947 年 10 月 1 日），天津市档案馆藏，档案号：J0002 - 3 - 008937 - 077。

② 何一民主编《抗战时期西南大后方城市发展变迁研究》，第 613 页。

等特点。这既是城市化发展的结果，也有特殊的社会原因。

首先，在民国时期，我国由传统的农业社会向近代工商业社会转型的步伐逐渐加速，社会转型推动了人们生活方式的改变，"安土重迁"的观念渐渐淡薄，社会人口流动加速。不论是为求学，还是为谋生创业，越来越多的外来人口涌入城市，尤其是大中城市，促使城市人口迅速膨胀。尽管房地产建设在此时也获得较大发展，但仍不能满足日益增多的城市人口住居的需求。处于社会中下层的民众，自身经济基础不好，无力买房置业，租房成为无奈的选择。对于中上层民众来说，他们一般有比较可观的经济来源，社会地位较高，具有较强支付能力，但是受社会动荡、生活地点不稳定等因素影响，无心置业的人群也很多，他们多选择租住环境以及设施条件都很现代的公寓或洋房别墅。此外，抗战开始后，战乱促成大量逃难人群在城市流动，这些流动人口进一步激发了租房生活的热潮。因此，多方面因素共同作用，促成民国时期租房群体来源于社会各个阶层，成分多元，分层明显，租房生活逐渐成为重要的社会生活方式。

其次，民国时期，房租是影响租房生活的关键因素。房租的价格不仅与租房的面积、设施、环境等因素直接相关，而且受到特殊社会因素的影响，如战乱情况下，人口流动加速，住房紧张，房租价格随之不断高涨。以广州为例，随着日本侵华范围向南扩展，广州房租一路高涨。据1932年12月1日的《中央日报》记载，当时广州房租"突飞猛进"，有"一日千里之势"，"仅以最近五年内比较，则前时足供小家庭居住之一所厅，两间房，其租金不过十元；即楼一底，每月租金亦在二十元以内；倘仅赁居一房，前月租不过三数元；倘能月纳四五十元之租金，则可称为渠渠大厦。而现在则区区一小房，月租八九元；一厅两房，最低限度，非二十元不办；然此犹指旧式之平房而言耳。如为新式洋房，则其租价尚倍于是。白鸽笼式之洋楼，小小的一厅两房，月需二十余元至三十元，其它可以推见。租价狂涨，既滔滔未已，于是平民生计，乃大受打击，房租一项，竟至占全部生活费十分之二三有奇，长安不易居云云，大可为今日广州赠也"。[①] 战时兰州的房租同样一路高涨，据一项关于兰州市公务员生活费指数的统计，房租类指数在1941年10月为100.00，1941年11月至1942年1月该指数维持不变，随后1942年2月涨为136.36，3月涨为157.82，4月涨为181.82，5～6月涨为272.73，7月跌落为242.55，8月跌为172.74，9月进一步跌为163.64，随后又开始攀升，10月为204.00，自11

---

① 《广州近年地价房租飞涨不已》，《地政月刊》第 1 卷第 1 期，1933 年，第 139～140 页。

月一直持续到 1943 年 3 月，每月都是 272.73，1943 年 4 月涨为 282.91，5 月涨为 323.27，6 月涨为 363.64，7 月涨为 373.82，8 月涨为 394.18，9 月涨为 424.76，10 月跌为 294.18，11 月又涨为 410.18，12 月进一步上涨为 755.64。[①] 在战争影响下，短短不到三年时间，兰州市公务员生活费支出中房租类指数是原来的 7 倍多，民众租房生活压力之大由此可以想见。

除了战乱因素影响外，房租问题还与近代中国房地产业的发展思路有一定关联。收取房租是房地产业主最为稳妥获取最大利益的方式，在民国时期，不论是外国投资的大房地产商，还是中国大房地产业主都不约而同地选择房地产出租为主要的经营方式。据说，大房地产商哈同的豪华别墅，一夜即可获租金 7000 两。[②] 另据张仲礼等分析，上海著名的外国房地产商沙逊洋行以房租收入为主要的利润来源，其在 1921 年之前 44 年的房租净收入为 1098 万两，而 1921 ~ 1941 年的房租净收入为 4745 万元。[③] 由上可见，多种因素共同作用，使房租成为影响城市社会居住生活的绝对关键因素。

再次，围绕房租价格，房客与房东之间展开博弈，甚而产生纠纷，由个体扩展为租房群体，由经济纠纷转变为关乎社会秩序的群众性运动，进而引起政府等相关组织关注，并积极筹划办法，力图调解纠纷，缓和矛盾，这在大中城市表现得非常明显，成为近代租房生活中的又一个显著特征。

概之，民国时期，租房生活作为城市社会的一种主要生活方式，涉及城市社会的各个阶层，群体规模庞大，社会构成多元，因经济状况不同，租房生活水平差异明显，等级性突出。多层次的租房行为也反映出社会差异性的生活形态。受社会经济变化、战争灾害等多种因素影响，民国时期的租房生活还鲜明地呈现波动性强、纠纷多等特点。无论如何，租房生活总有漂泊之感，管窥民国时期的租房生活，我们可以大致了解在那个变革时期民众的生活面貌。

---

① 民国时期文献保护中心、中国社会科学院近代史研究所编《民国文献类编・经济卷》第 451 册，国家图书馆出版社，2015，第 369 页。

② 赵津：《中国城市房地产业史论》，南开大学出版社，1994，第 26 页。

③ 张仲礼、陈曾年：《沙逊集团在旧中国》，人民出版社，1985，第 59 页。

民国前期国人的科技观念[*]

——以苏州民众对电的认知为例

黄　河^{**}

提　要　民国前期，中国被动地接受着西方科技输出，社会发展不可避免受之影响。在此背景下，国人科技观念的产生及其与基层社会之间的互动，值得深入探究。本文以江苏苏州民众对电的认知为中心展开研究，得出以下结论：电带给了国人"新奇""先进"的认知；传统中国城市中，电的认知未能深刻改变社会形态，仅体现为西方工业文明对东方传统文化有限度的补充作用；民国前期的中国，科技虽在外部刺激比较强烈的社会局部作用显著，但在刺激较为轻微、矛盾尚未激化的社会面相中，传统习惯无法轻易改变，社会内部机制变化呈现缓慢且隐蔽的姿态。

关键词　民国　苏州　电的认知　电力技术

近代以来自然科学极大发展，科学技术在世界文明进程中作用日益凸显。伴随殖民主义兴起，科技浪潮在全球范围内迅速蔓延，为众多民族国家的社会进步提供了助益。近代中国被动地接受着西方科技输出，社会发展不可避免受之影响。

关于西方科技影响近代中国问题目前学界已有较多论述。部分学者肯定了科技对于社会进步的决定性作用。他们以现代化理论为支撑，把中国的现代化归因于科技要素，并将科技引发的资本集聚与工商业振兴视为城市经济发展的原动力，进而从中西文化冲突与融合角度切入，指出科技输

---

*　本文是 2017 年度教育部人文社科青年基金项目"近代江南的能源转型与社会经济变迁研究（1840～1937）"（17YJC770021）的阶段性成果。

**　黄河，哈尔滨工业大学经济管理学院博士后。

入与内部社会演化共同促进了社会变革。① 一些学者则持反对态度，否认科学技术与社会变迁之间存在紧密联系。其由发展停滞观出发，认为科学技术从未在中国真正发生，近代中国科学应用滞留于经验阶段，继而总结出停滞诱因在于自身客观条件不足及落后的社会政治关系。②

争论体现了学界对此问题的认识分歧：科技救国论与环境制约论究竟何种论调更符合历史实际。二者或强调科技在社会变迁中的示范作用，或关注近代变革所遭受的传统文化束缚，均从深层次揭示出近代中国科技应用实态，且就西方科技如何影响近代中国提出了真知灼见，但依旧未能得出定论。有鉴于此，应进一步反思：探究科技影响中国等近代核心学术命题能否跳出"开放—抵制"研究框架，回避中西文化碰撞固有的异质性与趋同性矛盾。

"观念"存在于人们内心深处，是国人思想变迁、价值塑造、行为整合的内核，集中展现了西化风潮与本土社会的深度契合。③ 如将目光下移，聚焦于科技观念的产生及其与基层社会之间的互动，或许能够造就一种脱离文化冲突思维的全新研究路径，形成对于西方科技影响近代中国问题的再认识。

电自 1882 年由西方舶入中国以来，引发了社会、经济、政治领域一系列变革。④ 本文通过发掘传统中国经济中心苏州电力事业一批未曾公开的档案与报刊资料，尝试讨论民国前期苏州这座旧日丝绸之都关于电的认知。并据此再探讨，作为西方科技的电如何影响着近代中国。

一 民众对电的认知："新奇"与"先进"

开展具体分析之前，本文先对"民众"、"认知"与"民国前期"等几个关键性概念加以界定。罗杰·夏蒂埃曾提出，"民众"是"人口的最大多数和国家最必要的组成部分"，本文借用其说法，将包括绝大多数人

---

① 代表性著作有：罗荣渠《现代化新论：世界与中国的现代化进程》，北京大学出版社，1993；张利民《华北城市经济近代化研究》，天津社会科学院出版社，2004；〔美〕费正清《美国与中国》，张理京译，世界知识出版社，2002；熊月之《西学东渐与晚清社会》，上海人民出版社，1994。

② 参见〔英〕李约瑟《中国科学技术史》第 1 卷《导论》，袁翰青等译，科学出版社、上海古籍出版社，1990；周东启《近代科学与中国社会》，中国社会科学出版社，2007。

③ 〔日〕小川仁志：《完全解读哲学用语事典》，郑晓兰译，华中科技大学出版社，2016，第 54 页。

④ 龚书铎主编《中国通史》第 11 卷《近代前编（1840～1919）》上册，上海人民出版社，1999，第 389～390 页。

口在内的主要市民群体视为"民众"。^①"认知"的奥秘需从医学领域寻求答案。医学视野下的"认知"是指人脑反映客观事物的特性与联系，并揭露事物对人的意义与作用的心理活动。^②本文采纳其观点，把"认知"看作根据现实经验形成的注意、知觉、表象、记忆、思维和言语，及随之开展的理解、分析、归纳与演绎等活动。"民国前期"则以整个中华民国时期，即1912～1949年的时间中点为划分，将1912～1930年这段时间设定为"民国前期"。

明清以来，作为传统经济中心的苏州工商业氛围较浓，民众思想受儒家道德束缚较轻，普遍存在樊树志所述之尚奢习气，"明中叶以降江南经济进入高度成长时期，苏州的繁华带来了奢侈风尚，逐渐弥漫于邻近的各府、各县、各市镇"。^③此外，苏州毗邻中国最早开埠的现代化都市上海，自来水、煤气、电、电话、电车、汽车等西方新发明极为便利地由上海传入苏埠。^④内外作用之下，苏州接受电等新事物的风气虽逊于上海，但也应较为深刻。民国前期，电开始越来越多地出现于城市社会生活之中，作为无形事物的电逐步拥有了物化形象，关于电的认知也因之产生："新奇"与"先进"是电带给苏州民众的主要感受。

电的"新奇"认知引领了开放的社会风气。新派人物对于电力时代来临欢欣鼓舞。新式学堂学生举办婚礼时邀请舞星献舞，在迥异于以往的电光照耀之下，舞星明眸流盼、歌声清越、翩翩欲沽，临座众客莫不倾心。^⑤新出现于街头的脚踏车亦用电来进行比喻。以"行云"形容其速度之快仍嫌意犹未尽，须用"电光一闪"作为补充；^⑥"风"与"电"组合而成的"风驰电掣"描述踩着单车的美少年最为合适不过。^⑦

渲染气氛是"新奇"认知的另一功用。公众场合的利用使电摆脱了个性束缚，提升了"新奇"的电在构建社会公共文化与生活空间中的共性化作用。为营造氛围，老牌妓院特地于门前装设电灯数盏，照耀得门庭明亮灿烂且华丽异常，吸引着顾客飞蛾投火般扑入其中。^⑧"明亮"并非电烘托

① 〔法〕罗杰·夏蒂埃：《法国大革命的文化起源》，洪庆明译，译林出版社，2015，第26页。
② 谢玉琳：《健康评估》，中国医药科技出版社，2007，第150页。
③ 樊树志：《江南市镇的民间信仰与奢侈风尚》，《复旦学报》（社会科学版）2004年第5期。
④ 〔美〕卢汉超：《霓虹灯外——20世纪日常生活中的上海》，段炼等译，上海古籍出版社，2004，第10页。
⑤ 《流电记》，《苏州明报》1927年10月6日，第3版。
⑥ 天梦：《苏州繁华梦（上）》，改良小说社，1911，第33页。
⑦ 天哭：《新苏州初编》，改良小说社，1910，第21页。
⑧ 天哭：《新苏州初编》，第5页。

氛围的唯一写照，"雅致"同样在电光投射下不甘落后。盛夏之夜的露天酒座拉上几盏电灯，电压不稳造成电光时而闪跳，反而使整个院落呈现掩饰不住的奇特典雅之姿，是市民聚会、纳凉、夜饮的绝佳去处。[①]

"新奇"的电光并未止步于引领风气与塑造环境，进而升华至情感的体现。不同亮度的电光与心绪的不期而遇，为民众提供了表达欢乐与忧愁等情绪的文化符号。华丽电光与美妙爱情相互纠缠。电火甫来之时，渴望爱情的年轻女子与不期而遇的美男子一见倾心；[②] 明月与电光投向恋爱中的青年男女，使其越发显得标致与俊俏。[③] 幽暗灯光喻示着商业萧条。昏黄电灯照得走街串巷的商贩瑟瑟发抖，不禁为日间生计而犯愁；[④] 开铺售货的店主付出不菲代价装就电灯，生意却未迎来丝毫转机，不由责怪电灯拆装、修理的种种不便。[⑤]

民国前期，国人关于电的认知与第二次工业革命主导国家美国社会的电气化观念颇为类似。一方面，以电为标志的第二次工业革命使美国由自由资本主义向垄断资本主义过渡，强烈冲击着传统思想观念，以往的认识论、价值观和伦理道德发生巨大变化，整个社会呈现改造和摒弃陈腐思想、以新理论来适应和推动社会的变革趋势。[⑥] 另一方面，随着电气化生活方式的形成，电炉、电冰箱等家用电器减轻了家务劳动强度，电影和收音机之类娱乐设备丰富了业余文化生活，先进电力技术影响与改变着美国的社会生活。[⑦]

"新奇"之外，"先进"亦是电的认知之重要所在。日常生活中，涵盖先进科技特性的生活电器颇受市民欢迎：精巧的电气熨斗、电气炉子、丝绸电罩直接参与家务活动，是家庭主妇心目中的宠儿；[⑧] 市民热情追捧的时髦货电筒[⑨]、黄包车上安装的电石灯、干电灯等电力灯具[⑩]的出现，便利了城厢民众夜间行路；电刻镜架也为断文识字的文化人阅读与写作时争相

① 楚人：《闲话解放前夕的元大昌酒店》，中国人民政治协商会议苏州市委员会文史资料委员会、民建工商联苏州市委员会编印《苏州文史资料》第 18 辑《苏州经济史料（一）》，1988，第 282 页。
② 《东中市之情场新惨果》，《苏州明报》1926 年 7 月 28 日，第 3 版。
③ 天梦：《苏州繁华梦（上）》，第 15 页。
④ 《生意难做》，《苏州明报》1925 年 12 月 19 日，第 4 版。
⑤ 《路与电灯厂》，《苏州明报》1926 年 2 月 20 日，第 4 版。
⑥ 徐玮：《略论美国第二次工业革命》，《世界历史》1989 年第 6 期。
⑦ 陈海宏：《美国史专题研究》，山东教育出版社，2014，第 163 页。
⑧ 《上海光明公司破天荒热水瓶在阊门外留园陈列》，《苏州明报》1926 年 7 月 24 日，第 3 版。
⑨ 《观东大街大经绸缎局》，《苏州明报》1926 年 12 月 21 日，第 4 版。
⑩ 《观西察院场华昌车行开幕广告》，《苏州明报》1927 年 2 月 18 日，第 1 版。

佩戴。①

　　新式科技还将电幻化成光与声，在文化娱乐中扮演着重要角色。光是现代化城市最为重要的象征。电灯不仅带来了理想的生活光源，且与火炬、灯笼等发光体类似，为习惯于昏暗光线的传统中国城市民众文化娱乐提供了新的道具：五色电灯、空中电灯拉戏等电灯表演技术给文明戏演出增添了色彩；②电光艺术照相也成为引领潮流的最佳纪念方式。③

　　电唱机和收音机将电转变为声音信号。20世纪20年代电唱机已泛滥于市，各唱机行销售量均已达"数百余只"。④利用电唱机来欣赏戏剧与歌曲，摆脱了以往雇佣人力演出的繁复与奢侈。收音机则被认为是饱含韵味与趣味的高尚娱乐工具，"幽居独室，动话匣之机，作无上之乐"。⑤通过收音机收听各类广播，节省了获知新闻、商情的时间与经济成本。电与声的联系建立之后，民众的精神世界更为丰富。

　　医疗领域中，先进的电力医疗设施走入了医院与诊所，普遍应用于各类疾病调理，是医者诊治顽疾的流行之物。以通电刺激为诊疗手段的电疗机被当作万病通治的法宝，医疗机构利用其进行五官、疯癫、种痘、戒烟医治，⑥甚至用于治疗肺痨、肾胃病、皮肤病、花柳病等重疾。⑦以释放紫外线为己任的电气紫光灯在皮肤病、风湿病等调治中颇受青睐，⑧脚气病患者对其疗效同样赞不绝口。⑨

　　倚仗前所未有的光亮，电气路灯彻底改变了城市的时间与空间，民众对此认识深刻。便利交通是其首要职能。商业繁盛之地观前街⑩、养育巷⑪等处市民就因路灯昏暗影响行路，要求电厂赶换灯泡。此外，还需兼顾社会治安。路灯数目不足导致灯光无法衔接，人们遂要求电厂添装路灯，以

---

① 《丰泰五金玻璃号广告》，《苏州明报》1928年2月22日，第1版。
② 《董鸿声由沪回苏广告》，《苏州明报》1926年3月16日，第1版。
③ 《电光艺术专门光华照相馆开幕》，《苏州明报》1928年2月19日，第4版。
④ 《华达利唱机修理不取分文》，《苏州明报》1927年11月2日，第1版。
⑤ 《留声机经验谈》，《苏州明报》1927年8月15日，第3版。
⑥ 《光民医院启事》，《苏州明报》1928年5月2日，第4版。
⑦ 《广慈医院特别通告》，《苏州明报》1927年10月13日，第1版。
⑧ 《曹仲文医院通告》，《苏州明报》1928年10月5日，第1版。
⑨ 《紫光太阳灯疗病之神效》，《苏州明报》1927年11月3日，第1版。
⑩ 《为振兴公司不整顿灯务事函苏州总商会》，江苏省苏州市档案馆藏，档案号：I14 - 002 - 0187 - 004。
⑪ 《为电灯厂有出卖之说事函苏州总商会》，江苏省苏州市档案馆藏，档案号：I14 - 002 - 0187 - 003。

保安全；① 当局欲以其他光源代替部分电气路灯，居民也以影响治安为由坚决反对。②

二　社会内部认知的作用：身份阶层的区分工具

电的出现，改善了蒸汽时代能源利用不便及效率低下问题。19 世纪下半叶，全球范围内形成了一系列电力领域发明创造的关键性时间节点。首先，1831 年，法拉第在奥斯特、安培等人研究基础上发现电磁感应现象，奠定了发电机的理论基础；其次，1866 年，西门子发明直流发电机，格拉姆亦于 1870 年制造电动机，使电成为补充与取代蒸汽动力的新能源；最后，19 世纪 90 年代初人们创制出三相异步发电机，经济可靠的三相交流电得到迅速推广，将人类社会真正由蒸汽时代推入电力时代。③

中国的电力应用并未落后于时代许久。国内人造电力源自 1879 年 5 月装设于上海的一部 7.5kW 直流发电机。④ 三年之后的 1882 年，英资上海电光公司登上了历史舞台，中国本土电力事业正式开启。⑤ 1888 年，两广总督张之洞在府邸装置 100 盏电灯，国人自办电业得以起步；1890 年，张还支持华侨黄秉常创办了首家民族资本电厂——广州电厂。⑥

近代中国电力事业建设虽在器物层面紧跟西方，社会结构改造层面却与之存在天壤之别。20 世纪初，西方世界人们追求精神生活的意愿已相当强烈，思维变得越发多元，电力等新兴科技的普及拉近了不同阶层人士的生活水平，模糊了阶层界限。⑦

与西方国家相比，近代中国社会内部发展形态明显滞后。辛亥革命前的中国等级森严，国家与社会人为设置了众多区分身份与阶级的标识，如服饰、居所、职业、功名等。罗威廉在分析汉口的精英阶层时，就将轿子视为传统中国划分社会阶层的标志，"经常坐轿是社会上层等级区别于那

---

① 《冬防声中之路灯问题》，《苏州明报》1927 年 12 月 14 日，第 2 版。

② 《电灯与路灯》，《苏州明报》1927 年 1 月 8 日，第 3 版。

③ 文娟主编《影响世界历史的 100 件大事　影响中国历史的 100 件大事》，中国华侨出版社，2014，第 94～95 页。

④ 胡钋等：《走进电世界：电气工程与自动化概论》，中国电力出版社，2015，第 131 页。

⑤ 吴熙敬：《中国近现代技术史（上卷）》，科学出版社，2003，第 59～60 页。

⑥ 刘国良：《中国工业史·近代卷》，江苏科学技术出版社，1992，第 691～694 页。

⑦ 〔美〕伊利·扎列茨基：《灵魂的秘密：精神分析的社会史和文化史》，李广茂译，金城出版社，2013，第 544 页。

些自己步行的平民阶层的临界线"。①

民国建立后虽提倡人人平等，无种族、阶级、宗教之分别，② 阶层差别却未曾消失。吉尔伯特·罗兹曼将近代世界定义为："在科学技术革命的冲击下，业已经历或正在进行的转变过程。"③ 民国前期划分社会层次的工具应当符合近代中国社会发展特征并适应民初以来社会发展潮流，这与民众心目中对电"新奇"与"先进"的认知相符。

使用电器是民众认知电力的重要表现。现代化进程中电不仅未被淘汰，反而依靠新电器的开发运用于社会方方面面。各类先进电器中，电扇虽未像电灯一般带来普遍的现代化改观，却更为清晰地化身为划分社会层次的工具。电扇拥有识别社会人群身份层次的天然特质。一方面，电扇普及程度介于应用更为广泛的电灯与较为稀疏的电推剪、电冰箱之间，既具备了分辨阶层与身份的数量条件，又利于达成其作为身份标示物的社会共识；另一方面，电扇在炎热夏日提供了无须劳力的清凉，带给人们新奇的身体享受。装置电扇是商家培育经营优势与扩大社会影响力的秘密武器。

民国前期，苏州各主要服务行业大多通过安装电扇提升营业场所的品级与地位。"冬装电炉，夏装电扇"被数家旅社视为豪华高档的象征；④ 影院亦将装置电扇当成设备周至、票房火爆的保证；⑤ 浴室为提升档次特别装置电扇，⑥ 翌年还特以"电风扇今日起装好了"为题登报发布广告。⑦ 最具代表性的是，部分资本雄厚、规模较大的理发店装设电扇后营业状况较好，竟屡屡引发业内同人聚众滋扰、强行拆除风潮，"苏埠理发店前因装设电扇，被一部份小店因营业关系强逼拆除。兹有该业王锦囊者，亦因装设电扇，被同业聚众滋扰"。⑧ 理发业中，先行拥有电扇的应为业内部分经营规模较大、资本雄厚的理发店，装设电扇拉开了与竞争者的差距，以赢得更多顾客并树立良好口碑。

① 〔美〕罗威廉：《汉口：一个中国城市的冲突和社区（1796～1895）》，鲁西奇、罗杜芳译，中国人民大学出版社，2008，第65页。
② 《中华民国临时约法》，商务印书馆，1916，第1页。
③ 〔美〕吉尔伯特·罗兹曼：《中国的现代化》，国家社会科学基金比较现代化课题组译，江苏人民出版社，2010，第3页。
④ 《苏州协记第一旅社先行交易，择吉开幕》，《苏州明报》1926年11月24日，第1版；《新闻旅社准于十月初五日先行开幕》，《苏州明报》1926年11月27日，第4版。
⑤ 《公园电影院启事》，《苏州明报》1927年7月17日，第1版。
⑥ 《洞馥泉盆汤浴室新装电铃、电扇广告》，《苏州明报》1927年6月10日，第3版。
⑦ 《洞馥泉盆汤浴堂电扇今日起装好了广告》，《苏州明报》1928年6月25日，第1版。
⑧ 《装电扇亦须请示保护》，《苏州明报》1927年8月4日，第3版。

由于商家的热捧，消费水平高低成为区别社会阶层的重要标记，在拥有电扇的商业场所消费能够体现消费行为背后所蕴含的社会意义。因此，电在商业运作中的角色除区分商家本身层次高低外，还检验了消费者的社会阶层，由此涵盖整个社会群体。从消费者心理角度分析，电的利用不仅为具有消费能力的顾客提供了符合身份地位的消费水准，还因装设电器的商业场所层次较高，能够吸引部分消费能力较差的民众不时来此处消费。无法轻易利用其他社会认同方式之际，下层民众可依靠此种消费方式得到社会认可与心理满足。

造成此种心理满足的动因除身份差异刺激以外，也包含了电本身带给消费者的感官冲击与享受，以及趋向社会潮流的从众心理。此种心理在小说《新苏州初编》中被描绘得淋漓尽致："他从那日偷了他的母亲二百多块洋钿，就到了石路上一爿最老最老的卖淫牌子彩云堂中喊移茶，这爿堂子装潢得狠华丽的，门前点了几盏电气灯，故这位齐三知一到城外就入这爿妓馆的迷魂阵中。"[1]

三　外部刺激下认知的功效：民族主义的象征

以电力为标志的第二次工业革命成为美、德等后发资本主义强国扩张的跳板。在电的普及过程中，美国由于经济发生跳跃式发展，国内生产力进步和财富增长使列强之间原有的政治经济格局失衡，促使其大规模海外扩张步伐不断加快。[2] 德国人也普遍意识到，大国地位、物质生存、强大军事及全球范围内的政治、文化、经济影响应建立在以电为标志的新兴科学基础之上。[3] 与之相反，国外资本几乎占据了近代中国电力事业的半壁江山。辛亥前后，外商与国内资本在上海、广州等地各创办了三四十家电厂，资本占比分别为 50.9% 和 49.1%。[4] 至抗战爆发前，国内共有电厂计 460 家、发电容量约 63 万千瓦；外资电厂虽仅有 10 家，但发电额占总量的 44%。[5]

国力的悬殊与资本市场的角色差别，使民国前期中国电的命运不同于美、德等国，电成为维护民族尊严的武器。在苏州第一条西式马路被视为

---

①　天哭：《新苏州初编》，第 5 页。

②　陈海宏：《美国史专题研究》，第 163 页。

③　邢来顺：《德意志帝国时期科技发展特点及其成因》，《史学集刊》2003 年第 1 期。

④　陈宝云：《中国早期电力工业发展研究：以上海电力公司为基点的考察（1879～1950）》，合肥工业大学出版社，2014，第 176 页。

⑤　李学通：《抗日战争时期后方工业建设研究》，团结出版社，2015，第 97 页。

民族主义产物之余，① 电也同样被借以捍卫国权。随着"新奇"与"先进"认知逐渐深入人心，民众开始意识到：电依赖先进技术与优异性能推动生产发展、社会进步，在生产生活与国计民生中兼具重要意义；电力权益应被收入国人彀中，免于流入外人之手。电的各项主要权益中，无形资产属性使所有权依附于经营权；商业性质又让使用权归属服务付费人群，成为消费环节经营权的延伸；核心权益电力事业经营权与民族主义之间的关联，主要体现在文本宣传与爱国运动两个方面。

　　文本传播中，电力缺乏被小说《苏州繁华梦》刻画成近代中国故步自封、积贫积弱的体现：洋人因苏州街道无电灯而视中国华富徒具虚名；民间香火激起的冲天红光却误使外来者以为中国拥有了超越时代的无线电灯，得知真相后遂嘲笑传统习俗招致中国贫弱。② 外国租界设置电网也遭报刊无情抨击：战争时期维护秩序无可厚非，和平年代阻人入境则令人气愤，应当撤除电网以维护民族独立与自决。③ 书籍与报刊的宣扬起到了振聋发聩的作用，引导民众初步理解了电的民族主义内涵；19 世纪 20 年代前后围绕苏州电力事业经营权爆发的爱国运动，则明确无误地表明电已是民众寄托民族主义情怀的对象。

　　苏州最早的电厂新星电灯公司成立于 1906 年初，却并未正式发电、送电。④ 1909 年，旅沪无锡籍商人祝大椿斥资收购该电厂，将其改名为"振兴电灯股份有限公司"。⑤ 宣统年间，振兴已开始在苏州经营民用电灯、公用路灯等业务。⑥ 民国初年，苏州电力事业仍由振兴掌握。1922 年，因涉嫌出售本厂股份与日本商人，振兴的电力事业经营权被官方收回，转交于新设立的苏州电气厂。⑦ 自此之后，除抗战期间由日本军方委托伪华中水电公司苏州办事处掌控外，⑧ 直至解放前夕苏州电力事业一直由该厂

---

① 〔美〕柯必德：《"荒凉景象"——晚清苏州现代街道的出现与西式都市计划的挪用》，李孝悌主编《中国的城市生活》，新星出版社，2006，第 453 页。

② 天梦：《苏州繁华梦（下）》，第 17～18 页。

③ 《电网》，《苏州明报》1926 年 8 月 23 日，第 3 版。

④ 《有关振兴电灯公司历史情况》，江苏省苏州市档案馆藏，档案号：I14 - 001 - 0233 - 014。

⑤ 卢燕庭等：《苏州电气事业的主权之争》，中国人民政治协商会议江苏省苏州市委员会、文史资料委员会编印《苏州文史资料》第 1 - 5 合辑，1990，第 151 页。

⑥ 《报告至振兴公司电灯厂参观所见》，江苏省苏州市档案馆藏，档案号：I14 - 002 - 0184 - 012。

⑦ 《关于振兴公司与苏州新电厂纷纷听候审查办理》，江苏省苏州市档案馆藏，档案号：I34 - 001 - 0010 - 001。

⑧ 《华中时代工作概况》，江苏省苏州市档案馆藏，档案号：I34 - 001 - 0042 - 001。

垄断。①

　　辛亥鼎革期间，振兴电灯公司即开点市内全部电气路灯，以彰显其拥护革命的政治立场。② 该公司遂获取了革命派信任，承接源自前清苏州府的电力事业经营权，与新的地方政府吴县公署续订电力经营合同。③ 1918年合约期满，振兴突以扩大经营规模为由招股融资。④ 此事本属企业常规资产重组，公司经理黄敏伯却向社会指控此次招股实为将电厂暗售与日本商人，⑤ 并愤而辞职。⑥

　　时值五四运动爆发，各界民族主义热情极度高涨。苏州总商会号召全市民众立即停用振兴所发之电，⑦ 并将振兴电灯公司开除出会。⑧ 振兴本厂工人风闻此事，举行全体大罢工。⑨ 市民一面于主要街区自购设备发电，⑩ 所燃电灯数目多达数千盏；⑪ 一面利用市民公社表达政治诉求：道养市民公社函振兴质问事件原委，⑫ 四隅、胥江、马路三市民公社要求公布招股手续及股东名单，⑬ 阊胥市民联合会对招股合同性质公开提出质疑。⑭ 振兴因此损失惨重，业务量流失七八成，"当学潮剧烈之时，剪线停燃竟十之

---

① 《关于苏州电气公司为机动调整电价收费、救济用户的函》，江苏省苏州市档案馆藏，档案号：I34 - 001 - 0066 - 067。
② 《报告至振兴公司电灯厂参观所见》，江苏省苏州市档案馆藏，档案号：I14 - 002 - 0184 - 012。
③ 《合同录底》，江苏省苏州市档案馆藏，档案号：I14 - 002 - 0185 - 046。
④ 卢燕庭等：《苏州电气事业的主权之争》，《苏州文史资料》第 1 - 5 合辑，第 151 页。
⑤ 《为部令调查电灯公司事函苏州总商会》，江苏省苏州市档案馆藏，档案号：I14 - 002 - 0188 - 005。
⑥ 《为黄敏伯因电灯公司密售外人辞职事函县署》，江苏省苏州市档案馆藏，档案号：I14 - 002 - 0189 - 046。
⑦ 张圻福、叶万忠：《五四运动在苏州》，《苏州大学学报》（哲学社会科学版）1984年第 1 期。
⑧ 《为议委查振兴电灯公司事函复县署》，江苏省苏州市档案馆藏，档案号：I14 - 002 - 0188 - 006。
⑨ 《为电灯公司罢工已照常工作事函警厅》，江苏省苏州市档案馆藏，档案号：I14 - 002 - 0187 - 027。
⑩ 《有关振兴电灯公司历史情况》，江苏省苏州市档案馆藏，档案号：I14 - 001 - 0233 - 014。
⑪ 《为市民违章私营电气事业请取缔事函苏常道》，江苏省苏州市档案馆藏，档案号：I14 - 002 - 0190 - 001。
⑫ 《为电灯厂有出卖之说事函苏州总商会》，江苏省苏州市档案馆藏，档案号：I14 - 002 - 0187 - 003。
⑬ 《为电灯公司私售外人事函苏州总商会》，江苏省苏州市档案馆藏，档案号：I14 - 002 - 0187 - 013。
⑭ 《抄录电灯公司致辞总商会原函及新老股合同以研究破绽》，江苏省苏州市档案馆藏，档案号：I14 - 002 - 0186 - 025。

七八"。①

　　民众的积极参与，推进了电力事业民族主义原则的确立。运动初起之时，地方行政长官苏常道尹王莘林即代表官方表态：电力事业非别项营业可比，不容私自变卖或任外款侵入致损主权。② 杜绝外资侵入电力领域成为电力事业的民族主义底线，参与竞争电力事业经营权的两家电厂均以此表明自身具备承办资质。无论振兴电灯公司暗售日商传闻是否属实，招股重组所发行的股票中明确标注"不得售卖或抵押于非中国人，违即作废"字样，且一再声明实无国外资本渗入。③ 当地人士新成立的苏州电气厂招股章程中也特别提及：为保护主权起见，入股者应具有本国国籍；并由招股人员联名担保，承担责任。④ 官、商就维护民族主义一事达成共识。

　　民族主义规制的塑立，使爱国运动最终走向胜利。社会舆论催动官方介入调查后，具体负责调查事务的吴县公署未掌握充分证据即判定振兴改组出卖行为属实，"讵诸各方面情形虽无书面证据，而众口确凿，复有前经理黄美泰之报告，谓其处为改组确可证明"。⑤ 最高电力主管部门交通部明知调查尚无定论，仍将振兴电灯公司交由苏州电气厂收购。⑥ 1924 年，新电厂正式并购振兴电灯公司，振兴售日事件宣告终结。⑦ 振兴暗售日商虽无确凿凭据，但出于维护国家利益的目的，官方在调查与裁决过程中明显偏袒苏州本地各界，杜绝了电力事业经营权流于外资的可能。

四　结语

　　近代以来，中国"威震四夷，万邦来朝"的国家地位彻底倾覆，转而成为欧洲中心格局下偏僻远东的衰败国度，国家形象由"鼎盛王朝"变成残破不堪。往昔落后民族的文明结晶——电带给国人的"新奇""先进"

---

① 《为市民违章私营电气事业请取缔事函苏常道》，江苏省苏州市档案馆藏，档案号：I14－002－0190－001。

② 《为电灯公司私售日商事函吴县知事》，江苏省苏州市档案馆藏，档案号：I14－002－0189－030。

③ 《振兴电灯公司新股名单》，江苏省苏州市档案馆藏，档案号：I14－002－0184－053。

④ 《为市办电灯公司招股事函陈、陆市董》，江苏省苏州市档案馆藏，档案号：I14－002－0190－033。

⑤ 《为查电灯公司抵借外款情形事函苏州总商会》，江苏省苏州市档案馆藏，档案号：I14－002－0187－036。

⑥ 《关于振兴公司与苏州新电厂纷纷听候审查办理》，江苏省苏州市档案馆藏，档案号：I34－001－0010－001。

⑦ 《为电灯公司归并电气厂事函商会》，江苏省苏州市档案馆藏，档案号：I14－002－0194－038。

认知，既承袭了既有的身份等级制度，又是近代民族意识勃兴之后"主权""利权"的凭借，国人固守传统的客观现实与接受西化的开放胸怀因之并存。

历史对于电的选择，并非以是否有利于社会进步为主导因素。具备消极意义但适合中国土壤生长的身份等级制度因电的出现得以接续，民国前期的中国并未偏离历史进程的惯性轨迹与传统时代割裂；在列强资本输出与救亡图存的历史背景下，电又作为国家利益标志被纳入时代主旋律民族主义思想脉络体系中，凝结出新的民族崛起意识与原则。传统中国城市中关于电的认知未能深刻改变社会形态，仅体现为西方工业文明对东方传统文化有限度的补充作用。

民国前期的中国，科技仅在外部刺激较为强烈的某些社会局部中作用显著。以电为主题的政治运动所具有的民众参与、民族主义诉求出现与规制确立等鲜明特色，契合了改良与革命的发展潮流。但实际上，在刺激较为轻微、矛盾尚未激化的社会面相中，身份等级制度等传统习惯无法轻易更改，社会内部机制变化隐蔽且迟钝，发展方向与路径依旧遵循旧有思维，社会结构始终处于稳固不变或缓慢演进状态中。古老中国虽接纳了包含西方科技的全新生产生活方式，却尚未完全摆脱传统时代的思想束缚，唯有在建设现代化国家的全新征程中摸索前行。

1934 年无锡地价申报事件中的官商权利博弈

刘永广 *

提 要 1934 年无锡地价申报事件中，地方绅商引法律为依据，强调地价申报应在地方经济繁荣、宪政与地方自治完成后举办，但政府认为，地价申报是繁荣地方经济、实现宪政与地方自治的应然之举。官商各自以社会与法律的合法性话语展开舆论层面的论辩，其实质是双方权力与利益的博弈。在这一博弈过程中，绅商一方面凭借现代性的法律知识与媒介手段向官方表达反对意见；另一方面又利用传统性的乡缘情谊攀附政府高层，迫使地方政府妥协。这既体现出绅商法律权利意识的增长，也凸显出制度化的社会问题解决机制的缺失。

关键词 地价申报 无锡 地方绅商

晚清以降，土地问题演变为时人关注的重要社会问题之一。孙中山参照中国现实与西方学说提出平均地权思想，他设想国家通过征收地价税的形式抑制土地投机，控制贫富悬殊。按照孙中山的地价税制度构想，地价由地主自行申报，政府根据所报地价确定税率，征收地价税与土地增值税。[①] 因此，地价申报是政府征收地价税之前的一项预备措施，由民众向政府自报所拥有的土地及土地上附属物的价值，政府再结合民众所报地价和市场地价，制定相应的地价税税率。20 世纪 20 年代末 30 年代初，经过一些国民党官员与学者的鼓吹与阐释，有关地价税的制度理论体系逐渐完善。随着训政的实施，国民政府力图将其由理论层面推向实践领域。

土地问题一直是学界研究的重要问题之一。目前学界对传统中国地

---

* 刘永广，南京信息工程大学马克思主义学院讲师，南京大学历史学院博士研究生。

① 孙中山：《建国大纲》，青年书店，1924，第 6~7 页。

租、地权结构、地权制度变迁的研究多有进展。[①] 与此同时，伴随中国城市化进程的加快，民国时期城市地价税问题也日益成为学界关注的热点。地价税的研究集中于从经济思想史角度探讨地价税制度的思想渊源，[②] 从制度史和立法史角度研究地价税制度的变迁过程，[③] 从借鉴历史的现实角度出发研究总结地价税举措的得失状况。[④] 但是，对实施地价税的准备阶段——地价申报，目前学界关注较少。本文以 1934 年无锡地价申报事件为切入点，尝试考察 30 年代国民政府是在何种背景下采取何种方式推行地价申报，国民政府地价政策理论与实践之间有何出入，与其他地区相比，无锡地方社会对地价申报的应对举措反映出怎样的区域社会特点。1934 年无锡城市地价申报，遭到地方绅商的激烈反对，政府与绅商各自以社会与法律合法性话语进行论辩，其实质是双方权力与利益的博弈，这导致无锡地价申报的实施举步维艰，一波三折，最终迟滞了必要的社会改革进程。

一　地价申报的开展

　　1934 年 3 月，蒋介石在南昌召开的十一省行政会议上督促各省减轻田赋，筹办开征城市土地税。[⑤] 会后，时任江苏省政府主席陈果夫命江苏省地政局局长祝平拟定地价申报办法，选定无锡与南通两县试办城市地价申报，为开征地价税做准备。[⑥] 5 月，江苏省政府公布《江苏省城市地价申报办法》，办法规定从 7 月 1 日起，以 6 个月的时间在两县办理地价申报，

---

① 高王凌：《租佃关系新论——地主、农民和地租》，上海书店出版社，2005；曹树基、刘诗古：《传统中国地权结构及其演变》，上海交通大学出版社，2014；龙登高：《中国传统地权制度及其变迁》，中国社会科学出版社，2018。

② 王昉、熊金武：《民国时期地价税思想研究——中国传统经济思想现代化变迁的一个微观视角》，《复旦学报》2012 年第 1 期。

③ 熊金武：《近代中国地价税思想立法实践与实践研究》，《福建论坛》2015 年第 5 期；王瑞庆：《论南京国民政府开征地价税过程中地方财政与地政的纠葛》，《中国社会经济史研究》2015 年第 1 期；王瑞庆：《平均地权与南京国民政府城市土地制度改革》，《华南理工大学学报》2015 年第 6 期。

④ 戴丽华：《民国地价税的实施对当前土地税收制度改革的启示》，《经济与管理》2011 年第 10 期；付志宇、姜贵渝：《孙中山土地税思想及其实践对我国房地产税制改革的借鉴》，《财政研究》2011 年第 10 期。

⑤ 《蒋中正总统档案·事略稿本（25）》（1934 年 3 ~ 4 月），台北，"国史馆"，2006，第 277 ~ 278 页；《各省行政会议总决议案纪要》，《申报》1934 年 3 月 23 日，第 3 张第 9 版。

⑥ 阮荫槐：《无锡实习调查日记》（1935 年 8 月），萧铮主编《民国二十年代中国大陆土地问题资料》，台北，成文出版社，1977，第 51415 页。

由办事处派员分赴城市各户，按户分发地价申报单，业主按照申报单开列的事项，将拥有土地的位置、面积、种类、收益、价值等信息自行填注清楚。在地价申报单收集整理完整后，由办事处在各区公示，在公示的一个月内若无异议，编定城市地价册，并向业主发放地价申报证明书。地价申报完成后，县政府立即开征地价税与土地增值税。[①] 南通地价申报进展顺利，如期结束。无锡地价申报却遭到地方绅商的强烈反对，虽然延宕至1935 年才告完结，但江苏省政府原定在地价申报完竣之后即开征地价税与土地增值税的计划归于流产。

开展地价申报，征收地价税，正如时人所指出的："不仅是有财政上的意义，而且是有社会上的目的。"[②] 揆诸当时的社会现实，地价申报的开展是出于财政与社会等多方面的原因。

首先，确定土地产权。江苏省境内土地状况复杂，最为典型的莫过于当时土地凭证的混乱。道光年间，江苏省进行过土地整理，经太平天国运动兵燹之后，土地业主的产权证书损失殆尽。同治五年（1866），再次清丈土地，由官府发给业主执业田单，但由于时代久远，至民国时已不足为凭。由于没有统一的土地产权证书，至 20 世纪 30 年代可谓"证"出多门：有的业主以官方发给的执业田单（也称印单）、承粮执据、田地注明证、管业登记证、营业执照作为凭证；有的业主以私人之间订立的土地买卖契约作为凭证；有些名胜古迹的地产，业主甚至以册籍、碑帖、家谱、方志等作为凭证。[③] 混乱的土地凭证给税赋的征收带来诸多问题，民间产权纠纷所在多有，导致土地管理工作混乱。地价申报将土地产权状况调查清楚后，由政府颁发新的土地产权证书，是明晰土地产权的重要步骤。

其次，平衡城乡税负。1927 年南京国民政府成立后，开始实施财政税收制度改革，将田赋逐渐划归地方，田赋成为江苏省财政收入来源的大宗。无锡县政府在 1931 年 5 月，曾奉省政府命令，废除了沿袭数百年的"忙银"与"漕粮"名目，以银元计算，田赋统一按照地价的 1% 征收地价税。规定全县田亩分为三级，规定上则田每亩地价为 110 元，中则田为100 元，下则田为 80 元，平均每亩地价为 96.7 元，以不超过地价 1% 的原则，确定每年每亩税额 0.967 元。但无锡城乡地价天差地别，当时城市土地最高亩价为 15000 元，乡村最低亩价仅 40 元，二者相差几近 400 倍之

① 《苏省办理城市地价申报》，《申报》1934 年 5 月 20 日，第 3 张第 10 版。

② 王先强：《中国地价税问题》，神州国光社，1931，第 2 页。

③ 江苏省政府秘书处编《三年来江苏省政述要》下册，江苏省秘书处第三科印行，1936，第 30～31 页。

多。虽然城乡地价悬殊，但当时在城乡统一征收的田赋地价税是按照农村的地价标准征收，城市地价税没有和当时城市的实际价值挂钩，导致"市地价高而税轻，农地价低而税重"的局面。① 无锡农地占无锡土地面积的90％以上，城乡统一征收 1％ 的地价税，这样大部分的田赋税收负担就落在农村地区，导致城乡税负不均。因此，城市土地按照城市的地价标准征收地价税与土地增值税，平衡城乡赋税负担，成为江苏省政府推行地价申报的重要因素。

最后，增加财政收入。当时江苏省地方财政收入大宗来源于田赋，但由于政府无图籍可凭，不能向地主直接征收，往往假手粮书胥吏，粮书胥吏上下其手，中饱私囊，既增重民众负担，又使政府田赋收入受损。1931年，江苏省财政厅调查征粮额田数与 1914 年所得调查数据相比减少 100 余万亩，与光绪十三年（1887）调查数据相比，则减少 4000 万亩之巨。② 虽然天灾与战争等因素会导致土地抛荒，但胥吏隐匿土地是征收额田亩数减少的最重要因素。田赋征收额田数量的减少直接影响地方财政收入。为弥补财政收入的不足，政府往往巧立名目，加征新的田赋附加税。据时人调查，"江南的田赋附加税不过超过正税二三倍，而江北则多数超过八倍或十倍，甚至有超过十五六倍以至二十五六倍的"。③ 通过地价申报，杜绝田赋积弊，征收地价税，可适度增加政府财政收入。正如时人所指出的："苟土地加以整理，则地籍清而田赋理，有图有册，纤维难隐，粮地不符者，予以纠正；有地无粮者，从事征课；有粮无地者，加以豁免。不追既往，但策将来，于是乐苦均而收入裕，尽合于财政普遍公平丰裕之原则。"④

明末以来，太湖流域的人文与财富甲于天下，位于太湖北端的无锡，文化上包孕吴越，经济上渐露峥嵘。明末王世贞即言："今天下财富独江南最大，江南常所部邑独无锡最大。"⑤ 江苏省选取南通与无锡两地作为城市地价申报的试点，是出于两地特殊的经济地位考虑。"省局以南通及无

---

① 阮荫槐：《无锡之土地整理（一）》（1935 年 12 月），萧铮主编《民国二十年代中国大陆土地问题资料》，第 17476～17477 页；阮荫槐：《无锡之土地整理（二）》（1935 年 12 月），萧铮主编《民国二十年代中国大陆土地问题资料》，第 17906 页。

② 张德先：《江苏土地查报与土地整理》（1935 年），萧铮主编《民国二十年代中国大陆土地问题资料》，第 14166 页。

③ 行政院农村复兴委员会编《江苏省农村调查》，商务印书馆，1934，第 62 页。

④ 阮荫槐：《无锡之土地整理（二）》，萧铮主编《民国二十年代中国大陆土地问题资料》，第 17403 页。

⑤ 王世贞：《延祥上区华氏役田记》，《弇州四部稿》卷七十五，明万历刻本。

锡县为本省江南北工商业发达之区，城市地价之高，迥非他县所可比拟，实有从事试办地价申报之必要。"① 南通自张謇倡办实业以来，其经济实力称雄江北。无锡作为新兴工商业城市，更是享誉东南，被时人誉为"小上海"。民国以后，无锡工商业之发展如日中天，当时锡邑的缫丝、纺纱、面粉等事业，不仅享誉全国，而且驰名海外，工商业的繁荣导致城市地价水涨船高。出于改善两地土地产权状况、平衡税负与增加财政收入目的，江苏省政府最终选定两地作为城市地价申报的试点。

二　绅商反对地价申报

1934 年 7 月 1 日，无锡县成立试办城市地价申报办事处（以下简称"办事处"）。县长严慎予、土地局局长胡品芳分任办事处正、副主任，并拟定第一区为申报区域。成立以钱孙卿、杨翰西、尤桐、赵子新等地方绅商为主的协助地价申报委员会，负责协助地价申报事宜。② 但是地价申报政策公布以后，舆论大哗，该政策遭到包括协助委员会成员在内的地方绅商的强烈反对。他们采取呈书请愿、刊发广告与传单、邮寄匿名恐吓信等多种方式反对地价申报。

7 月 17 日，商会常务委员钱孙卿、蔡缄三等人致函严慎予与胡品芳，强调近年市面凋零，农商交困，地价低落，民众失业，天旱不雨，人心恐慌，请其向省方表达缓办意见。③ 办事处曾拟于 8 月 3 日召开第一次协助委员会会议，但由于钱孙卿等人的抵制未能开成。④ 钱孙卿、尤桐等人甚至谢绝政府提供的 20 元车马费补贴，尤桐在谢绝信函中称："此农村破产，都市凋敝之秋，经济倍即（极）萧条，加赋咸所畏（未）闻，舆情未协，爱莫能助。"⑤ 一直拖至 8 月 15 日，协助委员会才召开了第一次常务会议，但与会委员以时间紧迫、手续不全为由，做出"呈请省方准予展缓一月"的决议。⑥

---

① 阮荫槐：《无锡实习调查日记》，萧铮主编《民国二十年代中国大陆土地问题资料》，第 51638 页。
② 阮荫槐：《无锡之土地整理（一）》，萧铮主编《民国二十年代中国大陆土地问题资料》，第 17580 页。
③ 《钱孙卿等函请缓办地价》，《国民导报》1934 年 7 月 18 日，第 3 版。
④ 《胡土地局长谈定下星期三召开协助委员会议》，《国民导报》1934 年 8 月 10 日，第 2 版。
⑤ 阮荫槐：《无锡之土地整理（一）》，萧铮主编《民国二十年代中国大陆土地问题资料》，第 18302 页。
⑥ 无锡县政府：《无锡概览》（1935 年），陈文源主编《民国时期无锡年鉴资料选编》，广陵书社，2009，第 485 页。

1929 年 3 月，国民党第三次全国代表大会通过决议，将包括《建国大纲》《建国方略》等在内的"总理遗教"确定为"训政时期中华民国最高根本法"。[①] 因此，《建国大纲》具有最高法律效力。根据《建国大纲》规定，土地测量完竣是地方自治完成的标志之一，地价申报应在地方自治时期再行举办，地价税与土地税增值税由地方征收，用之地方。[②] 易言之，按照《建国大纲》中的施行程序，地价申报应在土地测量办竣后再行举办。1928 年江苏省土地整理委员会成立后，即在全省着手开展土地清丈，但受困于时局、经费、人才等多方面原因，计划多次变更，进展缓慢。1934 年 4 月，江苏省土地局改订江苏省土地丈量总计划及实行步骤，以当时办理清丈的镇江、上海、吴县、无锡等十二县为第一期，限于 1935 年 3 月底办理完成。[③] 无锡县土地清丈始于 1933 年 11 月，其时，江苏省土地局派遣清丈分队到无锡实施土地清丈。至 1934 年 7 月，为节省人力与资金成本，无锡全境土地清丈由人工测量改为航空测量。迟至 1935 年，无锡土地清丈才办理完竣。[④] 因此，1934 年 7 月地价申报开展之时，无锡土地尚在清丈，地方自治尚未完成，江苏省政府订立单行办法举办地价申报，违背法律程序，绅商据此向国民政府各级部门据理力争。

8 月 15 日，钱孙卿与杨翰西领衔地方绅商、耆老电呈南京国民政府与江苏省政府，请求暂缓地价申报。呈文指出，"伏查地价申报及征收地价税，载在先总理建国大纲第十条第十一条，明系订在第九条完全自治之后，而以第八条以前划为训政时期"。在详细阐明《建国大纲》第八条至第十一条的内容后，呈文继续指出：

> 原其用意，系为专供县自治之用，而亦必须县自治实行开创，方得规定全县私有土地之价，由地主自报，照价征税，明以此项权能，付之地方自治。且必地价实因政治改良、社会进步，有所增益，方得另收增值税，其义甚明，恐非训政时期政府所宜假借变易，遽以增加地方人民负担。故立法院拟定县自治法草案第二章第五条，规定县自治事项内，有全县地政事项。而其第七章第四十四条，规定县财政各款并有全县地方税收，似即根据先总理建国大纲第十条第十一条所拟

---

① 《中国国民党第三次全国代表大会决议案》，《中央党务月刊》第 10 期，1929 年，第 19 页。

② 孙中山：《建国大纲》，第 6~7 页。

③ 黄应昌：《江苏省土地清丈总计划之推进》，《江苏月报》第 4 卷第 3 期，1935 年，第 8 页。

④ 严保滋：《本处两年来工作之回顾》，无锡县地籍整理办事处编印《无锡县地籍整理办事处两周年纪念特刊》，1948，第 1 页。

定，尤其明证。现在苏省土地尚在测量，而忽订单行办法，遽令南通无锡两县城市，即行举办地价申报。是否确认两县城市已达完全自治时期，似宜明白规定，付以自治权能。即办地价申报，亦应划归自治，否则地方自治完成需时，依照约法第二十五条人民非依法律无纳税之义务，而遽以省订单行办法，既于中央法无根据，竟欲变更总理遗训，是岂训政所宜。敝主任等服务地方、献身党国，实亦未敢闻命，重冒地方不韪。①

在此电文中，钱孙卿先后引证《建国大纲》《县自治法草案》《中华民国约法》等法律条款，意在说明申报办法具有非法性，没有法律依据，无锡地方民众没有义务遵守。在最后，更直接表达了对政府举办地价申报工作的不配合态度。

1934 年 9 月 4 日，蒋介石在电文中指示江苏省政府，土地清丈是整理田地的着手办法和完成地方自治的重要工作，应尽力提前赶办，早日成事。9 月 20 日，钱孙卿领衔各公法团再次呈文请求停办地价申报。电文引述蒋介石的电文指示，揣测蒋氏是"根据总理遗教，认清丈为整理土地着手办法，并确定为完成自治重要工作，即城市土地税确应筹划开征亦宜先从整理土地入手"，告诫省政府"自宜恪遵蒋委员长令，务于可能范围设法先办清丈，以期完成自治，实现总理遗教"。电文强调"现在人民所惊疑者，不在地价申报，而在地价申报后之开征地价税及土地增值税"。最后提出：

　　如为整理土地，应即着手清丈；若求整理赋税，亦当土地查报，二者择一先行试办。至规定地价，开征地税，仍遵总理遗教，一听地方自治，庶无悖于建国大纲之宏旨，亦可期总理遗教之实现。②

绅商的言下之意，地价申报应在土地清丈和地方自治完成之后再行举办。从表面看来，是在暗讽省政府不仅违背"总理遗教"且有违蒋介石训令，但实际上，绅商反对地价申报的真实用心已在这份电文中明确表明，即他们深恐地价申报将增加巨额的捐税负担。

晚清以降，中国社会由传统向近代嬗变，商人势力强势崛起，在地方社会逐渐取代传统士绅成为地方权势集团的集中代表。无锡绅商自清末新政以来逐渐操控地方局势。至 30 年代，虽然国民党加强了对地方社会的控

---

① 《无锡各团体请明令停办地价税》，《申报》1934 年 8 月 20 日，第 3 张第 10 版。
② 《无锡各公法团再请停止城市地价申报》，《申报》1934 年 9 月 21 日，第 3 张第 9 版。

制，但绅商在无锡仍然具有举足轻重的地位，他们依靠县款产处控制地方财政收支，依靠县商会承担包税摊捐职能，对地方社会发挥着无可替代的影响力。当时无锡绅商在城区周边开办大量工商企业，如杨翰西在广勤路长源桥开办有广勤纱厂，[①] 蔡缄三与唐保谦合办的九丰面粉厂与庆丰纱厂分别位于蓉湖庄和南尖，荣氏兄弟在西门外太保墩和迎龙桥设有茂新一厂和申新三厂，赵子新在北塘开办有隆茂米行。[②] 绅商之间还相互参股办厂，正如有学者指出的，近代江南地区的大资本之间曾经主动地、频繁地相互参股，出现你中有我、我中有你的现象。杨翰西与华艺三就曾经参股庆丰纱厂。[③] 当时的工商企业用地，沿用清朝同治年间的办法，只按农田标准完粮纳税，若征收地价税与土地增值税，负担将会成倍增加。在这种组织与利益的基础上，无锡绅商结成共同体强烈反对地价申报，强烈维护既有的权力与利益格局。他们一方面担心自身所掌控的组织权力受限，另一方面担心自身的经济利益受损，所以援引相关法律条款强调在地价申报前应首先完成土地清丈和地方自治。这样即使开征地价税，由于属于地方自治事务，地价税与土地增值税的税率和征收时间完全可由地方决定，省政府就无权染指。

在钱孙卿等人 8 月 15 日的呈文在报上披露后不数日，南京、上海两地的无锡同乡会群起响应。旅京邑人张轶欧等人呈文中央，引述国民政府立法院制定的《土地法》等相关法律条款规定，指出《江苏省城市地价申报办法》多有违法之处，请求停办地价申报。

1931 年，国民政府立法院制定颁布了《土地法》，在第四编第二章关于"地价之申报及估计"的条目中规定，在地价公告期的三十日内，若产权人对地政机关公布的地价标准有异议，有要求公断人公断地价的权利，公断人由异议人与地政机关各推一人，再由两位公断人共推一公断员（若推选出的两位公断人共推不出一位公断员，可由地方自治团体推出一人）组成。在第八章中规定，积欠地价税三年内根据所欠数额征收年息 5%，欠满三年，才将欠税土地拍卖。另外，《土地法》第一编第一章第五条载，

---

① 《江苏省无锡广勤纺织有限公司商标注册案》（1928 年 3 月），中国第二历史档案馆藏南京国民政府经济部档案，档案号：4 - 38827。

② 无锡县政府：《无锡年鉴》（1930 年），陈文源主编《民国时期无锡年鉴资料选编》，第219 ~ 222、236 页；无锡县政府：《无锡概览》（1935 年），陈文源主编《民国时期无锡年鉴资料选编》，第 505 ~ 507 页。

③ 马俊亚：《规模经济与区域发展——近代江南地区企业经营现代化研究》，南京大学出版社，1999，第 171 ~ 172 页。

"本法之施行另定之"，第六条载"本法各编之施行日期及区域分别以命令定之"。① 但与《土地法》规定相悖的是，《江苏省城市地价申报办法》第七条规定"业主如无故逾限不报，除由地价申报办理处代为调查填报外，其土地以无主土地论"，第十一条规定"公告期内各地权发生异议，得由权利关系人自向该管司法机关诉请审理之"。② 言下之意，土地业主一旦逾限不报，土地以无主土地论，其土地最终将被收归公有；在土地产权发生异议之时，土地业主也仅能向主管司法机关申请诉讼，无权享有申请组织公断员公断的权利。两相比较，《江苏省城市地价申报办法》的规定不仅过于严苛，而且有违《土地法》中的公平原则。据此，旅沪同乡会诸人认为《土地法》"显已废弃'报价不实按照报价征收'及'逾限不报视为无主之土地'的理论。而约法第十一条之保障人民财产，尤为明显。此次苏省所订办法第五、第七等条，仍从理论不依法律，殊不可解"，还指出"现在《土地法施行法》尚未由中央制定公布，施行日期及区域自更无从说起，苏省所拟先从无锡南通两县城市，于本年七月一日开始申报，及其所订办法第十六条，关于征收土地税之拟议，亦均于法无据"。③ 旅沪同乡会显然对《土地法》相关法律条款了然于胸，因此据理逐条批驳《江苏省城市地价申报办法》的非法性。

旅沪同乡会荣宗敬等人也表达了类似主张。④ 9月份，无锡教育界人士也予以声援。无锡竞志女学校校长侯葆三强调在宪政尚未实施，土地清丈尚未完成之际，地价申报不宜举办。⑤ 无锡国学专修学校校长唐文治领衔华艺三、曹铨等人致电国省当局，认为在经济困难之际，申报地价无异于"竭泽而渔"，⑥ 指出地价申报应在地方完全达到自治后再举办，所征地价税，"为地方政府所有，而省无与焉"。⑦ 显然，旅外同乡与无锡地方绅商立场一致，都认为江苏省推行地价申报违背法律程序，有越俎代庖之嫌。

在绅商的鼓动下，民众采取激烈的手段反对地价申报，一些业主撕毁申报单不填，甚至有人向地价申报处邮寄带有子弹的信封予以恐吓。⑧ 绅

---

① 立法院秘书处编《土地法》，民智书局，1931，第 52 ~ 55 页。

② 《苏省办理城市地价申报》，《申报》1934 年 5 月 20 日，第 10 版。

③ 《旅京同乡代电响应呼请停办地价申报》，《锡报》1934 年 8 月 18 日，第 2 版。

④ 《反对地价申报之响应》，《申报》1934 年 8 月 21 日，第 3 张第 11 版。

⑤ 《侯葆三谈土地局举办地价申报商榷》，《锡报》1934 年 9 月 15 日，第 2 版。

⑥ 《城市居户电当局停办申报》，《锡报》1934 年 9 月 23 日，第 2 版。

⑦ 《各界坚决反对地价申报》，《申报》1934 年 9 月 24 日，第 2 张第 7 版。

⑧ 阮荫槐：《无锡实习调查日记》，萧铮主编《民国二十年代中国大陆土地问题资料》，第 51434 页。

商还刊登反对地价申报的广告与传单。11 月份，上海《申报》和《新闻报》两报连续多日登出由华艺三领衔，王鉴如、侯绍先、蔡荫阶、胡汀鹭、薛遂安、毛木君、顾莼湖、王吉士等人署名的反对地价申报声明，指责江苏省政府违反"总理遗教"，"意图征收巨额地税"，抨击办事处"推波助澜强迫填报"，重申无锡难以承受"法外之负担"。① 无锡市面出现的传单抨击地方镇长"得受官厅暗中津贴，实行做其汉奸工作，意欲强行申报，出卖无锡，贻害我们子子孙孙"。② 还有一些传单攻击一直"折冲商民"之间的钱孙卿，称其"为虎作伥，太无心肝"。钱氏气愤之余，在无锡地方报纸上登载谢事启事，要求地方人士"勿再来相烦聒"。③

三　官方宣传与商人妥协

为打消地方民众疑虑，办事处广泛宣传地价申报实施后的社会积极效果。在报上登出的《为举办地价申报告无锡县民众书》指出，在工商凋敝、农村破产、天灾频仍的形势下，繁荣都市和复兴农村的关键在于解决土地问题。④ 申报地价是解决土地问题最重要的一项工作，益处良多。首先，可以确定产权，免除纠纷。申报地价后，官方颁给业主申报地价证明书，载明业主姓名、住址及土地界址，产权确定。业主不会再像从前一样因为界址不明、产权不定，因一墙一路之争，而涉讼经年。其次，可以流通金融，繁荣都市。因为地价申报证明书上载明业主、亩数、坐落、价值，持有该书可作为抵押借款的凭证，从而促进土地金融资本的流通，繁荣工商业。⑤ 为应对绅商持续不断的反对，办事处不断扩大宣传，导致宣传经费攀升。与同期南通相比，无锡宣传印制费占总支出费用的 10.4%，南通仅占 3.8%。⑥

面对绅商的持续请愿，蒋介石一概不置可否，回电指示"向主管官

---

① 《无锡县城市人民请停止地价申报吁恳全国各界援助广告》，《申报》1934 年 11 月 11 日，第 1 张第 2 版。
② 阮荫槐：《无锡之土地整理（二）》，萧铮主编《民国二十年代中国大陆土地问题资料》，第 18026～18027 页。
③ 《钱孙卿引咎谢事》，《人报》1934 年 10 月 23 日，第 1 版。
④ 《为举办地价申报告无锡县民众书（一）》，《锡报》1934 年 8 月 1 日，第 3 版。
⑤ 《为举办地价申报告无锡县民众书（二）》，《锡报》1934 年 8 月 2 日，第 3 版。
⑥ 阮荫槐：《无锡之土地整理（一）》，萧铮主编《民国二十年代中国大陆土地问题资料》，第 17589 页。

署，呈请核办"。① 但不同于蒋介石模棱两可的态度，江苏省政府态度明确，陈果夫在接获钱孙卿、荣宗敬、张轶欧等人电文后，回电批示：

> 蒋委员长于本年三月间召集各省高级行政人员，在南昌集会，对于城市土地税之应筹划开征，曾谆谆告诫，其意义之重大，与夫工作之不容稍缓，彰彰明甚。本政府仰体蒋委员长为民造福之至意，熟察地方实际之情形，举办城市地价申报，原为发展民生，繁荣社会，既无悖于建国大纲之宏旨，又可期总理遗教之早日实现。②

陈果夫还指出：

> 夫必清丈登记，始能确定产权，弭除纠纷；必规定地价，始能改进税制，平均负担；必促进使用，始能开发地利，增加生产。进而立建设之本权舆，植宪政之基础，繁荣经济，发展民生，皆胥于是赖。③

陈果夫的批示说明，地价申报举措是遵照蒋介石提出的城市筹划开征土地税指令而实行的，江苏省是奉命行事，并不存在违背蒋介石训令一说。且开展地价申报有助于发展民生与经济，是实现宪政的基础，而非实现宪政之后方能举办的地方自治事务，与《建国大纲》并不相悖。这样就从逻辑上完全否定了地方绅商对其违背法律程序和总理遗教的指责。

针对无锡绅商在《申报》刊载的反对广告，据报载，"陈主席以其内容荒谬，阅后甚震怒，即电锡县府严查主动份子，解省究办，并派员赴锡，密查真相"。④ 无锡县公安局一度贴出悬赏布告，缉拿广告主使与传单散布之人。⑤ 最后经人调解，钱孙卿等人与江苏省政府达成协议，由华艺三等人在报上刊登声明，称所登广告系他人冒登，以维护江苏省政府的权威，此事才不了了之。⑥

协助委员会8月中旬要求延缓一个月申报的请求遭省政府拒绝后，办事处奉命于9月1日正式开始在第一区挨户申报。⑦ 绅商似乎认识到强迫政府停办地价申报已无希望，只能寄希望暂缓征收地价税。9月24日和25

---

① 《唐文治请求停办地价申报》，《国民导报》1934年10月6日，第2版。
② 《土地申报省府批示荣宗敬等仰协同赞助》，《锡报》1934年9月3日，第3版。
③ 《三年来江苏省政述要》下册，第180页。
④ 《苏省推进地价申报》，《申报》1934年11月18日，第2张第7版。
⑤ 《地价申报急转直下》，《锡报》1934年11月18日，第2版。
⑥ 朱邦华：《无锡民国史话》，江苏文史资料编辑部，2000，第177页。
⑦ 《无锡地价申报开始办理》，《申报》1934年9月3日，第3张第11版。

日，钱孙卿两度致函严慎予，表示征收地价税属于地方自治事宜，若能缓征地价税，慎重订立税率，自己会尽力配合地价申报工作。[①] 9 月 27 日，协助委员李惕平、钱孙卿、杨翰西等人为讨论劝办地价申报事宜，在县商会召集城区各乡镇长开会，协调各方意见。但各方意见分歧，经过两个多小时的激辩，最后决定，遵令办理地价申报，但申报完竣后，地价税及土地增值税请示暂缓办理。[②]

形势也逐渐向有利于绅商的方向发展。经过包括吴稚晖与时任实业部商业司司长张轶欧在内的无锡同乡在国民党上层的多方活动与疏通，行政院接受了无锡绅商的诉愿书。[③] 揆诸以往，无锡地方绅商依靠乡缘关系走上层路线解决地方问题的事例并不鲜见，对家乡事务素抱热忱的吴稚晖就多次施以援手，为一些争端事件代地方向中央缓颊。[④] 在地价申报事件中，无锡绅商正是利用同乡情谊，通过吴稚晖和张轶欧不遗余力的积极活动，使行政院做出有利于绅商的裁决。

10 月 6 日，行政院召集人员召开审查会，行政院、内政部地政司、财政部赋税司、江苏省地政局派员出席。会议认为江苏省各县尚未经过正式的土地丈量与登记即举办城市地价申报，与法定程序"稍有未符"，指出原来"地价申报完竣后，县府立即开征地价税及土地增值税"的规定过于"刚性"，责令江苏省政府做出修改。[⑤] 江苏省政府根据审查会议的决定，将地价申报办法中第 16 条规定"地价申报完竣后，县府立即开征地价税与土地增值税"的内容改为"地价申报完竣之区，将来征收地价税及土地增值税，得参照此次地价申报之结果确定其税率"。[⑥] 这样，中央审查会议推翻了江苏省政府要求地价申报完竣立即开征地价税的硬性规定。绅商的妥协与行政院的裁决，使江苏省政府被迫做出让步。10 月底，陈果夫回电

---

① 《钱孙卿两函严县长有所表见》，《锡报》1934 年 9 月 27 日，第 2 版。

② 《积极举办中之城市地价申报》，《锡报》1934 年 9 月 28 日，第 2 版。

③ 李惕平：《昔日的清风茶墅——旧社会无锡绅士的"俱乐部"》，江苏省无锡市政协文史资料研究委员会编印《无锡文史资料》第 13 辑，1986，第 124~125 页；钱钟汉：《关于〈钱孙卿与无锡县商会〉的补充意见》，江苏省无锡市政协文史资料委员会编印《无锡文史资料》第 24 辑，1991，第 168 页。

④ 1932 年，孙祖基出任无锡县长，计划拆除城墙修筑马路，遭到绅商抵制。最后由曹铨致函吴稚晖，由吴稚晖向蒋介石说情，蒋下手令迫使孙祖基放弃拆除城墙计划。李惕平：《昔日的清风茶墅——旧社会无锡绅士的"俱乐部"》，《无锡文史资料》第 13 辑，第 123 页。

⑤ 钱孙卿：《孙庵老人自定五十年以前年谱》（1943 年），王立人主编《无锡文库》第 3 辑，凤凰出版社，2012，第 503 页。

⑥ 《苏省修正城市地价申报办法》，《锡报》1934 年 11 月 10 日，第 2 版。

批示可先行举办地价申报，暂缓征税。① 江苏省政府为争取程序的合法性，于中央审查会议后将新修订的《江苏省城市地价申报办法》呈交行政院审核并备案，从而获得中央政府认可，为开展地价申报取得了形式上的法律依据。② 按照原定计划，挨户申报应该在 10 月底结束，但由于绅商的反对，计划被打乱，办事处将挨户申报截止期限由 10 月底延缓至 11 月底。

但其中值得玩味的一个细节是，从 10 月底江苏省政府宣布暂缓征税到 11 月 11 日反对广告与传单的出现，存有近半个月的时间差，即政府承诺暂缓征税的半个月之后，又出现反对地价申报的广告与传单。按照事情发展的逻辑来讲，既然官商达成妥协，官方已公开承诺暂缓征收地价税，绅商似乎不应该再继续公开反对。但绅商不顾政府的承诺，依然在报上刊布广告，散发传单，鼓动反对风潮，这一矛盾现象发生的原因在于绅商内部存在明显的意见分歧。

时人在比较南通与无锡两地地价申报时即指出，"南通地方事权多集中大绅"，"凡政府欲推行一种新政，只要得大绅等之协助，无往而不利"，但无锡情况是：

> 无锡绅士派别分歧，党同伐异，无可统一之者，如最显著之派别有所谓资本家派、地主派、城派、乡派，分门别户，暗潮甚大，凡政府举办一事，即辄易遭反对。③

在无锡，反对地价申报最力者是城区资本家和地主，尤其是在地价高昂的北塘一带拥有房地产的业主反对最为激烈。相比城区资本家和地主，拥有少量地产且地价较低的乡镇地主反对申报的动机要弱得多，也更倾向与政府妥协。④ 策动登载反对地价申报广告的华艺三早年于无锡北塘大街

---

① 《省府顾念民艰地价税准予暂缓征收》，《国民导报》1934 年 10 月 30 日，第 2 版。

② 1935 年 1 月，无锡教育界人士曹铨向行政院呈送诉愿书，再次以地价申报举措无法律依据为由，请求停办。行政院以江苏省政府已经将地价申报办法呈请中央备案，完全符合法律程序，驳回了曹铨的诉愿。此后，无锡地价申报的反对声浪才逐渐平息。阮荫槐：《无锡之土地整理（二）》，萧铮主编《民国二十年代中国大陆土地问题资料》，第 18037 页。

③ 阮荫槐：《无锡之土地整理（二）》，萧铮主编《民国二十年代中国大陆土地问题资料》，第 17589 页。

④ 民国以来，无锡就一直存有城乡地主之间的矛盾对立。民国初年，无锡城乡重划区域，在临时县议事会中，城市与乡镇地主之间围绕利益纷争，就曾争论不断。参见钱孙卿《孙庵老人自定五十年以前年谱》，王立人主编《无锡文库》第 3 辑，第 466 页。这种状况不独无锡存在，在杭州、南通两地也曾出现这种状况，只是两地城乡地主之间的分歧并未像无锡如此不可调和。参见周源久《杭州市政府实习总报告》（1934 年 3 月），萧铮主编《民国二十年代中国大陆土地问题资料》，第 76913～76914 页。

经营恒隆福干面行，后曾出任无锡商会会长，兼任同善社、红卍字会会长，是无锡地方有名的绅耆，在地方绅商中有广泛的号召力与影响力。他在无锡城区三下塘一带拥有大量房地产，[①] 因为关切到自身利益，因此带头反对对地价申报。在对待地价申报的态度上，华氏与钱孙卿、杨翰西等人有显著区别：至后期，钱氏等人主张与政府达成先行申报、暂缓征税的妥协；华艺三等人则反对向政府妥协，坚决反对地价申报，力主取消地价申报。因此，当官商达成妥协之际，华艺三领衔出面在上海两大报上刊登广告，公开反对。无锡绅商内部利益主体的多元化，导致地价申报久拖不决。

无锡、南通两地，同时举办城市地价申报，但其进展过程犹如云泥之别。城市地价申报举措之所以在两地出现不同遭遇，除上文所述的人事纷争外，主要原因还在于两地城市土地与地价情形不同。南通城市土地向来亩分不明，房地价值不分，买卖契约上仅载有房地共同价值，土地经界紊乱，产权不定，移转抵押，买卖双方颇感不便，土地业主希望政府整理土地，对地价申报持欢迎态度。但无锡城市房地价值分明，分载契约之上，产权较为明晰，业主对地价申报持冷淡态度。与南通城市每亩地价 152 元相比，无锡每亩地价高达 2000 元，南通业主没有增加巨额地价税的担忧，无锡业主对增加巨额地价税恐惧过甚。此外，无锡城市地价申报面积达14163 亩，相比南通的 7400 余亩，无锡地价申报地域辽阔，人员配备多，经费支出大。[②] 这些都在一定程度增加了无锡地价申报工作开展的难度，使地价申报工作举步维艰。

无锡县地价申报迟至 1935 年初才办理完竣，地价税与土地增值税暂缓征收。至 1937 年，县土地局计划着手征收地价税时，再度遭到绅商的抵制。[③] 1943 年，汪伪江苏省财政厅欲在无锡等七县开征地价税，留守无锡的绅商在赵子新的带领下再次以自治尚未举办，有违总理遗教的理由联合各县绅商呈书反对，迫使财政厅放弃征税计划。[④] 迟至 1947 年，地价税与土地增值税才正式开征。

---

① 李惕平：《昔日的清风茶墅——旧社会无锡绅士的"俱乐部"》，《无锡文史资料》第 13 辑，第 118、124 页。

② 阮荫槐：《无锡之土地整理（二）》，萧铮主编《民国二十年代中国大陆土地问题资料》，第 18195～18200 页。

③ 鲍家驹：《无锡实习调查日记》（1937 年 7 月），萧铮主编《民国二十年代中国大陆土地问题资料》，第 62418 页。

④ 《江苏各地呈请饬令该省省政府缓征地价税的文书》（1943 年 5 月），中国第二历史档案馆藏汪伪政府行政院档案，档案号：2003 - 7261。

四　结语

清末民初，现代税收制度作为西方舶来品被引入中国，政商关系是近代中国实现税收制度现代化进程中必须恰当处理的三种关系之一。[①]　理顺这层关系，不仅政商之间要保持有效的沟通协商，而且双方各自阵营内部要保持适当的统一，从而保证双方达成有效的妥协。但是，在 1934 年无锡地价申报实施过程中，政府与绅商发生严重冲突，加之绅商内部分化，导致官商龃龉不断，纷争经年，迟滞了地价税改革举措的实施。梳理 1934 年地价申报过程中官商之间的博弈过程，可以发现具有以下几个特点。

首先，从双方纷争的原因实质来看，江苏省政府与无锡绅商冲突的本质是国家公共利益与地方利益发生严重对立。江苏省政府推行地价申报，意图开征地价税与土地增值税，触动了无锡绅商的经济利益与权力根基，从而引起绅商强烈反对。按照相关法律，地价申报本应在地方自治实施以后由地方自办。江苏省政府越俎代庖直接举办，在绅商看来这不仅将在经济上压榨商民，而且在政治上有剥夺地方自治权的危险，因此强烈抵制地价申报。另外，无锡绅商内部成员利益多元化，导致地价申报举措一波三折，迟滞了必要的地价改革举措实施的步伐。

其次，从官商在舆论层面使用的论辩话语修辞来看，双方各以法律和社会的合法性话语作为各自论辩的凭据，[②]都企图占领政治与道德上的制高点。无锡地价申报在实践过程中违背了既定的法律程序，以钱孙卿为代表的无锡绅商以法律为依据，驳斥江苏省政府举措违法，反映出此时绅商已具有法律权利意识。他们以一种现代性的纳税国民的法律主体身份向政府据理力争，从而打破了传统"官贵民贱"地位关系的格局，是对现代性官商法律平等地位关系的重构与实践。绅商的抵制，不仅迫使官方修改地价申报相关规定，还迫使官方在舆论层面不断强调实施地价申报的社会效果，有助于社会民生，具有积极的社会意义。官方宣传话语中充满了公平正义的理想主义论调，以此论证地价申报的社会合法性，争取商民对改革的支持与配合。

[①]　另外两种关系：一是传统与现代税制的关系，二是中央与地方的税收关系。参见柯伟明、于广《民国税收史研究中的三种"关系"》，《中国社会经济史研究》2015 年第 4 期。

[②]　这种对法律和社会合法性的争夺在其他税种的征收上也多有表现。参见魏文享《国家税政的民间参与——近代中国所得税开征进程中的官民交涉》，《近代史研究》2015 年第 2 期。

再次，晚清民国时期是中国从传统社会到现代社会的转型期，处在这一转型期的无锡绅商，处理官商纠纷问题的方式，也兼具现代与传统性的特点。从抗争方式看，无锡绅商利用现代化的商会组织集合力量，以现代性的法律知识作为反对依据，依靠现代化的传播媒介——报刊和电报，表达意见。与此同时，绅商又借传统的乡缘关系走政治上层路线，使中央高层向地方政府施压，迫使对方妥协。这种利用传统乡缘情谊攀附权贵高层解决问题的方式，依然不脱传统人治社会的窠臼，表明在当时理性化与制度化的社会问题解决机制的建立依然任重道远。一旦商人过于维护自身私利而不愿做出牺牲，或者政府诛求无度超出商人忍受的最低限度，官商之间的矛盾就有可能持续发生，双方就不得不耗时费力地进行博弈，导致社会矛盾的解决成本高昂，迟滞必要的社会改革进程。

1934 年无锡地价申报事件表明，政府推行新举措，应该统筹兼顾社会与法律的双重合法性，才能取信于民。在执行过程中，要考虑地区差异，慎重决策，广泛听取民意，兼顾多方利益，建立起规范化的社会问题解决机制，才能使执行的政策获得最大化的社会效果。

在政府与教会之间：民国云南的麻风病防治

刘少航[*]

提　要　云南是中国历史上麻风病最严重的流行区之一。近代以来，教会在云南开始推动麻风隔离时遭到地方社会的抵制，传教士创办的麻风隔离机构被迫转移到边境地带，教会为突破受阻的局面转而积极主动地与政府合作。二三十年代大革命风潮中，云南将"铲除麻风"列为"四大要政"之一，开展病患调查，拟定法令，推动隔离机构的建设，教会办理的麻风隔离机构被纳入官方体系中；抗战开始后，云南省政府办理的隔离机构维持乏力，病患逃逸，政府与教会势力之间常有摩擦和冲突；解放战争期间，云南当局主动谋求外国教会的帮助，教会全面接管了麻风救治。近代云南地方政府在与教会的竞争合作过程中，逐步丧失了麻风防治场域的规训主动权。

关键词　麻风病防治　民族主义　殖民医学　民国　云南

19 世纪后期西方医学的发展使麻风病变得可以被准确辨认和掌握，欧美国家因帝国主义扩张和殖民的需要，将麻风病加上了种族的因素，在西方现代医学和帝国主义扩张及殖民主义的共谋之下，麻风病开始披上特殊种族的、落后而不文明的疾病外衣，因此麻风病在中国近代史上具有特殊的社会文化意义。蒙上一层民族主义色彩的麻风病防治问题逐渐受到学界关注，其中以梁其姿的研究为代表。[①] 以往研究认为传教士主导了近代中

---

*　刘少航，中国人民大学清史研究所博士研究生。

①　梁其姿：《麻风隔离与近代中国》，《历史研究》2003 年第 5 期。刘家峰：《福音、医学与政治：近代中国的麻风救治》，《中山大学学报》（社会科学版）2008 年第 4 期。范燕秋：

国的麻风隔离，对政府在麻风病防治上的作为估计不足，忽略了近代中国麻
风病防治事业是在教会（包括具有宗教背景的社会组织）与中国各地方政府
的竞争合作之下进行的。所以，在从整体上评价近代中国麻风病防治时有一
定的局限性。即使有学者认识到近代中国麻风病防治呈现繁芜的数重面相，
但仍以教会发出的声音为研究切入点，并没有实现麻风病防治领域的"众声
喧哗"，也就无从揭示这一问题的复杂性。① 且学者们大都是进行从宏观出
发的定性研究，缺少对各个麻风病严重流行地区防治事业的详细考察，缺
乏近代中国麻风病防治事业从晚清直到 20 世纪 40 年代的连续性记录及其
演变过程，无法呈现近代中国麻风病防治的全面图景。

考察近代中国麻风病的分布情况，广东和云南"麻风之多，为全国之
最"。② 但与广东不同的是，云南省政府不仅在麻风病防治方面取得了不错
的成绩，其相关政策措施也没有因为抗日战争而中断，从而比较完整地展
现了近代中国麻风病防治问题的演变进程。鉴于此，笔者借助于云南省丰
富的档案及其他相关资料，在厘清近代云南麻风病防治问题相关史实的基
础上，对云南省政府与外国传教士基于麻风病防治问题而产生的诸多关系
进行了论述，从而更为深入地考察了近代中国民族主义和殖民医学在公共
卫生领域的博弈历程。

一 传教士与清末民初云南麻风防治的开展

1873 年麻风杆菌被发现后，国际医学界确认了麻风病的传染性，
传教士在世界范围内大力推动麻风隔离运动，并着重在热带地区建立
麻风院。③ 同时，国际医学界的指控，即认为太平洋地区麻风病传播的主

《癞病疗养所与患者身份的建构：日治时代台湾的癞病社会史》，《台湾史研究》（台北）
第 4 期，2008 年。Angela Ki Che Leung, *Leprosy in China: A History*, New York: Columbia
University Press, 2009；中文版《麻风：一种疾病的医疗社会史》，朱慧颖译，商务印书
馆，2013。周东华：《公共领域的慈善、福音与民族主义——以近代杭州麻风病救治为
例》，《社会学研究》2010 年第 3 期。杨璐玮、余新忠：《评梁其姿〈从疠风到麻风：一
种疾病的社会文化史〉》，《历史研究》2012 年第 4 期。

① 周东华：《公共领域的慈善、福音与民族主义——以近代杭州麻风病救治为例》，《社会学
研究》2010 年第 3 期。

② 参见麦雅谷《中国麻风之分布》，《麻风季刊》第 2 期，1933 年；陈邦贤：《中国医学
史》，团结出版社，2005，第 349 页。

③ 在此之前，国际医学界的看法更倾向于麻风病是遗传导致的。按照热带医学的划分，中
国与印度、非洲等同被认为是热带地区。

要疫源与传播者是中国人的说法，也使中国社会开始对麻风防治日益关注。清末民初革命风气浓厚的云南呼应了这一国际潮流，开始了麻风病防治的尝试。

（一）教会麻风防治在滇开展和受阻

近代中国麻风病隔离的发展历程是与国际基本同步的。晚清时期，来华传教士、医生和中国的有识之士，均大力提倡麻风病的隔离，以杜绝传染。此后，麻风院被作为一种科学的防疫手段在中国的一些地方建立起来，并在 20 世纪初期得到了大力推广。在这一波麻风院建立潮流之中，传教士进入云南开始办理麻风隔离。

清末光绪年间，昆明金马寺教堂的法国传教士除传教外，也为麻风病人施药治病。1900 年，中国民众仇教反洋风潮不断高涨，民教矛盾愈趋尖锐，云南爆发了以反对法国驻滇领事为中心的"昆明教案"。金马寺教堂的传教士逃走，教堂建筑被老百姓"焚劫拆毁"，但接受过传教士救助的麻风病人仍然聚居该地。1921 年，传教士在金马寺被毁的教堂原址创办麻风院，医疗设备和药品由英国惠滇医院提供。[①] 由于政府的干预，金马寺教会麻风院只能为病人提供一些生活上的方便，在麻风病医治方面并没有太大作为。

外国教会在云南开展的麻风病防治事业遭到政府和民众的双重抵制后，相关的隔离机构被迫转移到边境地区活动。美国基督教长老会在中缅边境建立了九龙江麻风院，最多时收容病患达到 300 人。该麻风院集治疗、隔离、劳动与宗教等功能于一身，病人接受治疗后开始信教，院中设立教堂"以供癞民灵心上之修养焉"，所以长老会发展的教徒大多是麻风病人。[②] 除了为病患进行定期的强迫性注射治疗外，九龙江麻风院强调病人要参加劳动，有劳动能力的病人被组织起来建造院里的工程，治愈的病人被派去做医生的助理，病患也从事畜养家禽、种植蔬菜等其他劳动。对麻风院来说，这些劳动可以维持院内日常生活，并增加经费来源。九龙江麻风院还放宽了隔离制度，允许病人回家探望，已婚的病人可以住在一起，以此吸引了更多的病人入院治疗。

即便如此，九龙江麻风院仍然遇到了来自政府和士绅的阻力。地方官

---

① 云南省地方志编纂委员会编《云南省志》卷 69《卫生志》，云南人民出版社，2002，第 15 页。

② 葛而脱：《云南九龙麻风院近况》，《麻风季刊》第 5 卷第 3 期，1931 年。

员不仅对其补贴微薄，还对麻风院组织的活动如"自立团""夫妇团"等直接进行干预，甚至当地县长直接下令"严禁癞民结妇，违者枪决"。九龙江麻风院处于边疆民族聚居地区，院内有大半的苗族麻风病患，然而"苗族会长则一无捐助也"。地方当局经常指控九龙江麻风院随意让病人外出，常常以民众不满为借口，非难传教士宽松的政策。①

（二）教会策略调整与云南省政府麻风隔离措施的肇始

国际上把中国人称为"麻风中国佬"，这让中国的政治与医学精英受到极大的刺激，想尽快消灭这个让中国蒙羞的疾病。无论是发动重九起义，还是掀起护国运动和护法运动，云南向来领全国革命风气之先，在消灭麻风病这一"国耻"问题上也不例外，较早地拟定隔离政策并采取隔离措施。

1919 年，唐继尧政府就已经意识到"倘不实行隔离严加防范，小则遗传于一家，大则流毒于社会，卫生前途妨碍滋多"，云南警察厅在昆明金马寺狗饭田筹设了昆明麻风院，与金马寺教会麻风院相邻。② 共收麻风病人 36 名，购买药物大枫子油给重症患者服用。根据传教士的观察，这里"四周有高高的墙垣围着，没有空地可供种植之用，病人每天无所事事，像一所牢监"。③ 1921 年，唐继尧政府虽制定公布了《云南省改订取缔麻风规则》，却因连年军阀战争的消耗，设立麻风院、隔离所的计划"各县多未实力奉行，任听其散居，贻患堪虞"。④

外国教会在滇的麻风病防治事业受阻后调整策略，逐渐倾向于主动谋求与政府合作，政府推行麻风病防治政策不力给了教会活动的空间。他们向当局表达了十分积极的态度："无论其病势之若何沉重，总以可能的力量，施以拯救。"以较为先进的医疗手段进入昆明麻风院救治病人。⑤ 从1927 年开始，传教士每星期去昆明麻风院施行两次注射治疗，经过一段时间的治疗后，病患死亡率骤减，病人心理得到较大的安慰，"昔日群以为无希望者，今则大抱乐观，即前者一切患病之人，切心望有机会，可以逃

---

① 葛而脱：《云南九龙麻风院近况》，《麻风季刊》第 5 卷第 3 期，1931 年。
② 《市政公所关于麻风等问题的简章规则计划指训令来往函件》，昆明市档案馆藏，档案号：32 - 2 - 106。
③ 华僧：《云南府》，《麻风季刊》第 1 卷第 2 期，1927 年。
④ 《市政公所关于麻风等问题的简章规则计划指训令来往函件》，昆明市档案馆藏，档案号：32 - 2 - 106。
⑤ 《惠滇医院华特生医生致张市长论本市麻风调查登记译函》，《昆明市声》第 1 卷第 9 期，1927 年；《张市长复惠滇医院华德生医生函》，《昆明市声》第 1 卷第 9 期，1927 年。

逸，今则安心住院矣"。收容患者增加至 50 人，一时"患者入院情形踊跃，非常切心望治"。①

传教士的活动对云南的麻风防治政策产生了积极的影响。他们建议政府开展麻风病人口调查登记，尔后，当局在全省策划了全面的麻风病人口调查。当然，传教士对云南省政府建立的麻风院颇有微词，将它与教会麻风院比较，认为"前者可以比之于冷酷的慈善，富于道德观念的；后者是基督式的慈善，以同情为主"。②

政府麻风控制的"冷酷"和教会麻风机构的"同情"，正是二者基于不同的目标而做出的选择：政府想要消灭"国耻"；教会则希望托宗教意义来发展教徒。双方的合作基础是不稳固的，合作过程也是貌合神离的。

二　要政：云南省政府主导的强制隔离

清末民初来自国际医学界和传教士的压力，使麻风病防治在南京国民政府成立后越发成为当时中国人表达民族主义情绪的一种诉求，中央政府与地方政府以各种方式积极扑灭麻风，在二三十年代掀起了一股麻风院建造潮流，力图表明中国人是以超越外国人的严格作风来实施麻风隔离的，并且坚信中国精英在处理麻风问题上，有能力做得比传教士更彻底。在某种意义上，麻风问题的处理成效其实已成为中国是否已进入"现代化"的重要指标之一。1928 年，国民政府卫生部在南京举办五省卫生行政会议，议决了两条与麻风有关的法案，即《取缔癞病病人》和《规定设立麻风院办法》。两条法案的主要精神是用强制方式取缔麻风患者的行动自由，"藉以保护社会而杜传染"，同时建设麻风院"以资收容癞者而终其天年"。在中央政府的带动之下，云南省政府采取了更为严厉的措施控制疫情。1933 年，龙云政府开全国之先河，将"铲除麻风"列为云南"四大要政"之一，把近代中国这一重要的民族主义诉求通过施政纲领的形式确定下来，麻风防治在中国第一次拥有了与经济建设、军事建设同等重要的官方地位，已经不单是一个公共卫生层面的问题了。③

---

① 《惠滇医院华特生医生致张市长论本市麻风调查登记译函》，《昆明市声》第 1 卷第 9 期，1927 年；《张市长复惠滇医院华德生医生函》，《昆明市声》第 1 卷第 9 期，1927 年。
② 华僧：《云南府》，《麻风季刊》第 1 卷第 2 期，1927 年。
③ 《云南省府以麻风列入四大要政之一》，《麻风季刊》第 13 卷第 2 期，1939 年，第 28 页。

（一）麻风隔离救治的举措

首先，云南当局为掌握麻风病人群体，着手进行麻风病人口卫生调查。派督导员到全省各地视察麻风病情形，麻风病人群整体的数量和分布越发清晰起来。1933 年，先行调查省城外各县麻风病人数，上报的患者数为 2300 多人。1935 年，除让各县区上报麻风病人数之外，专门派视察员去实地调查，审核后暂定共有麻风病患者 5518 人。1938 年，云南卫生实验处的报告中写道："全省一百二十九区中患麻风病者达九十八区之多，患者共有 6300 人左右。"但由于统计上的困难，调查所得人数仍有缺失，据云南卫生行政负责人、著名医师姚寻源的估计，"加以轻症疑症及潜伏遗漏者当有二万患者"。① 这是近代中国历史上第一次全面的麻风病人口调查统计。经过麻风病人口调查，云南省政府不仅有效掌握了麻风病人这一群体，也引发了社会对麻风病患者的普遍恐惧，而将其被动或主动排除，迫使其逃离社会，最终进入麻风院、隔离所之内。

其次，修改隔离麻风的法令，1934 年颁布《云南取缔麻风办法》及《云南取缔麻风办法补充简则》，制定《云南省各县麻风隔离所组织章程》和《各县麻风隔离所给养管理暂行办法》。麻风病像现代中国国家身体上一个顽固难治的恶疮，当根治的希望遥不可及时，等待着病患的便只是强制的隔离。② 民国云南省政府前后制定的麻风防治法令、规章，大多充满"强制隔离"与"注重卫生"的原则，希望依靠政府的力量取缔麻风，与南京中央政府议决的麻风法案相比，云南省政府的法令更加具体，主要内容如下。③

第一，麻风隔离机构的功能和给养。各县自行筹款设立麻风院或隔离所，用各县仓储借贷所得的部分息谷负担隔离所的经费、病人养济费和口

---

① 《为转令各县市严行取缔麻风病以免传染一案训令民政厅》（1933 年 12 月 27 日），云南省档案馆藏，档案号：1106 - 001 - 00681 - 034；《云南患麻风病者已达九十八区》，《麻风季刊》第 12 卷第 3 期，1938 年；云南省志编纂委员会办公室编《续云南通志长编·中》，云南民族出版社，1986，第 203 页；《云南全省卫生实验处丛书之麻风防治问题》，昆明市档案馆藏，档案号：32 - 2 - 106。

② 当时国际医学界承认无法根治麻风病，因此治疗只能缓解病痛。

③ 《云南取缔麻风办法》，《麻风季刊》第 9 卷第 2 期，1935 年；《云南取缔麻风办法补充简则》，《续云南通志长编·中》，第 184 页；《云南省各县麻风隔离所组织章程》，云南省档案馆藏，档案号：1021 - 3 - 199 - 39；《各县麻风隔离所给养管理暂行办法》，云南省档案馆藏，档案号：1021 - 3 - 199 - 40；邬志坚：《中国西南之麻风》，《麻风季刊》第 13 卷第 3 期，1939 年。

粮；院所兼有麻风情况的调查、预防、研究、传报联络等职责。

第二，麻风隔离机构的公共卫生与管理。隔离机构设在远离城区、远离活水上游的偏僻地点，注重卫生消毒；隔离机构内部的一切严格与社会隔绝，病人的健康家属不准带入同居，严格监视并限制患者会客的时长、地点和内容，隔离机构内的病人一律男女分住，禁止麻风病人结婚，病人的子女同样被要求隔离。

第三，厉行强制隔离。警察对麻风患者负有调查取缔的责任，视其搜捕效果以定奖惩；社区不得隐匿麻风病人。

第四，麻风隔离机构的社区化运行。受教会麻风院影响，为求麻风病人能够安居乐业，隔离机构内设置园圃、工场、俱乐部、阅书室等，根据病人的才能为其分配特定的工作，管理人员带领轻症麻风病人耕种田地或从事手工劳动。

（二）麻风隔离救治的具体实践

在法令规章的指导下，当局推进建设网点式的麻风院、隔离所。自"铲除麻风"列入云南"四大要政"开始，为了不贻误要政，按期完成筹设，各县或于工商杂税之下借垫支用，或动用充公财产，或募捐，或直接摊派百姓，左支右绌，"以完要政"。口粮支出由于各县仓储积谷管理办法多有变更，"故各县麻风患者口粮，亦多借口停发，致隔离所患者多有逃避者"，政府虽曾多次命令各县，对麻风患者口粮应予以切实的筹措，然而"各县因征兵、征实、征购等要政关系，对此多未切实遵办"。[1] 即便如此，至1940年，云南建筑完成麻风隔离所60余处，收容隔离麻风患者近2000人。[2] 而根据后来的统计，当时全国麻风隔离所仅有77处。虽然麻风收容隔离机构的建设颇有成绩，然而带有重要医疗功能的麻风院仅建有3所，即昆明市立麻风院、昆明县麻风病院和昭通麻风院，云南已经是当时全国官办麻风院数量最多的省份。

与此同时，举行麻风病防治科普和创新活动。政府官员及民众都缺乏有关麻风病的常识，对麻风病多有误解，致使民间江湖骗术横行，很多人打着能够治疗麻风病的幌子敛财牟利。1937年，云南卫生行政负责人姚寻源医师将平时从报刊上特别是《麻风季刊》中摘录的麻风病内容，辑录成小册子《麻风防治问题》在社会上发行，做了必要的麻风病知识科普。另

---

① 《续云南通志长编·中》，第203～204页。
② 《续云南通志长编·中》，第204页。

外，在办理麻风防治的过程中，云南省政府已经注意到传教士对强制集中隔离必要性的怀疑，开始探索更为适合的隔离治疗方式。政府提出"必要时可仿菲律宾办法，麻风患者在各村隔离治疗，使其家庭负患者之生活费，而患者亦得时见其家属，如此既可减轻政府负担，患者亦得借以改善其生活，使不致逃避"。① 1939 年，在中华麻风救济会的资助下，姚寻源计划成立农村麻风救济团，聘请麻风病方面的专家作为主任，另包括化验师、看护、佣仆若干人，职责是"训练年轻之麻风工作人员，复派往各县麻风医院服务；组织各村麻风诊疗所；周历乡村从事考察，诊断及治疗麻风病人之工作；灌输民众以麻风常识；详议铲除全省麻风之有效方法"。②

在大规模建造麻风隔离机构的同时，政府将教会麻风院纳入了统一管理体系。1931 年，龙云的军医处长向各方为昆明金马寺教会麻风院募捐，购买大枫子油等治疗麻风的针药。配合本地医师自煎的中药，由三位医师每周前往治疗，捐款用完后经费无着，1934 年停止治疗。办理要政的过程中，昆明金马寺教会麻风院收归政府，改为昆明县麻风病院。③ 政府接纳九龙江长老会麻风院办理麻风防治的活动，前提是在管理方面必须遵照《云南取缔麻风办法》。④

总的来说，"各属地方官，虽免有玩忽要政之处……对于麻风病人之收容隔离医治种种各项，仍须切实继续办理"。⑤ 经过政府数年的努力，云南的麻风控制问题"不无相当成绩"。以中华麻风救济会为代表的社会力量，一贯呼吁中国政府操办麻风防治事业。在中华麻风救济会总干事邬志坚看来，与中央政府毫无进取精神相比，"云南省政府铲除麻风之精神，实深钦佩"，因此给予云南的麻风防治许多资助。当然，这一阶段云南麻风防治也面临着医疗不足的困境，与经费的问题相比，对有经验的医师、护士和专家的需求更加迫切，但是国内顶尖医师并不愿意赴云南的麻风机构服务。⑥

---

① 《续云南通志长编·中》，第 24 页。

② 《在组织中之云南麻风救济团》，《麻风季刊》第 13 卷第 1 期，1939 年。

③ 陈世光、周庆来：《民国时期云南卫生史话》，政协云南省委员会、文史资料委员会编《云南文史资料选辑》第 35 辑，云南人民出版社，1989，第 206 ~ 208 页；郑祖佑：《解放前云南西医药卫生简史》，政协云南省昆明市委员会、文史资料研究委员会编《昆明文史资料选辑》第 8 辑，云南人民出版社，1986，第 1156 ~ 1157 页。

④ 《指令车里县长据呈复调查美国医院收容麻风患者情形并请示各项由》，《云南民政月刊》第 8 期，1934 年。

⑤ 《收禁麻风病人以免流毒的新闻稿》（1943 年 6 月 22 日），云南省档案馆藏，档案号：1011－015－00110－018。

⑥ 邬志坚：《中国西南之麻风》，《麻风季刊》第 13 卷第 3 期，1939 年。

三　流毒于社会：云南省政府麻风隔离能力趋弱

抗日战争全面爆发以后，云南成为国民政府正面战场的大后方以及滇缅战场的最前线，龙云政府集中所有力量到军队进行抗战，"四大要政"全部搁置，"铲除麻风"计划不仅无法继续进行，还遭遇了重大的挫败。

（一）　抗日战争对云南麻风防治事业的直接影响

首先，抗日战争使云南建立麻风防治机构和农村救济团的计划均遭到严重打击。战前在建的 20 多个隔离所多不得不停建，建成的隔离机构惨淡经营，"拟建者，因受抗战影响，多半途而废；已收容者，亦有逃散；未建者更不复论矣"。① 两所准备新建麻风院均因抗战而搁浅：一所是 1940 年由中华麻风救济会资助在昆明建造的新型麻风院；另一所是在大理筹备的麻风院，为该地医师与富商发起建造，也停造于萌芽阶段。② 另外，由姚寻源倡导的麻风救济团和巡回麻风医疗队，沿元江至思茅一带开展教育和医疗工作，因抗战经费困难，仅工作六个月就被迫停办。

其次，抗战开始后，云南省政府控制的粮食统一征调到前线，留给公共卫生等社会事业的储备捉襟见肘，麻风防治机构不得不想办法自筹口粮。1939 年，昆明麻风院因拖欠口粮款而与米商发生纠纷，"迭经争执，案几盈尽"。为了不贻误要政，省政府计划将原属省卫生部门的昆明麻风院交给昆明市政府管理，"纵有困难，亦应逢呈"，希望借此保证院内病人的口粮供应。实际上，市政府也需要节约费用以备抗战，并无可用之粮补给麻风院，双方经过一系列讨价还价后才应允接管麻风院，"全系患者口粮无法维持之故"。此时，麻风防治机构连口粮问题都迟迟无法解决，本就缺失的医疗方面更无从谈起了。③

（二）　政府麻风隔离能力趋弱的表现

第一，口粮缺乏导致病患逃匿。1943 年，昆明麻风院为解决病人口粮供应不足的问题，竟然故意放出病患在市区沿街乞讨，政府也默许了乞讨现象，"警局近在咫尺，未尝一加干涉"。此时的昆明涌入了来自全国各地

---

①　《续云南通志长编·中》，第 204 页。

②　《云南市立麻风院行将动工》，《麻风季刊》第 14 卷第 4 期，1940 年；《蕴酿中之一云南麻风院》，《麻风季刊》第 15 卷第 3 期，1941 年。

③　《防疫麻风案卷 报告、代电、指令、训令之一》，昆明市档案馆藏，档案号：32 - 09 - 98。

的内迁人口和战争难民，已经变成一个人口众多的移民城市，市区的麻风病人不仅有碍市面观瞻，也严重影响了城市公共卫生。麻风病患进入市区后造成社会恐慌，呼吁政府加强隔离的声音屡屡见诸报端："不料近来麻风病人大街小巷随处发现，往来之人，莫不掩鼻目而过。以此有害公共卫生，黍为市民，难安缄默，用敢借贵报一角编幅，揭表呼吁，望负有市卫生之责，注意及之。"① 政府在舆论压力下被迫重申禁令，"严加查办，勿任再行混入市区"。② 警察取缔、逮捕的威胁让流落市区的病人在市面渐少遇见，然而他们并没有回到麻风院，而是逃匿到了乡村地区，"惟在外县地方，迩来日久，每于城市乡村间，常见麻风病者游散乞讨，又将恢复原状"。③ 大量麻风病人到隔离机构之外谋生，表明政府已经无力维持强制的麻风隔离政策了。

第二，以极端手段对待麻风病人。云南省政府为了急于达成"铲除麻风"的目标，屡屡出现极端事件，以暴力手段对付病患，"各县区间有枪杀活埋或迫令自裁之惨举"。对暴力行为的恐惧令民间谣言四起，也令麻风患者不愿意进入隔离所，病人自杀现象普遍，如华宁县有麻风患者得知即将接受查验后，"竟各服毒自戕"。酿出如此不合人道的惨剧，与政府一再标榜的创设隔离所是"保民善政"相违背，于是规定"嗣后如有戕害麻风患者之举，应以戕害普通公民论罪"。④ 然而暴力事件并没有绝迹，1941年洱源县发生"非人道而耻辱之麻风人惨杀案"，地方当局将麻风病人运送到荒山之中并不给予任何给养，"意欲待其自行饿毙于彼处也"，被当地传教士发现之时，许多麻风病人已经饿死。⑤ 这类集体的暴力行为一方面显示了地方社会仇视麻风病人的强烈偏见，但更重要的是反映了当权者在隔离进行不顺利的情况下，急切要铲除麻风这个"国耻"的心态。

第三，麻风防治机构官员严重腐败。1941 年，昆明麻风院的病人向政府控诉时任麻风院长的"十大罪状"。他们陈述道，在艰难时局中本应该"不负政府深仁、不碍国家善政"，不料院长洪博竟然"以马料与病人充饥"，痛斥其"狼心狗肺、图饱私囊、不顾民生"。麻风院长的不法行为包

---

① 《请卫生当局注意麻风病人》，《防疫麻风案卷 报告、代电、指令、训令（1946～1948年）》，昆明市档案馆藏，档案号：32－09－163。

② 《关于禁止麻风病人混入市区之规定》(1943 年)，昆明市档案馆藏，档案号：30－7－71。

③ 《奉令以准参议会咨转令省县各级机关负责认真收容麻风病患者一案呈云南省政府主席卢汉》（1948 年 2 月 28 日），云南省档案馆藏，档案号：1021－3－200－23。

④ 《指令华宁县长呈报麻风患者服毒自戕一案饬详查复由》，《云南民政月刊》第 9 期，1934 年；《省政府通令各属严禁戕害麻风患者一案由》，《云南民政月刊》第 12 期，1934 年。

⑤ 《云南虐待麻风人事件在调查中》，《麻风季刊》第 15 卷第 3 期，1941 年。

括克扣病人口粮私吞私卖，贪污养济费和捐款；扰乱麻风院管理，以亲属充任院内职员，并将院内杂役留家做工；压榨病人，院内杂务全派病人去做，随意处置病人私产和不合理罚款；医药全无、虐待病人，给病患造成了严重的心理影响，甚至只要该院长出现在病患之前，"众病人不敢发一言"。① 这些恶行导致大量的病人饿死或逃跑，隔离机构混乱不堪。国难当头，为保证战时政府的行政效率，国民党在后方一度掀起惩腐肃贪运动，虽有效果，但并不彻底，云南省政府对麻风院长贪腐案的处理也同样如此。卫生行政部门调查后认为，"该洪院长虽有处理不当之处，而该麻风全体患者所呈各条亦未尽属实"，因此一方面劝诫麻风院患者，"务须体念时艰，服从管理，不得借故生事"，另一方面"将该院长记大过一次，并限于一周内发清所欠饷粮"，还检讨了卫生部门督导不力的失职之责。② 政府对贪腐案的查办结果并没有扭转麻风防治机构式微的现实。

（三） 教会与云南省政府在麻风防治场域的冲突

政府麻风隔离能力趋弱给了教会组织极大的生存空间，比如在麻风院长贪腐案中，病人们自述"全赖天主教、耶稣教时时体恤，不然全院俱饿死"，已经显示出教会力量通过物质上的补给渗透争夺政府麻风院的病人，这引起教会与政府关系的紧张，有时甚至引发教会与地方政府的正面冲突。

某依附于外国教会的华人传教士在麻风院传教之时，发动麻风患者向院方提出种种权利上的要求，显然是困境中的麻风院无法满足的。为了阻止教会力量在麻风院的进一步渗透，当局认定此举妨碍了麻风院管理，是对卫生行政妄加干议的行为，病患的要求也被当成"非理请求"，并将矛盾转移到华人传教士身上，称他"本市井无赖，藉名布道，而心怀叵测，对患者施以小惠捏造黑白，挑拨离间，鼓励患者对职院作种种无理请求"。③

这次冲突事件本质上来说是主权之争，云南省政府最担心的是"患者只知有教会而不知有政府"，一旦形成这样的局面，政府将会处于十分被动的境地，其影响不言而喻。但是在国内外形势复杂多变的背景之下，民族主义的主要矛盾已经转移到了抵抗侵略，因此当局在权衡之后处理这一

---

① 《据省会麻风病患者李金贵等控诉省会麻风病院长不法各情一案函请昆明市政府查办》（1941 年 3 月 2 日），云南省档案馆藏，档案号：1011 - 007 - 00177 - 006。

② 《就李金贵等呈报麻风病院长不法一案呈报云南省民政厅备案》（1941 年 6 月 11 日），云南省档案馆藏，档案号：1011 - 007 - 00177 - 014。

③ 《防疫麻风案卷 报告、代电、指令、训令（1946~1948 年）》，昆明市档案馆藏，档案号：32 - 09 - 163。

事件时异常慎重，尽量避免直接指责外国教会，不追究背后的教会势力，淡化麻风院中传教行为的权力色彩，肯定传教行为"俾使患者精神得以寄托，立意良善，不可厚非"，在"明权责而便管理"的原则内，与传教士洽谈停止组织患者抗议政府的行动，并规定他们仅可布道而不得鼓动患者干涉院政。①

四　国体攸关：云南省政府推动教会全面接管麻风防治

抗战胜利后，云南麻风防治事业在抗战艰难时局中暴露出来的种种弊端迎来了改变的契机，于是政府重新努力解决麻风病问题。但此时是以政府主动寻求与外国及本土的教会组织开展必要的合作为主旋律的，恰是此时国际政治的一个缩影。此时当局请教会全面接管了云南麻风救治事项，除了主权之外，其他皆由教会负责，这也成为民国时期云南省政府麻风防治工作最后的努力，是政府与教会合作的回光返照。

（一）　教会全面接管昭通麻风院

1941 年，由政府管理的昭通麻风院就计划与当地一所由国际麻风救济会所办的石门路麻风院合并，由地方政府、传教士纪念医院、中华麻风救济会三方负责。传教士称："自一九四一年起石门麻风院之一切医务工作亦归吾人办理之，现两院合计共有病人百名。本年度内拟推广采用白喉类毒素以治疗麻风之实验。"② 但这一计划并未持续下去。

1948 年，出于"昭通麻风院之病人福利起见"，云南昭通政府与外国教会签订了一个协议，合作管理麻风病院，"麻风院前以经费难维，势时停顿，免麻风病人流散起见，经半年来之权衡乃委托昭通天主堂代为管理"。③ 协议规定：双方在聘用制的基础上长期合作，对教会的聘用期长达 25 年；外国教会作为受聘方管理麻风院并不索取任何报酬，但名义上麻风院仍然是政府的麻风院；外国教会全权管理麻风院的教育、卫生、医疗以及衣食住行等，麻风院所属的耕地及其产出也由外国教会支配，不交任何"杂项摊派"；政府作为聘请方负责提供口粮和外国教会要求的其他费用，并将外

---

① 《防疫麻风案卷　报告、代电、指令、训令（1946～1948 年）》，昆明市档案馆藏，档案号：32 - 09 - 163。

② 《云南基督教麻风院医药事业的合并》，《麻风季刊》第 15 卷第 1 期，1941 年。

③ 《据呈复托管麻风院签字情形一案代电昭通县政府》（1948 年 5 月 12 日），云南省档案馆藏，档案号：1021 - 3 - 200 - 18。

来捐款悉数交给外国教会支配，除了病患触犯中国法律外，不得干涉任何麻风院的管理。可以看出，教会治理的昭通麻风院俨然一个独立王国。

（二）美国援助下的云南麻风防治

第二次世界大战中，由于中国抗战在太平洋战场上的重大贡献，中国国际地位空前提高，与盟国交好，无论战时还是战后都获得了来自美国的大量援助。其中就包括在抗战中具有战略意义的云南麻风防治，由万国麻风救济会（the International Mission to Lepers）承担云南麻风防治的救援计划。

万国麻风救济会总干事爱德君亲自操办麻风院建设事宜，既派出西方医学专家，也送来稀缺的化学药品，从1947年开始与云南省政府齐心协力扩建昆明的省麻风院、设立教养所和麻风病人子女学校。根据双方提出的计划，麻风院要在美国陆军医院的旧址上扩大规模。在这些努力中，省政府强调的要点之一是"要求基督教团体注意以耶稣基督的名义合作"。万国麻风救济会负责麻风院病人的医疗注射，接管麻风院事务。他们对地方政府表示，以基督教麻风病治疗所的名义传教布道，认为"有关本案之一切光荣归于上帝"，政府若同意传教方面的请求，他们愿意遵守云南省政府的医疗行业规定，特别强调麻风病人若可恢复健康并非因为信教。云南当局负责收容隔离患者，给予麻风病人口粮，提供房产建筑，协助万国麻风救济会工作。卢汉政府急于谋求与教会的合作，因为"本省对于麻风防治工作年来因种种原因，系未克积极推进，现既有此机会倘一错过，则本省防治麻风计划未患何时始能实现"。①

教会的治疗渐有成效，减少了麻风患者不少痛苦，请求入院的麻风患者日渐增多。但麻风患者人数的激增带来一系列问题，口粮困难，无房可住。按照双方商讨的计划，扩建后的省麻风院拟收容以滇东、滇中为主的全省病人。政府需要负担的口粮增加数倍，一时无法筹措，但由于"该院系与外国人合办，有关国体"，再加上"常有外邦人士至院参观，观瞻所系，国体攸关"，遂增发口粮。②

日渐增多的麻风患者素质参差不齐，除少数知识分子尚能束身自爱

---

① 《为准国际麻风协会总干事爱德君函嘱由美带来药品及行总分配物资拟由沪空运大队运昆一案呈云南省政府主席卢汉》（1947年5月21日），云南省档案馆藏，档案号：1021 - 3 - 199 - 21。

② 《防疫麻风案卷　报告、代电、指令、训令（1946～1948年）》，昆明市档案馆藏，档案号：32 - 09 - 163；《据田粮会议两处财厅会呈核议昆明市政府拟呈收容麻风病人办法由代电云南省卫生处、昆明市政府》（1947年12月30日），云南省档案馆藏，档案号：1021 - 3 - 199 - 1。

外，其余仅凭院长及若干管理员的精力难以维持，出于严加管理、维持秩序起见，省麻风院成立了病人自治会。宗旨是"养成自治的精神，提高自力更生的警觉，加强各种工作技艺的学习，达成一个有组织、有生产、爱清洁、守纪律的一个健全快乐的团体"。①

1949 年，万国麻风救济会停止对昆明麻风院的援助，所派来的医师先后回国，双方订立的协办合同即行废止。后有中国本土教会愿意继续与政府合作，在万国麻风救济会撤出中国后接手昆明麻风院的工作，承担外国传教士走后遗留下来的治疗工作，并负责供应病人的药品和衣服；政府允许他们在麻风院传教，病人口粮仍由政府供给。云南和平解放后，教会主导的麻风防治事业被强有力的新中国政府模式所取代并取得了彻底的成功。

这一时期云南省政府在麻风防治场域丧失了主导地位，让渡给教会组织除主权外的一切权力，他们的传教请求得到法规保障。病人自治会在麻风隔离机构内实践公民权的举措，完全效仿教会模式，云南的麻风隔离机构全盘教会化。民族主义情绪在此期间的表现，由大革命时期的主导麻风隔离，变成了尽全力配合教会的要求以保全国体。

结 论

教会对麻风病患的兴趣，不完全来自医疗和防疫本身，因为医学传教士也深知当时治愈麻风病是不可能的，其所引起的宗教意义更为重要。麻风病人成为教会改造、接受宗教的目标群体，被隔离的病患远离原来的家庭和社群，为传教士提供了有效的传道环境。外国教会推动的麻风隔离受到中国社会的抵制，是由于教会麻风院过于强调宗教活动，并非单纯进行医疗工作，而且对病人的隔离不够严格。

民族主义者想要的，包括那些支持宗教信仰的社会组织想要的，是一种有效的制度，它能很快治愈麻风病人，在不远的将来消灭中国的麻风病。如果做不到，那么至少可以严格地把病人和健康人区隔开来。民族主义者认为，麻风病是个需要从根本上尽可能有效地并且最好由中国人自己来解决的"国耻"。麻风控制如一个隐喻，与整个民国时期艰难的国家建设过程相联结。在近代中国地方相对自治的背景下，以龙云等军阀为代表

---

① 《防疫麻风案卷 报告、代电、指令、训令（1946～1948 年）》，昆明市档案馆藏，档案号：32－09－163。

的地方政府重视推动辖区的现代化，掌握主动权，能够灵活调整思路与策略，是民国公共卫生运动取得较好成绩的重要保障。这种"地方性模式"不仅体现在云南麻风病的防治上，其他一些地区，如阎锡山治理山西期间的山西鼠疫防治，也践行了这种模式。① 反观民国时期的中央政府，除了南京政府时期有过短期政策酝酿外，几乎在这样一场运动中缺席。

民初云南省政府有意识地推行强制隔离政策，教会为打破受阻的局面转而积极主动谋求与政府的合作。二三十年代大革命中强烈而普遍的民族主义情绪发展到顶点，爆发了一系列激进的反帝国主义、反基督教运动，麻风隔离成为其中重要的诉求。政治精英们开展了新模式的麻风防治运动，但是地方政府缺乏必要的资源来实施和维持这样一个强硬的隔离政策。抗战前后，地方政府不得不妥协，接受传教士的合作请求，但采取只能部分实现其目标的合作办法，政府和传教士分摊责任：政府负责找出麻风病人并把他们送到麻风院，用武力禁锢；传教士则负责管理麻风院，提供治疗。通过这种方式证明政府是政治权力唯一合法的来源，而传教士传播福音的工作是医疗服务之余的副业。

但是，政府与教会的合作从一开始就不稳定，因为是图方便、靠武力，是一种两方不满的妥协，而不是建立在真正的相互信赖基础上。双方强烈地互相怀疑、互相轻视，各有各的图谋，而且经常不可调和。故而整个民国时代，虽然地方政府不可谓不努力，但是国内的麻风病控制仍然成效甚鲜。

---

① 参见曹树基、李玉尚《鼠疫：战争与和平——中国的环境与社会变迁（1230～1960年）》，山东画报出版社，2006，第352页。

沦陷区青年学生的日常生活与民族主义

——以董毅《北平日记》为例

魏　坡[*]

提　要　沦陷区民间社会民族主义的研究应当引入"日常生活史"视角，关注普通人惯常的经历和感受，通过自下而上的方式重新理解、叙述民族主义。董毅日常生活的研究表明，沦陷区青年学生既受到民族主义审视，又以民族主义为信仰。为了承担起家庭的责任，董毅留在北平。他希望充实提高自己，以期为将来国家建设做准备，弥补没有逃离北平而产生的民族主义缺憾。但困窘的是，越发恶劣的沦陷区社会状况使他疲于应付生存之需，不稳定的民族主义力量也让他渐渐沉沦于苦闷或者生活本身。沦陷区民族主义与个人生活既相辅相成又有矛盾，这些构成了沦陷区民族主义的内容，进而也影响了民众对不同政权的认同程度乃至战后的秩序重建。

关键词　沦陷区　日常生活史　民族主义　董毅　《北平日记》

有关沦陷区民间社会民族主义的研究，重视对民族立场的定性分析，一般以"代表"各阶层的个体和群体为案例，考察其在与民族立场相关的历史事件中的表现，进而评判其对敌国持有的立场。[①] 这些研究成果是在细化基础上的定性分析，是对过去爱国与叛国两极简单判断的修正。但应

---

*　魏坡，山东大学历史文化学院博士研究生。

①　主要研究有：江沛《华北"治运"时期群体心态考察：1941～1942》，杨天石、黄道炫编《战时中国的社会与文化》，社会科学文献出版社，2009，第245～278页；张福运《如何评判沦陷时期的南京民间社会——"抗争"与"灰色地带"以外的视角》，《抗日战争研究》2011年第2期；李秉奎《抗战时期沦陷区城市青年的生存与心态——以北平、上海两位青年的日记为例》，《河北学刊》2018年第6期；王春英《统制与合作：中日战争时

当引起注意的是，沦陷区民间社会民族主义不只体现在与异国统治者的反抗、妥协和合作的历史事件中，民族主义是动态发展的，不能视为不变的衡量标准。正如米歇尔·比利格（Michael Billig）的观点，民族主义广泛地渗透进我们日常生活的习惯性言行中，并形塑我们对于自身和世界的理解。同时，在民族成员的日常言行中，民族主义的内容不断更新再生。①而论及沦陷区民众日常生活的研究，如江沛指出，"站在谴责日伪统治残酷性的立场上，国内涉及沦陷区研究的几乎所有论著，除讲述民众生活的困苦外，多以经济掠夺、野蛮统治、'集家并村'、设立无人区、细菌战与化学战、娼业散布、烟馆林立、毒品泛滥、抓捕劳工与慰安妇等为主要内容"。②可以发现，这些内容是沦陷区生活非常态的部分，不能完全代表沦陷区日常生活。对沦陷区民众生活的片面了解，进而影响对其民族主义的认识。因此，在民族主义直接相关的事件之外，也应当探究民族主义的日常生活形式，关注民间社会民族主义与日常生活的互动实态，深化沦陷区民族主义研究。

所谓"日常生活"，学界一直缺乏清晰的概念，它的范围也言人人殊。一般而言，可以将日常生活理解为人类尤其是普通民众惯常的经历和感受。③20世纪70年代中期，作为一种新的史学领域，"日常生活史"在德国兴起，如今已在欧美等地形成独立的学术研究领域，对中国史学界也产生了一定的影响。④"日常生活史"创始人之一阿尔夫·吕德克（Alf Lüdtke）强调，"'日常生活史'这一概念指的是一种观点，而不是一种独特的研究对象"。⑤"日常生活史"学者的共同关怀在于通过观察一般人惯常的日常生活，由下而上对宏大历史重新理解，重新叙述。"日常生活史"

期的上海商人（1937～1945）》，博士学位论文，复旦大学，2009；傅葆石《灰色上海，1937～1945：中国文人的隐退、反抗与合作》（修订版），张霖译，三联书店，2012；卜正民《秩序的沦陷：抗战初期的江南五城》，潘敏译，商务印书馆，2015；铃木将久《"对日文化合作者"之声——以陶晶孙为中心》，高纲博文编《战时上海：1937～1945》，陈祖恩等译，上海远东出版社，2016，第241～261页；等等。

①　Michael Billig, *Banal Nationalism* (London：Sage, 1995), pp. 6-9；并参考沈松侨《中国的一日，一日的中国——1930年代的日常生活叙事与国族想象》，台北《新史学》第20卷第1期，2009年3月。

②　江沛：《抗战史研究"三调"》，《抗日战争研究》2016年第2期。

③　李金铮：《众生相：民国日常生活史研究》，《安徽史学》2015年第3期。

④　关于海外和台湾地区日常生活史研究的学术脉络，参见常建华《他山之石：国外和台湾地区日常生活史研究的启示》，《安徽史学》2015年第1期。

⑤　斯特凡·约尔丹主编《历史科学基本概念辞典》，孟钟捷译，北京大学出版社，2012，第1页。

提醒我们重新思考过去习以为常的研究方式。从"日常生活史"的视角，沦陷区民间社会民族主义的问题就变成民众如何在日常生活中经验或者感受民族主义，以及民族主义的内容是如何在日常生活中变化的。换言之，民族主义成为被"历史化"的分析对象，而不是衡量沦陷区民众行动的不变标准。

　　基于此，本文将以"日常生活史"的方法，探讨沦陷区民间社会的民族主义。本文使用的主要材料是董毅的《北平日记》。[①] 董毅出身于仕宦家庭，1938～1942 年就读于辅仁大学国文系，毕业后任职于伪中国联合准备银行。目前已出版的《北平日记》共计 150 余万字，时间从 1939 年到 1943 年，乃是北平沦陷时期。日记主要记述了董毅的家庭和学校生活、人际交往、娱乐休闲、心路历程等，反映了一个青年学生在沦陷区的日常生活。在日记中，可以发现董毅民族主义的内容是在具体的、变化的、充满权力斗争的沦陷区日常生活中建构和更新的，如离开与留守的爱国评判标准、个体自我期许与现实的矛盾、日伪政府施加的民族主义影响、愈发恶劣的经济生活等。需要强调的是，个体的经历难以代表群体乃至整个民间社会的经历。但从个体身上我们可以看到某些对评价一个社会十分重要的信息，也就是特定社会对一般个人的自我发展和成熟所提供的可能性。因此本文并不力求根据个体日常生活的研究，以小见大地解决沦陷区民间社会民族主义的定性问题，而试图转换视角利用董毅的《北平日记》，从日常生活的视角，探讨小人物在具体的历史背景中对民族主义的感受、体验以及采取的行动，进而由下而上重新理解并叙述沦陷区民间社会的民族主义，并借由本文粗浅的讨论，希望对于日常生活史在中国史研究中的应用有所启示。[②]

一　去留之间

　　抗日战争胜利后，在极端的言论中，沦陷区青年被分为七大派：挺进派、左倾派、丧心派、堕落派、苦闷派、等待派、避难派。其中，挺进派青年勇敢坚定地逃离沦陷区，他们奔向后方，积极从事着抗战建国的事业，这些青年是人们称赞的爱国者。而其余六派留在沦陷区，无论其对日

---

①　王金昌整理《北平日记》，人民出版社，2015。

②　关于"日常生活史"在中国近代史研究中的应用与存在问题，参见连玲玲《典范抑或危机？——"日常生活"在中国近代史研究的应用及其问题》，台北《新史学》第 17 卷第 4 期，2006 年 12 月。

立场如何，均被认为是病态，给国家带来巨大的不良影响。① 甚至，有人认为留在沦陷区的青年皆是汉奸。② 这样的爱国评判苛责极端，但也表明逃离或留在沦陷区的民族主义意义。逃离与留守成为沦陷区青年首先面临的爱国抉择。

根据卢沟桥事变前后的学生数量统计可知，1937 年 5 月北平学生共 78632 人，到 1937 年 11 月减少到 62862 人。③ 主要原因是学生随校内迁以及避免敌国奴役的逃离。此后，学生奔赴内地和大后方的行动也从未停止。④ 但仍有大量学生因为各种原因留在北平，尤其是北平本地学生大多留了下来。⑤ 外地学生至少有家乡可以回，而北平本地学生有家人的牵绊，又不知道离开北平去哪里才可以立足，加上逃出北平的危险和经费问题，使他们更难做出离开北平的决定。一位苏州青年指出逃离沦陷区带来的共同问题："第一：哪里来这么多的盘费？第二：出来了叫我到什么地方去？第三：即使吃了千辛万苦，到了大后方，人地生疏，怎能满足？第四：真正要是走的话，这一家老小和几间破屋又怎么办？"⑥

在董毅看来，北平是个沉闷的地方，"寂静得有逐渐接近于死的危险"。虽然看似"外表洞天福地"能够维持安稳的生活，但沦陷区的生活使人堕落，"有点血性的青年都应明白，认清了自己是在一种什么环境下去生活！"⑦ 相较而言，他认为"南方"⑧ "国民性到底强的多"。⑨ "去南方"就意味着免遭异国奴役，能增长见识，磨炼品质，寻找新鲜的、不确定的生活。因此，早在 1939 年，董毅已经有了"去南方"的想法。然而，董毅同样面临着那位苏州青年的困境，"第一样经济是不允许我走，第二样尤其重要的，母亲没有人照顾，弟妹们都很小，父亲既老且病，所以我

---

① 阎幼新：《青年指导：八年来沦陷的知识青年》，《文教论坛》第 1 卷第 1 期，1945 年，第 23～24 页。

② 杨诗厚：《沦陷区的青年为什么不到后方去？他们是汉奸吗？》，《学生周刊》第 3 期，1945 年，第 10 页。

③ 《芦沟桥事变前后之统计变异》，北京市档案馆藏民国档案，档案号：ZQ012/002/00276。

④ 张振鹍：《抗日战争中沦陷区青年学生投奔大后方的回归》，《抗日战争研究》2008 年第 3 期。

⑤ 《战争与回忆口述史料之刘良惠》，中国传媒大学崔永元口述历史研究中心藏，2009。

⑥ 《青年信箱：沦陷区青年向何处去》，重庆《中国青年》第 2 卷第 4 期，1940 年，第 90 页。

⑦ 王金昌整理《北平日记》，1941 年 10 月 15 日，第 954 页。

⑧ 王金昌整理《北平日记》中多次出现"南方"的表述。这不是如今区域的表述，对于董毅而言，"南方"更多指涉的是没有日本人统治的中国领土。所以"去南方"便意味着免遭日本人奴役。

⑨ 王金昌整理《北平日记》，1941 年 9 月 22 日，第 933 页。

为了父亲的病即便暂时也得留在家中"。① 而董毅父亲董元亮在 1939 年 4 月 21 日去世后，家境衰败，此后又与同父异母的大哥、二姐分家，作为新家庭长子，他需要照顾多病的母亲，抚养尚小的弟妹，肩负维持家庭在沦陷区生活的重任，"去南方"便意味着逃避照顾家庭的责任。②

即使具备了"去南方"的条件，能否在"南方"立足也是问题。董毅主要是从阅读报刊和与亲友聊天两个途径认识的"南方"。在沦陷区报刊中，"南方"被日伪丑化，董毅能了解的几乎都是负面消息。他也从亲友那听到"南方"种种腐败情形，去过"南方"的朋友告诉他，"那边真正的好处亦少"。③ 董毅在沦陷区了解的"南方"有日伪虚假报道的成分，但不可否认的是，对于沦陷区青年而言，现实的"南方"并不是那么美好。虽然后方报刊宣传，对于来自沦陷区的学生，"绝对不能像普通难民一样的看待他们，社会和政府应缜密的给予保护，学校应尽量的容纳他们借读，这是储备国家生力的一部重要的工作"。④ 国民政府也确实为来自战区的学生设立了各种救济机构、内迁或设置临时学校以及提供贷金。⑤ 但在实际救济方面却存在诸多不足，致使有些沦陷区青年千辛万苦奔向后方时，不仅没有得到应有的援助，反而受到了来自后方的阻挠，最终不得不含泪重返沦陷区。⑥ 而且，逃离沦陷区本身就是一件十分危险的事情。在北平有传闻，在去大后方的路上，到日本人的封锁线上，如果被发现是逃往大后方的学生，就要就地枪决。⑦ 对于每一个想逃到后方的青年学生来说，这都是一个巨大的心理挑战。随着生存压力的加剧，知道后方不好、逃亡风险大的消息更多，董毅渐渐质疑"去南方"的意义。

二　另一种爱国

抗日战争期间，爱国与抗日直接关联。因为留在北平，难以参加抗日，学生们大多感觉到一种爱国的缺憾。不过，董毅认为，不能离开北平直接参加抗日不意味着不爱国，他试图化解留在北平与爱国之间的矛盾。

① 王金昌整理《北平日记》，1939 年 3 月 12 日，第 41～42 页。
② 王金昌整理《北平日记》，1939 年 4 月 21 日、11 月 19 日，第 65、250 页。
③ 王金昌整理《北平日记》，1943 年 11 月 23 日，第 1615 页。
④ 杨叔荪：《怎样救济战区的学生》，汉口《抗战》第 1 期，1937 年，第 11 页。
⑤ 参见黄伟《抗战时期国民政府对战区学生失学救济研究》，《历史教学（下半月刊）》2016 年第 12 期。
⑥ 林山：《卷头语：抢救沦陷区青年》，浙江《新青年》第 8 卷第 3 期，1943 年，第 3 页。
⑦ 《战争与回忆口述史料之杨哲民》，中国传媒大学崔永元口述历史研究中心藏，2011。

他指出，"因家庭环境所迫，不能脱身"，"无愧于一中国之民"，况且，"南方"政治也是腐败的。"爱国之方式亦有种种不同"，留在北平，"尽量利用些时间，努力充实自己"，为将来国家的建设做准备也是一种爱国方式。① 这样的想法无疑受到同样留在沦陷区的辅仁大学校长陈垣的支持，他经常教育学生，"不能离开沦陷区仍应当读书，学科学，积蓄力量，等待时机，以报国家"。②

战时，蒋介石国民党政府虽然褒扬青年学生参军和从事前线援助，但也强调学生应当努力学习为肩负建国重任做准备。③ 虽然这种期盼与董毅充实自己的追求相通，但主要是对后方青年学生提出的。在蒋介石国民党政府看来，沦陷区的青年学生必然受到奴化教育，所以政府首先希望学生们避免学校教育的奴化影响，更希望青年学生有组织或单独地行动起来，与国民党军队配合，使沦陷区成为敌人不可解脱的桎梏。④ 以蒋介石国民党政府的民族主义标准要求沦陷区的青年学生，很少人能完全符合。在一定程度上抵制日伪奴化教育能够实现，例如董毅就读的具有德国天主教背景的辅仁大学，由德国人出面，与日伪政府周旋，经过多次协商，文理各科课程仍用原有教材，不用日文课本，不悬挂日本国旗，日文不作为必修课程。⑤ 在战后，这所大学的毕业生也无须教育甄审，⑥ 说明辅仁大学的学生受奴化教育的影响较少。然而，在沦陷区社会的激烈反抗以及配合国民党军队的行动都是要冒极大风险的，不符合沦陷区生活的实际情形。蒋介石国民党政府对沦陷区青年学生有民族主义标准，沦陷区青年学生也有符合他们实际情形的民族主义逻辑和标准，也认为自己以种种方式在为国家奋斗。⑦

充实自己成为一种爱国方式。留守北平的日常生活就可以纳入这种爱国叙述中，沦陷区生活的每个内容都有可能因此被赋予更高的意义。作为学生，董毅视自己为将来国家有用之人，专业学习也就是充实自己的最主

---

① 王金昌整理《北平日记》，1943 年 1 月 14 日，第 1504 页。

② 北京师范大学校史编写组编《北京师范大学校史（1902 年~1982 年）》，北京师范大学出版社，1982，第 239 页。

③ 陈立夫：《告全国学生书》，汉口《教育通讯》创刊号（1938 年 3 月），第 16~17 页。

④ 蒋中正：《当代文献：八一三三周年纪念告沦陷区同胞书》，《时代精神》第 3 卷第 2 期，1940 年，第 132 页。

⑤ 《北京师范大学校史（1902 年~1982 年）》，第 236 页。

⑥ 《北平市政府关于天津工商学院抗战期中毕业生免予甄审的训令和该府人事处关于辅仁、中国大学在伪组织后期毕业生不经甄审也可采取的函以及北平郁文大学无核准之毕业生其学历不予承认的训令》（1947 年 3~11 月），北京市档案馆馆藏北京市特别市教育局档案，档案号：J004/001/01261。

⑦ 沈韵：《沦陷后北平学生生活》，《读书通讯》第 47 期，1942 年，第 11~13 页。

要方式。初入大学时，董毅有远大的目标，他想成为一个文学家，写出伟大的著作，他要求自己多看书，多写作，还要"身临其事，至社会亲自观察"。① 当亲友认为"文科无出路"劝告他转专业时，② 他反驳说，"平日生活记账写信以及国家，大家，公牍，书籍，报纸等等无往而不需要国文"。③ 可见，董毅的专业学习有着国家关怀。

写日记也是董毅充实自己的重要方式。他坚持每天写日记，认为坚持日记书写不仅能修身养性，也能提高写作水平。他效法古人通过日记记录读书心得、分析思考周遭人事，以图裨益于身心。④ 董毅的日记很少出现流水账的书写模式，身边发生的事情、接触的人、阅读的书、看的电影以及个人心境等，他都力图加以描述并进行思考。此外，写日记也可以"训练记事写作的技能"。⑤ 董毅每天认真写日记，文字也越来越优美，体现出不断锤炼的痕迹，具有较高的可读性。

电影是董毅的"唯一嗜好"，⑥ 他也能发现其对于提升自己的作用。董毅认为看电影带来的好处很多。"可以享受到世界流行的名曲"，"可以练习听英文"，"多知道许多科学常识，世界新闻，体育运动，又可不花一文而坐着旅行世界名胜各地"，"历史片助你加强记忆历史事件，文艺教育片、社会伦理片，教导人以良好行为道德观念"。他也常常在电影中受到贡献国家的鼓励，在看过《孤儿乐园》后，他被佛纳根神父的高尚品质感动，并立愿"我将来有力，亦将为中国孤儿办一乐园！"⑦ 看完《乱世忠臣》，他说："我国男儿实应多看此种片子，以激励志气，启发爱国思想。"⑧

其实，董毅"另一种爱国"的表述看起来有些牵强，也不是日记的主要内容。他常常透露出一层紧张，一方面自知留在沦陷区的生活很难与爱国相关联；⑨ 另一方面反复强调他的爱国追求，将日常生活纳入民族主义的叙述中，使其成为一种爱国方式。可见，抗日战争期间民族主义思想的影响十分深刻。抗日战争中的青年学生无法摆脱民族主义的检视，而民族

---

① 王金昌整理《北平日记》，1939 年 10 月 6 日，第 198 页。
② 王金昌整理《北平日记》，1939 年 12 月 26 日，第 291 页。
③ 王金昌整理《北平日记》，1940 年 9 月 10 日，第 575 页。
④ 王金昌整理《北平日记》，1939 年 6 月 25 日，第 114 页。
⑤ 王金昌整理《北平日记》，1941 年 4 月 10 日，第 774 页。
⑥ 王金昌整理《北平日记》，1941 年 2 月 20 日，第 729 页。
⑦ 王金昌整理《北平日记》，1939 年 10 月 11 日，第 204 页。
⑧ 王金昌整理《北平日记》，1941 年 5 月 19 日，第 817 页。
⑨ 王金昌整理《北平日记》，1942 年 8 月 10 日，第 1312 页。

主义本身也成为他们检视周遭的标准。国家是神圣的，爱国行为是值得人们尊敬的，那么董毅在沦陷区的生活就应当尽量合乎爱国的行为。因此，董毅将民族主义与他的日常生活联系在一起，构建起沦陷区生活的意义。这样的联系似乎缺乏足够的说服力，以表明其爱国情怀。但不可否认的是，民族主义的理想标准确实微妙地改变着一些日常生活内容，反过来，具体的日常生活又不断更新了民族主义的内容。

三　自我期许的幻灭

随着侵华战争的推进，日军加紧了掠夺沦陷区的步伐，北平民众生活日趋艰难。北京大学教授郑天挺之女郑晏回忆，日军占领初期，北平还屯有大量物资，物价稳定，粮食充足，"生活与过去没有太大变化"。但随着日军加紧掠夺，1939 年北平发生粮荒，日伪政府开始执行粮食的配给制度。1942 年华北出现大饥荒，配给的粮食也不能保证，北平市民挣扎于饥饿线上，民生维艰。① 物资匮乏继而引起物价飞涨。以 1936 年的北平工人生活费指数和货币购买力为 100 作基准，1937 年工人的生活费指数和货币购买力分别为 113.9 和 87.7；1938 年分别为 147.9 和 67.7；到了 1941 年 9 月，生活费指数达到 396.7，货币购买力减少至 24.6。② 而这仅是生活成本飞速上涨的开始，1943 年 3 月，北平的批发物价指数已经达到了 1211.56。③ 受物资匮乏和物价飞涨影响，北平人口死亡率从 1942 年的 1.62% 上升至 1943 年的 2.1%，出生率也从 1.13% 降到 0.9%，此后两年出生率分别为 0.55% 和 0.67%。④ 维持生存成为民众首要的追求。1939 年末回顾展望之时，董毅还期待，"末一日矣，我只希望坏运气都随一九三九年走了，而随一九四〇年带来愉快和光明，给我们的国家和我的家庭！"⑤ 到 1942 年，董毅对于未来已经很消极，他在新年第一天的日记中写道："去年过去的日子中，赶到这个大动乱的时代，哪里敢说有什么希

---

① 郑晏口述，黄培整理《郑天挺 95 岁女儿口述：父亲在西南联大，我们在北平》，澎湃新闻网，https：//www.thepaper.cn/newsDetail_forward_1968104，最后访问日期：2019 年 3 月 4 日。

② 《北京工人生活费指数》，《中外经济统计汇报》第 4 卷第 5 期，1941 年，第 101 页。

③ 《中国各都市批发物价及生活费指数表》，上海《中国经济》第 1 卷第 1 期，1943 年，第 63 页。

④ 《表四：北平市人口出生与死亡（1937～1946）》，《北平市政统计手册》（1947 年），第 14 页。

⑤ 王金昌整理《北平日记》，1939 年 12 月 31 日，第 294 页。

望"，"能够安生，有饭吃过日子便是幸福的事呢！"① 然而，"有饭吃"也都成为困难的事，粮价高昂，还经常无处买，"天天粮食即成问题"。② 面临着艰难的社会环境和沉重的家庭责任，董毅的沦陷区生活不得不围绕着生存而努力。

艰难且无定数的现实状况让董毅疲于应付生存之需，对自己的发展心灰意懒，不知作何努力。虽然他时常提醒自己，大学生理应沉下心读书，但面对现实的处境，他没法做到。③ 最后只能承认"自己不是个做学问的人"，大学教育也就只是定位在"求得点国学上的知识，在个人的喜好上，多看些近于近代的作品"。④ 毕业临近，董毅更关心大学教育的实用性。他要维持家庭生计，常常感到"将来的重担与暗影，总是不时袭上我的心头"。⑤ 有了现实的压力，董毅怀疑以前的想法，常常反问自己："现在大学教育，所能给我们的特殊技能，谋生的办法，在那里，是什么？可有把握准保大学毕业生，一定能立足于社会？"⑥ 作为国文系的学生，需要阅读大量的古书，他抱怨："对于现在所念的书，尤其是前代所遗的古书，我真不明白念它，研究它对我们现在生活各方面有多少功用！？"⑦ 在学习过程中，董毅不断思考大学所学的东西对于步入社会的作用，他始终处在一种即将面临苦难现实的紧张中，不知自己能否立足社会，并维持家庭生活。

青年的修身、学习追求在"充满苦闷""无聊至极"的沦陷区日常生活中消磨殆尽。这是董毅书写日记的典型情境与模式。当结束了一天让人身心俱疲的活动后，董毅伏案书写，从早到晚发生的事情、交往的人、看过的书刊，他都毫不含糊地写入日记。当他发现日常生活几乎都是让人苦闷的，写至末尾总结一天的生活时，也只能无可奈何地用"无聊""愁苦"等词评价。书写日记越来越发挥着宣泄情绪的作用，虽然他知道"充满了无聊，愁苦，烦恼，苦闷……形容词都写出来，还要加一倍的坏心境"，但是，"牢骚在日记本上以后，心头方觉稍舒展一些"。⑧ 这样的写作模式日复一日，董毅已沉浸在日记的"无聊""愁苦"循环中，无法摆脱。书

---

① 王金昌整理《北平日记》，1942 年 1 月 1 日，第 1039 页。
② 王金昌整理《北平日记》，1942 年 8 月 29 日，第 1334 页。
③ 王金昌整理《北平日记》，1941 年 12 月 1 日，第 1004 页。
④ 王金昌整理《北平日记》，1941 年 2 月 25 日，第 733 页。
⑤ 王金昌整理《北平日记》，1941 年 12 月 31 日，第 1056 页。
⑥ 王金昌整理《北平日记》，1941 年 3 月 6 日，第 739 页。
⑦ 王金昌整理《北平日记》，1941 年 2 月 25 日，第 732 页。
⑧ 王金昌整理《北平日记》，1939 年 10 月 30 日，第 223～224 页。

写日记已经背离了充实、提高自己的期许。

观影活动也表明董毅处于空虚迷茫的生活状态。董毅拣出一年所看并留存下来的电影报就有数十张，"每年约在看电影方面用去数十元之多呢！"[1] 在日记中，几乎每周都会有一次看电影的记述，可见董毅观影频繁。频繁的观影活动一方面印证了董毅对于电影的喜好，另一方面也表现了沦陷区生活的迷茫、空虚。实际上，董毅也试图借观看电影逃避"连日闲散"又不能"沉下心去看书"的困境，但看完电影，也只是感受到"一刹时娱乐！真如影般过去完了！"[2]

况且，日本军国主义政权一向重视电影的宣传鼓动作用。通过电影检查，控制电影的制作、发行和放映，是日本对华电影侵略政策中的重要环节之一。[3] 能在北平各大影院上映的电影很难是反映中国民众的反抗意识、独立精神和民族感情的，多服务于日本的侵略宣传。沦陷区电影的放映，在潜移默化中软化了中国民众的独立精神，宣传了侵华的正当性。以在北平上映的《民族的祭典》为例，这是关于 1936 年柏林奥运会的纪录片，得到希特勒全力支持，被认为试图以歌颂躯体之美以及运动的威力来宣扬纳粹精神。在这次奥运会上日本取得好成绩，董毅在观影后兴奋地说："日本能与欧美各国一争雄长，且争得许多第一，也为东亚黄种人吐一口气。"然而"我国众选手抱了个大〇回来，也是给我们一个教训，"接着他总结道，"我国体育普遍发展的情形是不如欧美各国，即友邦亦不如，看看日本突飞猛进之惊人，它之强盛亦自有其强盛之主因，人家长处，亦尽可取来借镜参考"。[4] 董毅将"强盛"的日本视为为东亚黄种人争得荣誉的友邦、中国学习的对象，电影作为一种宣传鼓动工具起到了效果。后来，即使董毅渐渐认清了日本人的意图，对于电影中的宣传画、标语和相声等方式宣传治安强化运动的行为，他意识到，"宣传方法种种全用，令之深入民间及青年学生心中，用意实是可怕之至"。[5] 但他无法摆脱身在沦陷区的现实，也无法改变他认为的通过观影能增长见识和振奋精神，其实增长的是经过筛选为日本服务的见识和精神。观影活动的现实反映了沦陷区奴化教育的实际情形，奴化教育的密网无处不在，想完全摆脱不受一点影响，难以实现。

---

[1]　王金昌整理《北平日记》，1941 年 1 月 8 日，第 685 页。
[2]　王金昌整理《北平日记》，1941 年 12 月 1 日，第 1004 页。
[3]　参见汪朝光《抗战时期沦陷区的电影检查》，《抗日战争研究》2002 年第 1 期。
[4]　王金昌整理《北平日记》，1941 年 2 月 25 日，第 733 页。
[5]　王金昌整理《北平日记》，1942 年 12 月 9 日，第 1466 页。

四　结语

回归到充满多种对抗、困扰和道德不确定的沦陷区民众的日常生活中，我们才能深入理解他们的民族主义的内容和背景。作为青年学生，董毅希望通过大学教育、书写日记、观影阅读等日常生活的内容实现一个青年的发展，并想着有一天能"去南方"，免遭异国奴役并为国效力。但是，家庭的责任、动荡的政局让他不能远行"南方"，也难以给予他发展的空间。此外，在侵略者的奴化政策下，董毅的日常生活时刻处在侵略者新的民族话语笼罩下。在沦陷区的报纸里，沦陷区之外的中国政权以及与日本对立的国家劣迹累累。即使董毅明白沦陷区报纸奴化民众的作用，但难的是在持续不断的宣传中不受一点儿影响。在奴化宣传与现实背景下，他渐渐减弱了"去南方"的热情。他虽然不完全认同三表兄的说法，南北同，政治社会无一不腐败黑暗，真醒悟者是身受痛苦之烈的华北民众，是"光荣之避难者"。但也认同了留在北平沦陷区并非不爱国的表现。如此，他能做的便只能是充实自己、等待早日和平，而和平又岂是等待就可来的呢？他十分坦诚地说："中国人多缺乏'干'的心志！"① 当充实自己的追求被沦陷区社会现实击毁，和平又遥遥无期时，心灰意冷的董毅只好面对现实，解决家庭困难和个人前途以及追求自己的爱情。② 可见，董毅的民族主义的内容很难用某个准确的词定性。

费孝通认为，中华民族作为一个自在的民族实体是在几千年的历史过程中形成的，而作为一个自觉的民族实体则是在近百年来中国和西方列强对抗中出现的。③ 尤其在九一八事变以后，日益严重的民族危机激发了人们的民族认同感和民族责任感。民族主义观念已经深深地存在于大多数民众心中，尤其对于作为知识分子的青年学生，民族主义更是成为类似信仰的存在。④ 董毅在逃离或者留在北平的民族主义抉择中，选择了后者，进而也丧失了许多民族主义的情感力量。留在沦陷区不能为国家做贡献让他常常觉得良心不安。他想表现得像一个合格的爱国者，为了再次获得

---

① 王金昌整理《北平日记》，1943 年 10 月 31 日，第 1592 页。

② 王金昌整理《北平日记》，1942 年 8 月 10 日，第 1312 页。

③ 费孝通：《中华民族的多元一体格局》，费孝通等：《中华民族多元一体格局》，中央民族学院出版社，1989，第 1 页。

④ 有关民族主义与情感和信念关联的讨论，参见本尼迪克特·安德森《想象的共同体——民族主义的起源与散布》（增订版），吴叡人译，上海人民出版社，2016，第 244 ~ 254 页。

民族主义的情感力量，董毅自觉地参与到了自己建立的民族主义仪式中。他将日常生活建造成实现爱国主义的场域，通过学习、写日记、观影等日常生活的内容实现充实提高自己的目的，进而为将来国家建设做准备。但如果考究这种民族主义的成色，可以发现，这种信仰的力量是不稳定的。当面对生活时，董毅考量更多的是生活本身，包括个人发展、家庭生活、娱乐休闲、婚恋爱情等。民族主义的大我与个人生活的小我相辅相成，同时也存在冲突矛盾，这些构成了沦陷区民间社会民族主义的内容。

值得注意的还有，民众的沦陷区生活经历影响其对不同政权的认同程度。从沦陷区民众的角度，民族主义的对外表现是对敌国奴役的反应，对内表现必然包含了对国内不同政权的认同与否。战时的民族主义突出表现在对外的反应上，战争一旦结束，民众对不同政权的认同就成为民族主义的中心问题。而实际上，民众的沦陷区生活经历已经影响到他们对于不同政权的认同。董毅分析国内外政权后，颇为气愤地说："宁可受中国人欺压，不甘为异国驱使！"[1] 这句话表明对于汪伪政权和蒋介石的国民党政府，董毅都没有好感。他想离开北平也不是因为对蒋介石的国民党政府的认同，而只是为了摆脱敌国奴役。之所以有这样的认识，来自后方的国民党政府将之归结于日伪奴化教育的影响，而忽略了在更为丰富的沦陷区日常生活中寻找原因。造成的结果是，在抗日战争胜利后，以国家政权正统自居的国民党政府，粗暴地接收了北平，并以他们的民族主义标准甄审改造沦陷区民众。而对民众沦陷区生活经历以及带来的认同影响却毫不留意，更不用说，国民党政府提高民众生活水平，加强其政府认同的工作了。正如钱穆的观察，"其实抗战八年，留在沦陷区者，惶恐困厄，与逃避后方等，初无大异。及胜利回都，沦陷区乃如被征服地，再教育之呼声，甚嚣尘上，使沦陷区人民心滋不安"。[2] 民众的惨痛经历不得理解，战后的生活愈加恶劣，这些境遇无疑加剧了沦陷区民众对国民党政府的不满，进而掀起各种反抗运动。就此而论，民众的沦陷区生活经历以及战后遭遇如何影响对不同政权的认同，亦应进入研究者的关注视野。

专家荐语：

近年来，虽然抗战时期沦陷区研究逐渐引起学界关注，尤其是沦

---

① 王金昌整理《北平日记》，1943 年 1 月 14 日，第 1504 页。
② 钱穆：《八十忆双亲师友杂忆》，三联书店，2005，第 262 页。

陷区民族主义成为学界探讨的热门话题，但是总体看来，学界对沦陷区民族主义的定性研究较多，而对民族主义的演变及其日常生活的互动关系关注不够。该文以沦陷时期北平大学生董毅的日常生活为分析对象，充分利用、解读董毅的日记，并结合口述史料、档案、报刊等资料，深度解读其内心世界，从日常生活史视角探讨民族主义的演进，深化了沦陷区民族主义的研究。

推荐专家：山东大学历史文化学院教授徐畅

倔强的少数：西洋文学系与学衡派
在东南大学的聚散

牛 力*

提 要 东南大学西洋文学系是中国近代大学设立的第一个西洋文学系。该系的创设，为学衡派汇聚东南学府、发展"理想志业"提供了重要的学科平台。但学衡派倡导的人文主义和人格教育，与东南大学注重实验主义和实利教育的办学取向不无矛盾，在校园主导性的文化氛围和权力格局中，学衡派实为"少数倔强不驯之分子"。在这种分歧和对立的情势下，西洋文学系和英文系陷入经年不休的缠斗，系科间的矛盾和人事上的纠葛持续发酵，终导致西洋文学系被归并。西洋文学系的裁撤使学衡同人先后出走，风流云散，并加剧了学衡派和学校当局的对立，使他们成为校内外倡言校务改进的重要力量。

关键词 西洋文学系 学衡派 东南大学

学衡派是中国近代思想史上的一个重要派别，它的兴起和衰落与东南大学关系密切。从 1922 年 1 月《学衡》创刊于南京，到 1924 年夏杂志随吴宓北上，虽历时仅两年有余，却被认为是学衡派最具创造性和影响力的全盛时期。学衡派在东南大学的因缘聚散，也因此为当时人和后来者津津乐道。作为杂志总编辑的吴宓，在离宁之际曾充满不舍和惆怅。他在诗中写道："骨肉亲朋各异方，别离此日已心伤。江南未许长为客，塞北缘何似故乡。逼仄乾坤行道地，萧条生事载书箱。依依回首台城柳，辛苦三年

* 牛力，南京大学校史研究室副研究员。

遗恨长。"①

　　既往学界对于学衡派的研究，多注重于思想观念层面，强调《学衡》及其代表人物的学术思想和文化主张，以及由此引发的南北论争。至于学衡同人在东南大学的境遇，则因材料缺乏较少着墨。由于忽视了校园内外环境的影响，难以在校园文化和权力结构中来审视学衡派的聚与散。② 学衡派骨干分子刘伯明、梅光迪、吴宓、柳诒徵和胡先骕等人均为东大教授，1921 年 11 月东大新设的西洋文学系，其教育理念与学衡派的文化主张相契合，该系诸教授（梅光迪、吴宓、楼光来和李思纯）均为学衡社友，可视为学衡派在东大依托的学科平台。1924 年西洋文学系被裁撤后，梅、吴、楼、李等人风流云散，直接造成学衡派的衰落。西洋文学系在东大的境遇，正是学衡同人在东大校内生存环境的呈现。

　　吴宓将西洋文学系的裁撤视为东南大学"崩坏"的重要一环，并直言该系裁撤是校内派系斗争的结果。尤其是西洋文学系和英文系之间多年的新仇旧恨，当时已成水火之势。③ 但对于这段痛史，因资料的限制和后人的讳莫如深，常难言其详。学者对于西洋文学系的研究多趋于学科史研究的取向。④ 虽亦论及西洋文学系和英文系之间的人事矛盾和理念分歧，但仍未能明晰其间的发展脉络和运作过程，也无法从学衡派所面临的境遇来理解西洋文学系昙花一现般的兴与废。

　　西洋文学系的兴废不是学科发展起伏的正常态，而是校内不同力量争夺校园场域权势的产物，也是对东大整体性校园权力和文化结构的反映。西洋文学系为何率先得以成立？成立后又面临怎样的境遇和抉择？西洋文学系和英文系矛盾和争执的焦点何在？学衡同人在其中发挥了怎样的作用，最终又如何引发了在学校层面的系科兴废？缘于西洋文学系的兴废，伴随着学衡派在东南大学的聚散，因此引发的系科之争，以及所呈现的人

---

① 《吴宓日记》第 2 册，三联书店，1998，第 265～266 页。

② 其中具有代表性的研究有：沈松侨《学衡派与五四时期的反新文化运动》，《台湾大学文史丛刊》1984 年；沈卫威《学衡派谱系：历史与叙事》，江西教育出版社，2007；高恒文《东南大学与学衡派》，广西师范大学出版社，2002；王晴佳《白璧德与"学衡派"——一个学术文化史的比较研究》，朱庆葆、孙江主编《新学衡》第 1 辑，南京大学出版社，2016；李怡《论"学衡派"与五四新文学运动》，《中国社会科学》1998 年第 6 期。

③ 《吴宓自编年谱》，三联书店，1995，第 253 页。

④ 这方面代表性的研究主要有：傅宏星《近代中国大学西洋文学系的创立与人文理想考识——以东南大学西洋文学系为中心（1922～1924）》，《华中师范大学学报》（人文社会科学版）2015 年第 4 期；黄君艳、刘正伟《新人文主义古典教育在近代中国——以东南大学西洋文学系为中心的考察》，《中国高等教育评论》第 9 卷，2008 年第 1 期。

事纠葛和理念冲突，其间历程均需从置身的大学环境和细微的人事脉络来进行深入考察，在具体的历史语境中呈现学衡派的思想主张，理解他们在东大所面临的机遇、困境和抉择，以及大学校园整体性学风的走向。

一 缘起东南：西洋文学系的创设

1921 年成立的东南大学系由南京高师改设而来。东大成立前，南京高师设有文史地部、数理化部和六个专修科（农业、商业、英文、体育、工艺和教育）。作为一所以"培养师范学校和中学校教员"为宗旨的高等师范，南高在五四后"乃有一重大之变迁"，即以选课分系之制为枢纽，"各科学程增设尤多且专，益寖成大学之规模"。①

南京高师的英文专修科，以教授英文、培养英文教员为主旨，课程中很少涉及文学内容。② 文史地部教员向楚、王伯沆、柳诒徵等人均专研国文，西洋文学并无专人。从培养中学英文教员的需要看，也无须多设西洋文学课程。但随着高等师范向旨在探究高深学术的大学转变，尤其是五四后倡言西洋学理的环境中，对西洋文学的探究和教授成为一种迫切需要。1920 年初，南高校长郭秉文写信给胡适和蒋梦麟，请为文史地部介绍一位"精通中西文学者为教授"。③ 该年秋天，梅光迪辞去南开英文系主任，赴南高教授西洋文学。在 1920 学年，他在南高开设的课程有散文概论、今世英文、十九世纪英文学等。同年，毕业于美国西北大学的哲学博士刘伯明出任南高文史地部主任，他为该部提出的宗旨为："培养融贯中西学术之人才……使学者以西洋眼光及方法，观察及研究吾国固有学问。不泥于古，不迷于新。"④ 这一主张与高等师范培养中学教员的目标已迥然不同。

梅、刘二人曾同学于西北大学，多年交谊，志同道合。据梅光迪追忆，1920 年他转赴南高，正缘于刘伯明的力邀。刘在南高身居文史地部主任和校长办公室副主任的高位，梅氏乃"今后决以此校为聚集同志知友，发展理想事业之地"。⑤ 所谓的理想事业，即宣扬其人文主义主张，以纠正国内风起云涌的新文化和新文学潮流。梅光迪之所以选择南高为发展志业

① 陈训慈：《南高小史》，《国风》第 7 卷第 2 期，1935 年。
② 《英文专修科科目》（日期不详），中国第二历史档案馆藏国立中央大学档案（以下简称中央大学档案），档案号：648-70（全宗号-卷宗号，下同）。
③ 《郭秉文致胡适、蒋梦麟函》（1920 年 1 月 27 日），中央大学档案，档案号：648-46。
④ 《文史地部概况》（1919 年度），中央大学档案，档案号：648-24。
⑤ 《吴宓自编年谱》，第 214 页。

的根据地，与刘伯明在该校倡导"融贯中西学术"的办学旨趣不无关系。当时的南高文史地部，经江谦、柳诒徵、王伯沆、刘伯明等人多年耕耘，逐渐形成注重本国文化的学术传统，与当时北方竞言新文化、新文学多有不同。1917 年 10 月，南高成立了国文研究会，以研究本国文字和文学为宗旨，柳诒徵和向楚均为该会指导员。到 1918 年，国文研究会会员达 85 人之多。① 1920 年 10 月，该会以"国文"二字界域过狭，更名为文学研究会，当年会员达 130 余人。10 月 15 日，文学研究会召开第一次常会，邀请梅光迪演讲《文学研究之方法》；11 月 2 日举行第二次常会，请刘伯明演讲《文学之定义及范围》。这些都为学衡派在南高的滋长准备了适宜的环境。1920 年秋，梅光迪与中华书局约定，拟编撰《学衡》杂志，以为阐扬文化主张、发展学术事业的媒介平台。1921 年，梅光迪向学校举荐其哈佛旧友吴宓和楼光来来南高任教。在写给吴宓的信中，梅光迪说他将提议在即将成立的东南大学内增设西洋文学系，以为独立自主发展志业的根据地。

1921 年秋新成立的东南大学分文理、农、工、商和教育五科，其中文理科由文史地部、数理化部和英文专修科合组而来。该年 8 月，吴宓归国后在上海与梅光迪重逢，方知梅光迪与英文专修科主任张士一意见不合，芥蒂颇深。"张聘留美学生多人，授初步粗浅之英文，而给以巨薪。梅之文学课程，张虽不加干涉，然梅欲荐举某某，添聘文学教员，则张多方阻难，使不得成立。"梅光迪为实现其理想，乃"决多集同志，各受微薪，先到此校任职，势力既厚，然后提议专设西洋文学一部，独立，而不隶于英文部之下。如是，则自操用人行政之权，并专有定款，归我拨付，则遇事始可不受张君之诅难。而文学课程，乃得增广焉"。② 按照梅光迪的计划，一个经费、行政独立的西洋文学系将是同人施展抱负不可或缺的平台。吴宓在归国前曾与北京高师订有合同，月薪 300 元。后因梅光迪的吸引，最终接受南高月薪 160 元的聘约。梅谋划的"独立自主"的西洋文学系，是吸引吴宓的一个重要因素。

东大文理科下设英文系，在 1921 年秋，吴、梅二人均为该系教授。10 月 25 日，东大教授会召开第一次会议，二人联名提出了《增设西洋文学系意见书》，经讨论后议决通过。11 月 2 日，东大评议会通过了增设西洋

---

① 《南京高等师范学校国文研究会简章》，《南京高等师范学校国文汇刊》第 1 期，出版时间不详。

② 《吴宓日记》第 2 册，第 226 页。

文学系的提案。① 11 月 9 日，郭秉文任命梅光迪为西洋文学系主任。在此前草拟的《增设西洋文学系意见书》中，吴、梅二人历数成立西洋文学系在学理上和事实上的"六大利"，其中之一即系科和课程得"有所依归"。吴、梅指出，近年来所授西洋文学课程并不限于英国文学，此前多列入文史地部。东大成立后，以系为学科之单位，有国文系、英文系之类，旧有之文史地部已不成为单位，则西洋文学课程将"无所附属，乏系可归"。②

西洋文学系的设立，是梅光迪长期谋划的结果。但之所以能在教授会、评议会顺利通过，与时任东大文理科主任兼行政委员会副主任刘伯明的支持不无关系。以二人的交谊和志趣来看，刘伯明对此计划当早知悉。11 月 2 日主持评议会的会议主席正是刘伯明。会上，张士一曾提出西洋文学系独立后两系学程和经费分配的问题，刘伯明当即指出，会议先讨论西洋文学系应添设与否，以免节外生枝。③ 此后不久，生物系主任秉志曾援引西洋文学系例，提出将该系分为动物和植物两系，在评议会便遭到抵制，秉志认为这是人多势众的文理科在其中作祟所致。④ 系科的增设，是校务管理的大事，不仅体现办学的宗旨和定位，而且涉及具体的人事和经费。如果缺乏刘伯明的鼎力支持，西洋文学系能否顺利成立亦未可知。所以，梅光迪认为在学衡派中，"伯明为之魁"。吴宓也认为，刘伯明是东南大学"唯一懂得文学并喜欢我们的重要人物"。

西洋文学系的设立，为梅光迪、吴宓等人发展理想志业提供了一个重要的学科平台。培养学生，支配经费，聘任教员，开设课程，都将享有"独立自主"的权力。就职东大后，吴宓便"屡函在美诸友，促其来此"，其中包括在哈佛读书的汤用彤和楼光来。1921 年 12 月，吴宓得知汤用彤欲就聘清华时，写信给刘伯明请速聘汤来东大任教。他在信中说："窃意若重实利，常人必赴清华。惟为友谊及吾侪志业计，则汤君当以来此为宜。尊意既决聘汤君，可否即请从速直接函达汤君，寄出合同正式聘定。"⑤ 汤、楼二人先后于 1922 年和 1923 年来到东大。在西洋文学系内，梅、吴二人深得学生认可。不仅高师二、三年级学生多选修该系课程，在1922 年秋季，仅英文系就有一半以上学生转学西洋文学系。1921 年 8 月，

① 《东南大学第二次评议会记录》(1921 年 11 月 2 日)，中央大学档案，档案号：648 – 514。
② 梅光迪、吴宓：《增设西洋文学系意见书》(1921 年 10 月)，中央大学档案，档案号：648 – 315。
③ 《东南大学第二次评议会记录》(1921 年 11 月 2 日)，中央大学档案，档案号：648 – 514。
④ 《邹秉文等致郭秉文函》(1922 年 1 月 17 日)，中央大学档案，档案号：648 – 312。
⑤ 《吴宓致刘伯明函》(1921 年 12 月 14 日)，中央大学档案，档案号：648 – 327。

梅光迪曾向吴宓说，自己在校内"深得所教之学生之尊崇信服，故南京师校学生，鲜有附从'新文化'者"。吴宓也认为，"梅君雅自矜重，不妄谈讲，不轻作文，故成绩虽少，外人鲜知，而亲炙之生徒，则固结深信而不疑焉"。① 1923 年 5 月，西洋文学系学生 19 人联名挽留梅光迪时称："梅师去留，于学生前途影响极巨。按吾国通西洋文学者，虽不乏其人，第求如梅师之精纯者，实难其选。"② 由此足见梅光迪在该系学生中的影响。清华学子梁实秋在 1923 年南下调查国内外国文学教学情况，在东大旁听吴宓讲授法国文学，"滔滔不绝，娓娓动听，如走珠，如数家珍"，③ 回校后盛赞东大学风之醇美。吴宓在自述中也称："是故宓常谓'1921—1924 三年中，为宓一生最精勤之时期'者。不仅以宓编撰之《学衡》杂志能每月按定期出版，亦以宓在东南大学之教课，积极预备，多读书，充实内容，使所讲恒有精彩。且每年增开新课程，如《欧洲文学史》等，故声誉鹊起也。"④

从当时国内文学和文化发展潮流来看，西洋文学系的设立可谓生逢其时。吴宓后来说西洋文学系的成功，在于当时"自新文化运动之起，国内人士竞谈'新文学'，而真能确实讲述《西洋文学》之内容与实质者绝少。故梅君与宓等，在此三数年间，谈说新文学，乃甚合时机者也"。⑤ 缘于西洋文学系的设立，一批怀抱着相似理想志业的学者汇聚东南大学，并形成一股新锐的学术力量。1922 年 1 月《学衡》杂志创刊，学衡派的崛起正是南高、东大校内多年孕育涵养的结果。

二　"少数倔强不驯之分子"

但如果认为学衡派在东大深受重视或地位显要，那就有些一厢情愿了。《学衡》的创办和运行，不论是在经费上还是在条件上都没有得到东大校方的支持，而更多是学衡同人个人的志业。熟悉内情的李思纯就曾指出："该杂志（即《学衡》——引者注）与东大在事实方面无关系，则可断言。"⑥ 西洋文学系虽经成立，但在学校资源的分配上得到的支持很有

---

① 《吴宓日记》第 2 册，第 227 页。当时"学业成绩为全班之冠"的女生李今英，与梅光迪相爱，最终二人喜结伉俪。
② 《西洋文学系全体同学致郭秉文函》（1923 年 5 月 30 日），中央大学档案，档案号：648 - 374。
③ 梁实秋：《南游杂感》，《清华周刊》第 280 期，1923 年 5 月 4 日。
④ 《吴宓自编年谱》，第 224 页。
⑤ 《吴宓自编年谱》，第 222 页。
⑥ 李思纯：《评东南大学及其校长问题》，《民国日报·觉醒》第 3 卷第 10 期，1925 年。

限，步履维艰。

1921 年西洋文学系成立时因处学期之中，无独立预算。在该学年"除教员薪金照常领得外，他项费用一筹莫展。情形之拮据，较他系殆倍焉"。① 虽有刘伯明在行政上的支持，也无助于改变经费困窘的局面。1922 年 2 月，西洋文学系拟聘助理一人，因"经费支出月有所亏"而不可得。后所聘助理杨前海只能作为临时雇员，月薪 10 元也是从高师文史地部1920 年度盈余项下开支。在 1922 学年西洋文学系拥有"独立自主"的行政和经费权后，该系仍面临着巨大的经费压力。当时的大学经费，重点用于教员薪金支出，没有经费即意味着无法增聘教授。在 1921 学年和 1922 学年，西洋文学系教员只有梅光迪和吴宓两人。校内关于西洋文学的图书更是匮乏，吴宓不仅要到同城的金陵大学图书馆借书，还将私人藏书供系内学生作参考之用，以致该系学生抱怨"参考无书，教授乏人，课程缺少，生等今日在校不能得高深之学问"。② 1922 年 10 月，西洋文学系学生召开全体大会，并致函郭秉文提出添购图书、增聘教授等要求。10 月 26日，梅光迪遵郭秉文面嘱，提出了该系 1922 学年总额为 17540 元的经费计划，其中图书费 6000 元，教职员薪金 11040 元（包括教授 4 人、助教 2人）。③ 但这一预算因学校经济支绌未能执行。至于 1923 学年预算，"除法文教员薪金由公共经费项下开支不计外，其本系现有教员薪金 5520 元，再加各方凑足购书费 1000 元，列入本系预算，由会计部逐月开支"。④ 全年6000 余元的预算，和梅光迪的期望有很大差距。

在东南大学，经费的分配是校内各方博弈的结果，而最终决定权操诸校长之手。如何与校长周旋，争取更多的经费支持，是对科系主任的重要考验。系科间为争取办学资源而经年不止地争斗，也是东大发展中的一大特点。在 1921 年东大成立之际，英文系便提出了聘请教员 30 余人的庞大计划，该年农科校内提出的预算竟然高达百万元。而事实上，校长郭秉文认为，当年整个大学预算应以 80 万元为限，各科如此"浮夸"的预算，根本无法上报呈部，只是一种校内争取资源的手段。1924 年初接替刘伯明

① 《梅光迪致郭秉文函》（1922 年 10 月 26 日），中央大学档案，档案号：648 - 374。
② 《西洋文学系全体同学致郭秉文函》（1922 年 10 月），中央大学档案，档案号：648 - 374。
③ 《梅光迪致郭秉文函》（1922 年 10 月 26 日），中央大学档案，档案号：648 - 374。
④ 《校长办公室通知西洋文学系经费办法》（1923 年 6 月 9 日），中央大学档案，档案号：648 - 374。此处的法文教员，即指该年度聘请的李思纯，而该年聘请的楼光来薪金并不在西洋文学系支领，而是在英文系。

出任行政委员会副主任的任鸿隽，对于东大校内"各科争斗的神气"印象深刻，并将系科之争视为 1925 年东大易长风潮的重要原因。① 梅光迪作为西洋文学系主任，性格清高，"雅自矜重"，显然无力也无意与校方周旋争取。

更为重要的是思想观念上的分歧。论者多强调五四前后南北的新旧对立和论争，以及学衡派所倡导的人文主义和胡适等人倡导的实验主义的区别。其实在东南大学内部，这种对立表现得更为直接、尖锐。学衡派倡导的人文主义，源于 20 世纪初白璧德（Irving Babbitt）的思想主张。新人文主义突出道德人格的重要性，认为教育不仅是为了追求纯粹的知识，而且有其道德目的。这种注重人格养成，培养"全面的人"的教育思想也是学衡派较为一致的主张。吴宓把人文主义定义为个人之修养与完善，要使学生成为有"渊博之学问，深邃之思想，卓越之识见，奇特之志节"的全面的人。刘伯明认为："一切教育俱应从人性之全部着想，教育目的在学为人。凡学为人，必使人性中所具之本能，俱有发展之机会。"② 因此，他反对狭隘的职业主义和商业化的教育，主张教育要致力于个人之感化和精神之涵养，根蒂深固则枝叶自茂。学衡派另一位代表人物柳诒徵，以人伦道德为中国文化之要素，强调人格教育的重要意义，批评"奉考据校勘片文只字之书为中国无上之学，而于圣哲所言大经大法反视若无睹"。柳诒徵认为，中国传统最重教育，"讲教育而不本之中国古义，徒执欧美近事以为法，洵所谓弃家鸡而宝野鹜矣"。③

在中国近代大学史上，南京高师和东南大学是倡行新教育的重镇，也是模仿美式大学制度的代表。在教育宗旨上，当时流行的科学主义强调实验、考证，为科学而科学，为知识而知识。具体在校务管理上，郭秉文以事功、效率为导向的实用主义办学取向强调大学与社会的关联，大学为社会服务。这与学衡派追求文化守成和人文主义的教育观存在显著不同。在办学上，南京高师在文史地部和数理化部之外，广设各类专修科。东南大学在文理科外，设有农、工、商和教育等科，在全国教育界都是绝无仅有，体现了将学科设置"切合实用"的办学主张。正如郭秉文在 1915 年所言："夫教育不切于实用，则凡教授、训练、管理等，必不能深合于社会之需要。"④ 1917 年，黄炎培、袁希涛等江苏教育领袖倡导成立中华职

①　张奚若：《东大风潮的辨正》，《现代评论》第 1 卷第 26 期，1925 年。
②　刘伯明：《论学风》，《学衡》第 16 期，1923 年 4 月。
③　柳诒徵：《教育之最高权》，《学衡》第 28 期，1924 年 4 月。
④　郭秉文：《中国现今教育问题之一：职业之引导》，《东方杂志》第 12 卷第 1 期，1915 年。

业教育社，在当时影响很大，即重视教育在职业养成中的作用。与之相适应，东南大学与当时的社会实际需要相结合，采取了"依托东南"的发展模式，大学的知识生产和人才培育都紧密服务于社会和政府的需要。这种实用主义使以郭秉文为代表的学校管理层与督军、政要、资本家多有交往，也因此常陷入人格备受指责的困境。

李思纯在当时就指出，学衡派的主保守、讲国故，不过是彼辈个人的思想主张，与东大在"实利主义""商人式"教育家的指挥下的学风相去甚远。体现在办学上，与社会经济发展密切相关的农科、商科和教育科通过与政府和社会机关的合作，可以得到更多的支持，发展引人瞩目。以农科为例，农业专修科在 1917 年成立时只有教员 2 人，职员 2 人，经费数千元；到 1922 年，该科聘用教授增至 26 人，职员 56 人，学校经临两费近 10 万元，另有官厅及社会之赞助经费 74000 元。[①] 在 1921 年 3 月，郭秉文和黄炎培就曾谈及农科经，"邹君秉文及同志诸君苦力擘画，规模日渐扩充，其进取精神所及，有使吾国农业根本上普遍改革之势，前途似有无穷希望"。[②] 农科主任邹秉文在 1921 年初写给校长郭秉文的信中也曾直言"文理科为一大杂碎店。农科则不然"，并力言将生物系列入农科，而勿要归入文理科内。[③] 曾任东南大学教育科主任的陶行知在写给郭秉文的信中也认为，若"将东南大学的成绩向国内外报告，农科、商科最有关系"。[④] 在东南大学的文化氛围中，讲求基础学理的文理科，都被不无鄙夷地称为"杂碎店"，旨在探究西方古典文化和文学的西洋文学系就显得不合时宜了。西洋文学系的惨淡经营，体现出其在校园系科结构和文化氛围中的处境。

正如白璧德代表的新人文主义在当时美国学界处于边缘地位一样，作为其东方信徒的学衡派在中国教育界同样置身于一种非主流的境遇，即使在以持重保守著称的东南大学，亦是如此。在 1932 年的回忆中，梅光迪便一针见血地指出，当时东大校内的学衡派不过是"少数倔强不驯之分子"的集合体。梅的说法正凸显了学衡派与作为主流的东大师生群体之间的隔阂。对于其间的差异，学衡同人当时便有敏锐的省察。梅光迪在谈到校内教育主张之争时说，当时在校内，文理科注重人文及纯粹科学训练，所谓为学问而学问，不求急切实用；而农工商各科则旨在造成专门职业人才，

---

① 《国立东南大学农科六年间概况》，1923 年 5 月印行，第 4 页。
② 《郭秉文致黄炎培函》（1921 年 3 月 11 日），中央大学档案，档案号：648-64。
③ 《邹秉文致郭秉文函》（1921 年 1 月 15 日），中央大学档案，档案号：648-304。
④ 《陶行知致郭秉文函》（1922 年 11 月 2 日），中央大学档案，档案号：648-476。

其精神大有区别；"故两派之争论时起"。① 身居高位的刘伯明深悉文理科教育的意义，但因"各科须同样看待，以避偏袒本科之嫌"，常常左右为难，身处矛盾和痛苦之中。即使如此，刘伯明在《学衡》上公开批评商业原理应用于教育之为害，并认为狭隘的职业主义是对人文教育的扭曲。这一批评显然与当时强调职业养成的教育氛围并不一致。② 农科教授胡先骕对郭秉文"事业家"的办学方式亦能表示同情，但在内心深处仍不认同其为教育家，根本就在于他认为郭秉文对于人文主义理念缺乏真正的理解，"缺大学校长之度，无教育家之目光，但以成功为目的"。③ 李思纯对于学衡派与东大主流氛围的差异有着深刻体认，他在 1925 年说："所谓西洋文学者，虽为国民表现最高精神之学科，虽为讲求原理原则之文理科所必备，徒以'商人式'之教育家，其心目中惟有实利之见，其视为赘疣固宜。"④ 柳诒徵更是认为由西方移植的现代教育制度是"弃家鸡而宝野鹜"，亟亟以复兴传统人伦道德相倡导。他在 1922 年便批评说，办学堂者以舞弊赚钱为通例，毫无人格之可言，而"偶有一二不通时务、不知其故者从而非之"，必被斥为"书呆子之议论"。⑤ 柳诒徵笔下的"书呆子"，系为"孔子延其不绝如缕之血胤"的少数人，这些人"修身洁己、言行相顾"，与"其他得志于社会、握权于国家者"正相对应。⑥ 也可说是学衡同人在东南大学处境的自嘲。吴宓在 1924 年西洋文学系将被解散时说："经此变后，与吾人同心同德之士，几于悉行驱逐，而此校只余科学实业家之教员，与市侩小人之执政（指校务）者而已。"⑦吴宓的言论虽过激，但对于其间的分歧和对立表达得可谓是旗帜鲜明。

在这种局面下，学衡派在东大校内处于一种颇为尴尬的境地。一方面，他们是东南大学最具学术创新能力的一个群体，"教者热忱，学者踊跃"，在学生中颇有影响。但另一方面，在东南大学以事功和效益为主导的办学理念下，学衡派的思想主张在校内处于相对边缘的地位。学衡派与作为执掌校务的校方之间存在隔阂，乃至对立。柳诒徵对办学者的批评尤其强调了学校对于人格教育的忽视，甚至办学者本身毫无人格可言，教育

---

① 梅光迪：《九年后之回忆》，《国风》第 9 号，1932 年 11 月。
② 刘伯明：《论学风》，《学衡》第 16 期，1923 年 4 月。
③ 胡先骕：《东南大学与政党》，《东南论衡》第 1 卷第 1 期，1926 年。
④ 李思纯：《评东南大学及其校长问题》，《民国日报·觉醒》第 3 卷第 10 期，1925 年。
⑤ 柳诒徵：《论今日之办学者》，《学衡》第 9 期，1922 年 9 月。
⑥ 柳诒徵：《论中国近世之病源》，《学衡》第 3 期，1922 年 3 月。
⑦ 吴学昭整理《吴宓书信集》，三联书店，2011，第 94 页。

沦为商业性的渔利。王晴佳曾强调，学衡派在批评对手时往往言辞激烈，攻击性强，做法也较为偏激。学衡派的批评不仅是针对北方的新文化派，也直接指向东大校内的同僚，这种尖锐的批评无疑给自身的生存带来了压力。学衡派对人格教育的强调，在东南大学整体的文化氛围中显得曲高和寡，甚至不合时宜。梅光迪所谓的"少数倔强不驯之分子"和柳诒徵笔下的"书呆子"，都是这种境遇的体现。具体到校务管理上，人事上的纠葛和系科间的争斗在所难免。作为学衡派大本营的西洋文学系被置于风口浪尖之上，英文系和西洋文学系之间的新仇旧怨得以持续发酵，并终至决裂。

三   "从头恩怨说牛李"

早在 1921 年东大成立之前，张士一和梅光迪之间便已芥蒂颇深。这一矛盾在西洋文学系成立之后有增无减。从学科设置上看，南高英文专修科和东大英文系均以培养中等学校、师范学校英文教员为目标，注重英语语言能力的教授。新设的西洋文学系则是梅光迪、吴宓等人倡导新人文主义的根据地，重点放在研究西方古典文学和文化思想上。这也常被解释为语言和文学的分野。[①] 此外，英文系还承担着全校基础英文的教学任务，课程不可或缺且任务繁重，但鲜有显示度的学术成果。在当时新旧文学论争的时代潮流下，英文系所开课程对于学生缺乏吸引力，在教师中也不受重视。

与梅光迪、吴宓等西洋留学生的光鲜形象不同，英文系教员多为与南高、东大一同成长的旧人。1915 年南京高师开办之时，张士一便是学校唯一的英文教员。张在民初江苏教育界有着很广的人脉关系，[②] 也是南京高师选派公费留学（1917）的首位教员。1919 年，郭秉文因开办英文专修科乏人主持，请张士一中断留学，先行回国主持科务，可见张与郭的交谊，以及他在南京高师的地位。因此，当梅、吴等人来校创办西洋文学系，师生争相以研习西洋文学相标榜之时，对于张士一等英文科旧人无疑是一种打击。1921 年 11 月西洋文学系成立之际，张士一便向学校提出辞去英文

① 傅宏星：《近代中国大学西洋文学系的创立与人文理想考识——以东南大学西洋文学系为中心（1922~1924）》，《华中师范大学学报》（人文社会科学版）2015 年第 4 期。

② 早在 1914 年 5 月，张士一就加入了当时江苏极具权势的团体江苏省教育会，并任评议员。1915 年 9 月，江苏省巡按使委托江苏省教育会筹设体育传习所，该会干事会便公推张士一为主任。见《江苏省教育会年鉴》第 1 期，"大事记"，1916 年，第 8 页。

系主任职务，在校方多次慰留下方作罢论。

1922 年 3 月，英文科学生因不满于本科师资状况，联名致函郭秉文请为该科选聘英美良师。信中称："各科竞谋发展，不遗余力，设备既求完备，人才又竭力罗致。本科立于同等地位，最鲜生气，宜请英美教授以振作精神。"[1] 从师资构成看，英文科在 1922 年前后有张士一、林天兰、夏之时、崔有濂、龚质彬、林承鹄、李玛丽、丁文彪和陆步青等教员，虽然也多有留学背景，但对于西方文化和文学了解不深。[2] 他们与吴、梅在教育经历和学术造诣上难以同日而语，在师生中也高下立判。就在学生不满于该科师资之际，张士一却在力谋设立英文函授部的计划，面向社会推广英文教育，这与学生力主提高程度、探究高深学术的取向显然背道而驰。该年 4 月，又发生了学生因不满教学与教员丁文彪的冲突，刘伯明在处理此事时，采取了遵从学生意愿的态度，[3] 这也让张士一欲辩无言。在 1922 年夏天，终于酿成了一场转科风波。

1922 年 6 月，根据规定，原有英文系学生可以自由选择留在英文系或转入西洋文学系。结果，学生请求转入西洋文学系者"人数全班之半"。9 月开学，又有多名英文系学生请求转系。9 月 21 日，张士一写信给郭秉文，以"如此多数学生任意变迁，大足以损害以后学生之精神，破坏全系事业之发展"，[4] 乃经英文系教授会议决不准再转。女生张佩英坚请转入西洋文学系，并向校方声言，其转科是因为"对于英文专修科功课不甚满意"。[5] 最终，学校站在学生的立场上批准了转科，这让原本就芥蒂颇深的两系更添新怨。身心疲惫的张士一在 1922 年夏天大病一场，并两次以健康为由请辞主任职务。

郭秉文与张士一有多年私谊，他也深知张对于稳定英文科教员的重要性。而英文科担负着全校英文教学的重任，也不容有失，因此郭秉文对张的请求多有屈从。如前述设立英文函授部一事，张写信给郭称，若函授部不能成立，将使"系中诸同事进取之精神，合作之毅力，不得相当之鼓

---

① 《英文科全体同学致函校长请求聘请英美良师》（1922 年 3 月 14 日），中央大学档案，档案号：648 - 374。

② 吴宓在回忆中对英文系教员多有嘲讽，在吴宓看来，他们"英文、英语，殊不高明。笑话百出，为学生所轻视。彼等只知互相团结坚固，全力拥护张系主任，以保饭碗"。见《吴宓自编年谱》，第 233 页。

③ 《刘伯明复张士一函》（1922 年 5 月 1 日），中央大学档案，档案号：648 - 374。

④ 《张士一致郭秉文函》（1922 年 9 月 21 日），中央大学档案，档案号：648 - 391。

⑤ 《孙洪芬致行政委员会函》（1922 年 9 月 26 日），中央大学档案，档案号：648 - 374。

励"。① 郭虽明知学生反对，最终还是同意该计划。函授部的设立，虽有推广教育、救济旧制中学毕业生的目的，但主要是出于"补助本系经费"的考量。事实上，耗资三四千元的英文函授部不仅没有达到这一目标，在维持不到两年后，于 1924 年初便黯然取消。

英文系和西洋文学系的矛盾最终在英文系主任人选问题上激化。1923 年 7 月，张士一鉴于学生不满系务，以及师资延聘上的困难，再次请辞。当时郭秉文在美国游历，主持校务的刘伯明挽留无果，于 7 月 27 日同意了张的请辞。但在 8 月 3 日，英文系教授 5 人便联名致函刘伯明，对于未来主任人选提出了四条标准，其中第二条和第三条规定："二、须于语言的科学及教学法上有专门研究，在学术上为国内素所闻名之人。因本系注重语言，仅有文学知识者，不足胜任。三、须有多年语言教授经验及教育上办事之经验，为社会上所素悉者，非仅外洋大学毕业、得有学位之人所能敷衍。"② 从这个标准可以看出其针对性，一是语言与文学的分际，二是对于外洋留学生的排斥。但是这封信显然没有得到校方的足够重视，8 月 4 日，学校便宣布由楼光来出任英文系主任。楼不仅是刚刚从哈佛归国的留学生，精于英美文学研究，而且他本人与吴宓、梅光迪等人师出同门，有着密切交往。早在两年前，梅光迪就曾力邀楼赴东大任教。1923 年 7 月 15 日吴宓在写给白璧德的信中提到："楼光来君将于一周左右的时间内由欧洲回国。"③ 可见他对楼光来的行踪非常熟知。

楼光来的任命在英文系中引起轩然大波。4 日当天，英文系教授 6 人联名致函刘伯明，对于楼光来的任命表示"不能承认"。刘伯明针锋相对，复函称，系主任聘任之权在校方，各系没有承认与否的先例。在此后的一个月中，刘伯明和英文系同人围绕楼光来的任命问题多次函牍往来，措辞也日趋尖锐和激化。张士一虽然辞职，但英文系教员并不愿该系主任由他人占据。他们不仅提出了对于新主任的人选标准，还曾建议学校，主任应由系内教授公推，或由系内教授轮流出任。后来，英文系又提出组建教授委员会主持系务，都显示出不愿主任之权旁落之意。尤其是由与梅光迪、吴宓等人交往甚密且引为同调的楼光来出掌系务，万万难以接受，不得不奋力抗争。

英文系教员认为，在该系主任的任命上，刘伯明有意压制英文系的诉

---

① 《张士一致郭秉文函》（1922 年 3 月 22 日），中央大学档案，档案号：648 - 374。

② 《崔华村等五人致刘伯明函》（1923 年 8 月 3 日），中央大学档案，档案号：648 - 334。

③ 吴学昭整理《吴宓书信集》，第 20 页。

求，偏袒西洋文学系，进而质疑刘伯明代理校务的身份是否有任命科系主任之权。在 1923 年 9 月郭秉文归国后，他们又向郭提出通过校董会修改东大校务管理的规则来改变任命楼光来为英文系主任的成议。① 而在刘伯明看来，由于历年来英文系师资和教学多为学生所不满，已到了难以维持必加改组的地步。② 在 1923 年 7 月学校批准张士一辞职后，刘伯明曾提出将英文系和西洋文学系合并的建议。在他看来，这种合并显然是以西洋文学系为主体。③ 因此，当东大行政委员会讨论英文系主任人选时，楼光来的任命又在情理之中。从后来者的角度看，当时双方的语境存在极大的错位。

楼光来虽被任命，但在整个 1923 学年都遭到英文系教授的集体抵制，难以开展工作。校方坚持任命程序合法而维持成议，使双方陷入僵局。李思纯在描述该学年状况时说："该校曾聘楼光来君为英语系主任教授，而旧日之英语系主任教授张士一君位置如故。于是去年一年（指 1923 学年——引者注）之中，该校同时有两英语系主任，有两主任所定两课程，有两英语系预备室。学生惶惑，无所适从。该校主者，置之不理。而新聘楼君，则尤然愕然愤然。"④ 吴宓在多年后的回忆中称，当时"校中有某某科系中许多教授、讲师、助教及职员，自组成一派，欲攻倒刘伯明副校长兼文理科主任……并连文科各系主任及教授如梅光迪及宓等而尽去之。"⑤ 吴宓虽未言明，但所指当是英文系同人。1924 年秋，远赴关外的吴宓感怀三年的东大岁月，曾在诗中写道："江南去后兵烽起，秀水明山荡劫尘。胜会新亭成隔世，分飞旧侣剩何人。从头恩怨说牛李，琐尾流离共苦辛。薪尽火传玉石碎，沧桑过眼谶为真。"⑥ 其中"从头恩怨说牛李"一句，所述正是英文系和西洋文学系的积年恩怨。20 多年后，吴宓在南京中央大学与张士一重逢，他在日记中写道："宓与张周旋时，恒见梅光迪兄之面影浮前。"⑦ 可见当年的人事争斗影响之深刻。

① 《张士一等致郭秉文函》（1923 年 9 月 29 日），中央大学档案，档案号：648 - 334。
② 1923 年 7 月 27 日，对于如何函复张士一的辞职，刘伯明在给文牍部主任夏景武信中写道："惟暂维现状一句中，似尚有斟酌之余地。以不仅维持现状，恐有改组之事。可否改为暂行维持。"可见，刘伯明对英文系早有改组之意。见《刘伯明致夏景武函》（1923 年 7 月 27 日），中央大学档案，档案号：648 - 334。
③ 《崔华村等致刘伯明函》（1923 年 8 月 3 日），中央大学档案，档案号：648 - 334。吴宓在回忆中也曾论及两系合并之说，并认为在 1923 学年开始之际两系便已合并，并由楼光来任主任。此说虽多被后来者引用，但显然并非事实。
④ 李思纯：《评东南大学及其校长问题》，《民国日报·觉醒》第 3 卷第 10 期，1925 年。
⑤ 《吴宓自编年谱》，第 252 页。
⑥ 《吴宓日记》第 2 册，第 292 页。
⑦ 《吴宓日记》第 10 册，第 248 页。

四　学衡派的风流云散

1923 年 10 月，身心疲惫的刘伯明请求辞去行政委员会副主任职务。11 月，刘因积劳成疾而英年早逝。刘的去世使情况急转直下。在失去刘伯明行政上的"保护"后，西洋文学系在东大的处境更为艰难。

1924 年初，江苏省公署因整理全省财政需要，将 1923 年东大预算削减 6 万元，并拟在 1924 年再事削减。作为应对，大学财政紧缩在所难免。1924 年 1 月 2 日，郭秉文在校董会报告 1924 年度预算时，对于学校预算忧虑重重。与此同时，东大校内传出了裁撤系科的风声。当时的西洋文学系与英文系之间多年积怨缠斗，并因英文系主任人选闹得势不两立，导致校务管理和公共英文教学多有窒碍。① 在 1924 年初学校因经费问题而考虑裁撤系科之际，西洋文学系和英文系的整理和重组可谓首当其冲。

1924 年 3 月 16 日，吴宓在写给好友吴芳吉的信中说："东南大学已决定将工科、政法经济系及西洋文学系裁撤。所有教员，一个不留。大约今年暑假即实行，此事已经当局明白证实，势在必行。"② 3 月 24 日，张歆海写信给胡适称："东南大学有风潮，听说文学、哲学两系因与生活实际无关系，将删去。"③ 张在信中所述裁撤两系出于"与生活实际无关系"的理由，也印证了东南大学注重服务社会和实用主义的办学取向。当时东大学生曾就取消科系之说质问郭秉文，郭答复称："外间虽有此议，然必不能实行。"④ 可见，裁撤和改组系科此时在东大校内外已传得沸沸扬扬。

4 月 4 日，江苏教育厅厅长蒋维乔前往东南大学，调查东大内部预算情形。4 月 18 日，江苏省公署对于东大编制 1924 年度预算提出标准六条，因南京高师在该年完全归并东大，乃将高师预算以 1923 年度标准八折后并入东大预算，东大预算以 1924 年度所列为限。⑤ 在此局面下，东大 1924 年度预算不得不大幅核减。4 月 27 日，东大校董会讨论学校预算时，议决合并西洋文学系、英语系及德文、法文、日文各学程，改组为外国语文

---

① 1923 年秋，英文系再次以全校英文课排课事向学校施压，张士一提出在课程未能排定之前，将暂时停课，最终在郭秉文的安慰下才复课。见《郭秉文致张士一函》（1923 年 10 月 13 日），中央大学档案，档案号：648–334。

② 吴学昭整理《吴宓书信集》，第 94 页。

③ 中国社会科学院近代史研究所编《胡适来往书信选》（上），社会科学文献出版社，2013，第 176 页。

④ 吴学昭整理《吴宓书信集》，第 95 页。

⑤ 《江苏省长公署公函》（1924 年 4 月 18 日），中央大学档案，档案号：648–477。

系。5 月初，学校成立了外国语文系委员会处理改组事宜，以文理科主任孙洪芬为主任，委员有吴宓、张士一、温德（Robert Winter）和程其保。到 1924 年 7 月，东大任命温德代理外国语文系主任。

虽名改组合并，但实际上西洋文学系被裁撤了。对此，相关诸人有着不同的态度和去向。在该系被裁前，数月来处于两派斗争中，如"踞炉火之上"的楼光来于该年 4 月宣布辞去英文系主任。楼当时本欲转赴南开，但终未能成行，而选择暂时栖身于北洋政府外交部任英文秘书。梅光迪惯于独来独往，更因与该系李今英的恋爱关系在校内备受攻击，早已无心恋栈。梅于 1924 年 5 月因恩师白璧德举荐被哈佛大学聘为汉文教员。在该年 5 月校方任命的外国语文系委员会委员中，便已不包括梅光迪。吴宓对于西洋文学系怀有感情，他既不满于梅光迪的荒于系务，自己在风雨飘摇之际又苦无善策，最终选择与该系共进退。在西洋文学系裁撤后，校方任命吴宓担任外国语文系委员会委员，为吴宓拒绝。5 月 8 日，吴宓在写给郭秉文的信中称："宓即非一系主任，在校向不与行政之事，今兹合并问题，其关系重大，情势复杂，宓不愿当此难关。"① 不仅如此，吴宓对于校方挽留他继续担任外国语文系教授，两次坚辞，表示将与西洋文学系共始终。他复函郭秉文称："宓在校三年，系充当西洋文学系教员，今该系取消，则宓无留此之必要。虽云名去实存，俯仰匏系，于心难安。"② 5 月中旬，吴宓接受了东北大学的聘约，选择远走关外。法文教授李思纯回到四川老家，内心不无耿耿。1924 年 11 月，李在诗中怀念远在奉天的吴宓，诗云："莎米文章入市非，与君劳燕各无归。尘埃颠倒谁堪问，呴沫相从世已稀。"③ 1925 年，李专门撰写了《评东南大学及其校长问题》一文，显示出其对校方裁撤西洋文学系及其"商人式"的办学理念颇为不满。

西洋文学系被裁并以及诸教授被迫出走，在吴宓、李思纯、梅光迪等人看来并不是一个偶然事件，而是东大校园"暗争"的结果。作为校内"少数倔强不驯之分子"，在"实利主义""商人式"的办学取向中，西洋文学系和学衡派同人的处境并不顺意。早在 1923 年 5 月，校内便传言梅光迪和柳诒徵将离开东南大学。即使是身居高位的刘伯明，随着学校局面扩大，思想复杂，内部暗争以起，"自是对内对外，皆难应付如意，而其处境益苦矣"。④ 1923 年，胡先骕远赴哈佛求学。同年 11 月，刘伯明英年早

---

① 《吴宓致郭秉文函》（1924 年 5 月 8 日），中央大学档案，档案号：648 - 650。
② 《吴宓致郭秉文函》（1924 年 6 月 18 日），中央大学档案，档案号：648 - 374。
③ 李思纯：《奉怀吴雨生奉天》，《学衡》第 46 期，1925 年。
④ 梅光迪：《九年后之回忆》，《国风》第 9 号，1932 年 11 月。

逝，东大校内刚刚形成的学衡派顿失凝聚力。而所谓的学衡派，其实并没有真正的派别和组织，不过是学人之间因志业理想的松散结合，甚至学衡派内部不同学者间还存在矛盾和芥蒂。因此，在东大系科间激烈的资源争夺中自落下风，在关涉个人切身利益的人事缠斗上也是步步退却。西洋文学系被裁撤之际，吴宓在给友朋的信中生动而又悲愤地说："以我辈同人在校之精勤奋励、学问名望，亦足自豪，而乃轻轻一网打尽，全体遣散，世事之艰难奇幻，有如是哉！"①

随着西洋文学系的裁撤，学衡同人赖以发展理想志业的学科平台不复存在，而由此造成的思想裂痕则更为影响深远。吴宓不顾校方的挽留而出走，便体现出不愿同流的对立态度。被迫出走的梅、楼、李诸人，无一例外对以郭秉文为代表的东大校方深有不满，并直指为实利主义教育对人文主义的压制。柳诒徵、汤用彤等人虽然继续留在了东南大学，却成为校内倡言改进校务、反对郭秉文的教授代表。1924 年 9 月，学校有意请柳诒徵出任历史系主任，为柳坚辞。在 1924 年秋刊行的《学衡》杂志，出现了多篇公开质疑郭秉文的文字。文史地部毕业生王焕镳在《上郭校长书》中批评郭秉文"时假援于强有力者"的办学方式。他说："强有力者固未尝知学之重，特以厚声势、务餍大欲而已耳。吾无能焉熸其焰，亦当脱然不令滋盛。奈何以察察之躯，落其彀中，尚沾沾自得哉。"② 柳诒徵在《学者之术》一文中直言："谄官僚，拜军阀，是得为学者乎？"③ 其笔锋所指已是昭然若揭。在 1925 年东大易长风潮中，柳诒徵被认为是最为重要的"祸首"之一。这一切都可以在学衡派与作为主流的校政诸公的分歧中隐约可见。人文主义和实验主义、实利教育与人格教育的不同，不仅是学术和教育理念上的深刻差异，还体现为具体的校务和人事纷争。西洋文学系的创立与裁撤，在很大程度上左右了学衡派在东南大学的聚与散，并映射出民国前期东大校内的分歧和抉择。

在对于东南大学时期学衡派的叙事中，长期以来学衡派成员的叙述主导着历史的书写。以后来者的眼光看，其中难免有感情用事和夸大之处，无论是梅光迪所谓的"少数倔强不驯之分子"，还是柳诒徵自嘲的"书呆子"，抑或是吴宓笔下对"科学实业家教员与市侩小人执政者"的不满，学衡同人都将自身置于东南大学主流文化的边缘地位，在某种程度上是一

①　吴学昭整理《吴宓书信集》，第 94 页。
②　王焕镳：《上郭校长书》，《学衡》第 33 期，1924 年 9 月。
③　柳诒徵：《学者之术》，《学衡》第 33 期，1924 年 9 月。

群自诩为清醒的"少数派"，自居于批评者和反对者的立场。学衡派的批评，不仅是与新文学、新文化势力的隔空喊话，而且直指东大校内执政的主流群体。西洋文学系的裁撤和学衡派的风流云散，都可谓事出有因。

对于 20 世纪 20 年代的东南大学，历来有着不同乃至完全对立的评说，甚至在当时便引起激烈的争论。作为当事人的学衡派，从学术和教育的立场出发，对于问题的认识有着独特的视角，其允当与否尚自有可辨之处。但无法否认的是，学衡同人对于自身处境有着深切的体认，并着意于描述与校内主流之间的分歧和对立。这是他们当时即如是的认识，不仅在学衡群体中产生共鸣，而且深深影响到其后来的行为。思想上的批评者，在此后的运动中多成为行动上的反对派。在 1925 年东南大学的易长风潮中，学衡派同人的身影和影响仍清晰可辨。

余　论

1924 年夏，柳诒徵应邀为即将离散的吴、梅二人撰写了一篇《送吴雨僧之奉天序》的送别短文，文中写道："梅子、吴子同创杂志曰《学衡》以诏世。其文初出，颇为聋俗所诟病。久之，其理益彰，其说益信而坚。浮薄怪谬者屏息不敢置喙。则曰：'此东南学风然也'。梅子、吴子闻而笑之曰，吾以明吾学，奚以一校之囿？于是梅子复绝大洋，东走新陆，以吾国文学教西人。吴子亦出榆关，览医巫闾，涉辽河，振铎于新造之行省。"① 论者多引用柳氏所言的前半部分，以证学衡派即"东南学风"之代表。但从柳氏全文来看，该文毋宁说是对于学衡同人困境中的勉勖。柳深知吴宓和梅光迪离开东大的真相，却以传播吾国文化于异邦绝域相勉励。柳诒徵将学衡派的思想主张视为东南学风，考虑到学衡派同人与学校主流的隔阂，以及此后柳氏在易长风潮中的言行，他的这一论断与历史并不相符，似可看作学衡同人的强作欢颜。与柳氏相比，远走关外的吴宓似乎表达得更为直接。本文首段所引吴宓的诗句，显然是充满遗恨和感伤。

1927 年南京国民政府成立后，东南大学作为"反动势力的大本营"成为被改造的对象，郭秉文也被视为"东南学阀"被通缉。曾经以反对者自居的学衡派重回校园。1927 年 7 月，国立第四中山大学校长张乃燕函请梅光迪出任文学院院长，但梅未能就任。柳诒徵被任命为大学改组委员会委员，楼光来出任文学院院长，汤用彤任大学筹备委员会委员，并担任哲学

---

① 柳诒徵：《送吴雨僧之奉天序》，《学衡》第 33 期，1924 年 9 月。

院院长。该年 7 月，柳诒徵、梅光迪、汤用彤等人还专门致电时在清华任教的吴宓，邀其南下筹商校务，并担任西洋文学教授。[①]

历史的吊诡在于，作为"首都最高学府"的中央大学，在追寻历史记忆和文脉传承之时，无法从反动学阀主导的东南大学寻求资源，而曾经作为少数派的学衡群体再次成为可以遵循的宝贵财富。与郭秉文的命运不同，作为学衡派魁宿的刘伯明在中央大学受到推重。张其昀从 1928 年开始便在中大师生中宣扬刘伯明的思想和主张。1932 年，在柳诒徵、张其昀、缪凤林的组织下，《国风》杂志在中大创刊，被认为是学衡派的"中兴"。1932 年，《国风》刊出了纪念刘伯明先生专号，可以视为对学衡派的一次集体缅怀。1935 年，《国风》又刊出了南京高师成立 20 周年纪念专号，胡先骕在《朴学之精神》一文中再次强调了学衡派与东南学风的关联。他说："夫南雍之精神，不仅在提创科学也。文史诸科，名师群彦，亦一时称盛。……自《学衡》杂志出，而学术界之视听以正，人文主义乃得与实验主义分庭抗礼。'五四'以后，江河日下之学风，至近年乃大有转变，未始非《学衡》杂志潜移默化之功也。"[②] 这些都体现出学衡同人有意于大学学风建构的努力。他们对于学衡派和东南学风的论述在很大程度上左右了当今的研究者，难以分辨历史的本相和后来者的描绘。

1924 年秋，正在哈佛访学的胡先骕得知吴宓远走关外后，寄诗两首慰之。其中一首诗云："一齐众楚奈群咻，辟墨排杨志未酬。率兽食人深隐患，徙薪曲突孰贻谋。辽东皂帽哀畸遇，门巷乌衣感旧游。莫计穷通论得失，斯文未丧在吾俦。"[③] 曾经"少数倔强不驯之分子"，留给东南大学和中国文化的是一份丰厚的思想遗产。风流云散之际学衡同人的勉励，既是一种宽慰，又何尝不是其内心流露的笃定。

① 《吴宓日记》第 3 册，第 378～379 页。
② 胡先骕：《朴学之精神》，《国风》第 8 卷第 1 期，1936 年 1 月。
③ 《吴宓日记》第 2 册，第 278 页。

留守还是西迁：抗战时期
金陵大学的迁移抉择

郭　爽[*]　梁　晨[**]

提　要　金陵大学是抗战时期较早整体内迁的教会学校，其行动为其他教会和私立大学树立了榜样，但其内迁的决定过程并非一蹴而就，毫无波折。从 1937 年 8 月校长陈裕光提出西迁想法，至 11 月 19 日开始正式进行西迁准备，金陵大学校内外的各方势力就是否迁移与具体的迁移目的地展开了长达 3 个月的讨论。最终在国民政府宣布迁都重庆之前，陈裕光果断做出了将金陵大学整体迁移至中国西部的决定。在这个过程中，以陈裕光为代表的金陵大学校方在政府与教会之间寻求支持，不断调整学校与两者之间的关系。华人校领导在校内的地位在这期间也得到了提升。本文以金陵大学的迁移抉择为案例，考察在全面抗战爆发之初教会大学如何重新调整自身与国家、与教会的关系。

关键词　金陵大学　高校内迁　陈裕光　创建人大会

七七事变后，国内战势紧张，面对战争的威胁，处在战区中的大学都需要做出应对和改变。大部分国立高校和私立院校选择了放弃原有的校园，追随国民政府，长途跋涉至遥远的中国西部，在陌生的环境重新办学。这场高校内迁大潮对战时和战后的中国高等教育都产生了深远的影响，自然也引起了不少史学和教育学工作者的关注，形成了较为丰富的研究成果。[①] 不过现有成果仅从宏观角度对战时中国高校迁移的时间、数量

---

　　* 　郭爽，南京大学历史学院硕士研究生。

** 　梁晨，南京大学历史学院副教授。

　　① 　较为代表性的研究有：经盛鸿《抗战期间沦陷区的高校内迁》，《南京师大学报》（社会科学版）1989 年第 2 期；徐国利《抗战时期高校内迁概述》，《天津师大学报》（社会科

与路线等方面进行了较为基本的梳理，对高校形成内迁抉择的过程，尤其是面临种种矛盾时的判断和博弈缺少观照，从而忽略了高校内迁在起点就是困难重重的实情。以后见之明的角度看，内迁当然是高校在面临战争时所做出的最合理的选择，但处在当时的历史条件下，高校选择内迁并不那么"理所当然"。一方面国民政府既有意引导高校西迁，又对不同类型和地区的高校有着不尽相同的态度，并非在最开始就鼓励战区的学校内迁；另一方面，各类高校在复杂的战争环境中又有着各自的考虑。迁与不迁，往何处迁，是高校面临的艰难抉择，也是校内外不同势力博弈的焦点。然而此前的高校内迁研究往往将注意力放在整理高校迁移的路线上，对内迁的决策过程鲜有关注。① 如果说宏观的研究难以就细小的层面做出考察，那么近十几年轰轰烈烈开展的各校校史研究也没能解决这一问题。在多数校史的编撰中，虽研究对象已经聚焦到单个学校，但研究视角并没有更加细致，有关内迁的内容也多局限于罗列学校迁移的时间、路线与迁移过程的艰辛，对于学校如何决定迁移，又如何选择路线，并没有进行详细的讨论，可谓"知其然"但"不知其所以然"。② 近年来，以单个内迁高校为案例进行深入研究的学术论文也有出现，加深了高校内迁研究的深度，不过目前主题主要还是集中在高校内迁之后与地方政府和地方高校的互动，对于迁移准备的时段研究甚少。③ 本文以金陵大学这一典型的教会大学为案例，以决议内迁的过程为切口，考察一所教会学校在战争来临之时如何重新调整自身与国家、与教会之间的关系，期望能以微观的角度重新审视被宏大叙事所忽略的战时高校所面临的困境以及为此做出的改变。

学版）1996 年第 1 期；金以林《战时大学教育的恢复和发展》，《抗日战争研究》1998 年第 2 期；以及下文所提两篇余子侠的研究。代表性的学术专著有侯德础《抗日战争时期中国高校内迁史略》，四川教育出版社，2001。

① 如余子侠的《抗战时期高校内迁及其历史意义》，在对全国百余所西迁高校进行论述之前，对西迁的理由仅提了一句："为谋保存以应变起仓卒的时局，其时绝大多数专上学校机构，不得不以种种避难方式作出迁徙之计"。余子侠：《抗战时期高校内迁及其历史意义》，《近代史研究》1995 年第 6 期。

② 如《金陵大学史》中也只是相当简略地说明，金大的校内西籍职员认为金大接受美国大使馆的保护，而国民政府对金大的态度也十分暧昧，拖延到局势严重恶化时才慌忙西迁。张宪文主编《金陵大学史》，南京大学出版社，2002，第 79 页。

③ 较为代表性的研究有：蒋宝麟《抗战时期中央大学的内迁与重建》，《抗日战争研究》2012 年第 3 期；韩戍《抗战时期内迁高校的地方化——以光华大学成都分部为例》，《抗日战争研究》2014 年第 3 期。

一　绪论

金陵大学是地处南京的教会大学，由汇文书院、基督书院、益智书院三所基督教书院合并而成。金陵大学是较早向中国政府立案的教会大学，早在 1928 年就已向国民政府正式立案。① 根据立案的要求，校长由华人陈裕光担任，校内的各类高级行政职务也向中国籍教职员开放，校董会也须有一半以上的华人成员。② 因此在 1928 年立案成功之后，金陵大学各类校务与财务主要受到以下几个方面的影响：一是改组之后的美国创建人大会。在立案之时，原为托事部的创建人大会正式将学校事务的管理权移交给了校董会，但其仍是金陵大学所有校产的拥有者。金陵大学虽然在国民政府教育部进行了立案，选择接受教育部的管理，不过金陵大学的主要经济支持者仍是教会。根据 1937 年度金陵大学决算表，在当学年 190295.09 元的实际收入中，来自国民政府的款项仅有 9000 元，仅占约 5%，而来自教会的捐款则有 74370.56 元，占到了 39%。③ 为取得创建人大会的经济支持，校内大事往往需要先与创建人大会进行协商与报告。二是国民政府。金陵大学在接受国民政府资助的同时，也要受到国民政府的统一管理。校内的院系结构、人员构成、教学内容等都需要遵守国民政府定下的政策法规。三是金陵大学的校董会，基本上学校的大政方针要由校董会进行讨论并做出最终的决定。金陵大学的校董会在成员的国籍比例上做到了中美各半，不过相当程度上仍代表着教会的态度。④ 而根据蒋宝麟的研究，在校董会中，外籍校董仍有相当大的发言权。另外在校内，以陈裕光为代表的中国教职员对校内事务虽然有了更大的掌控权，不过仍要受到校内外籍教员的制约。所以相比于大部分国立高校的校长"一言堂"，陈裕光在主政金陵大学时有多方面的掣肘，既在校内校外受到西籍教员和教会的制约，同时也要接受国民政府教育部的管理，在做出决定时需要不断平衡各方的意见，金大的西迁决定产生过程也反映了这一特点。

全面抗战爆发初期，大量战区高校面临战争的威胁，但并非所有的高

---

① 教育部教育年鉴编纂委员会编《第二次中国教育年鉴》，商务印书馆，1948，第 650 页。
② 蒋宝麟：《20 世纪 20 年代金陵大学的立案与改组》，《近代史研究》2016 年第 4 期。
③ 《二十六年度决算表》，南京大学档案馆藏私立金陵大学档案，档案号：248 – 0011。
④ 蒋宝麟：《20 世纪 20 年代金陵大学的立案与改组》，《近代史研究》2016 年第 4 期。

校都选择向内地迁移。笔者对战区学校的迁移状况进行了统计。① 根据统计结果，战区在全面抗战前共有85所学校，而在太平洋战争爆发之前选择西迁的学校仅有35所，另有9所停办，而剩余的41所学校选择了留在原址办学或在本省内小范围迁移。② 以单个地区来看，全面抗战前学校较为集中的两个城市——北平和上海，在迁留比例上有明显的不同。在上海的有22所高校，其中4所学校是从外地迁入上海的，分别是私立东吴大学（原址苏州）、私立之江文理学院（原址杭州）、江苏省立苏州工业专科学校（原址苏州）、私立苏州美术专科学校（原址苏州），而全面抗战前在教育部注册的上海高校有24所，其中18所留在了上海。全面抗战前北平的15所高校中，9所高校选择西迁，6所私立学校则选择留在北平。综上来看，在全面抗战初期，在原地留守办学是相当多高校的选择，其数量甚至超过了选择西迁的高校。

若以学校性质来看，全面抗战前的28所处于战区的国立院校，有19所选择了西迁，而40所私立院校中，仅有12所选择西迁。一方面，大量的高校，尤其是国立高校，迫于战争的压力，选择了在教育部的帮助下内迁至中国西部；另一方面，大量私立院校缺少教育部的支持，外国势力成为其较为可靠的保护伞。这不仅使上海租界具有相当大的吸引力，而由教会势力支持的教会学校在此时也更加倾向于显露自己的外国身份，基本上所有的教会大学也都选择在原地维持。

金陵大学于1937年11月下旬西迁，此时相当多的国立高校已经内迁，《第一次中国教育年鉴》记录的16所国立大学中，已有9所学校迁往中国西部。③ 而国内的教会大学却呈现了与国立大学几乎相反的状态。除了金陵女子文理学院之外，尚未有其他教会大学迁往中国内地，且1937年时金陵女子文理学院将学校分别迁往了成都、武昌和上海三处，并非完全意义上的内迁，稍晚行动的之江大学与东吴大学选择的也是迁往上海，与上海的其他教会学校共同办学，并非内迁。金陵大学可以说是最早一批决定内

① 关于全面抗战初期战区的定义，参考1937年9月18日教育部检发的《战区内学校处置方法》，其中将以下地区列为战区：上海、南京、北平、天津、青岛；江苏沿京沪、津浦两线各地，沿海地带；山东沿津浦、胶济两线各地，沿海地带；河北沿平汉、平浦两线各地；福建沿海地带；广东汕头附近；绥远、察哈尔；江浙沪杭铁路及沿海地带。《战区内学校处置方法》，中国第二历史档案馆藏教育部档案，全宗号5-（2），案卷号54。

② 《第二次中国教育年鉴》；《教育部有关迁校地址与各机构的往来文书》，中国第二历史档案馆藏教育部档案，全宗号5，案卷号1891（2）。

③ 国民政府教育部编《第一次中国教育年鉴·丙编·教育概况》，开明书店，1934，第9～140页。

迁的教会大学之一。

二　内迁想法的提出与搁置

1937 年 8 月，南京虽未处于炮火之中，但局势也并不乐观。南京的中央大学和金陵女子文理学院已经着手进行迁移，同处于南京的金陵大学此时也需要认真思考是否迁校。1937 年 9 月初，金陵大学校长陈裕光已经有了西迁的想法，并开始进行一些前期调查。陈裕光在 1937 年 9 月 2 日写信给金陵大学创建人大会的秘书 B. A. Garside 说明金大近期的状况，信中写道："我们在做一些暂定的计划，将我们的一部分研究工作迁至其他地方，希望这能够有助于继续完成研究项目。如果情况继续恶化，我们可能会与华西协大合作来维持我们下学期的工作的核心。这些目前都还不能确定，不过我们已经做了相关的调查。"① 信中陈裕光表示他已针对西迁展开了相关的调查，证明其至少在 8 月末就有了西迁的想法。在绝大多数教会大学按兵不动的情况下，陈裕光已经开始主动进行内迁准备，这可能是受到同一时间中央大学与金陵女子文理学院内迁活动的影响。

1937 年 9 月 8 日，即在上述的信写成 6 天之后，陈裕光给金大的西籍教员和全体校董会成员寄出了定期通信，信中写道，学校已经收到了华西协大的热切回应，同意金大将部分工作转移至成都。但是信中也提到，"当我们考察了迁移费用之后陷入了犹豫之中。来回迁移会花掉六万至七万元，这会将我们拖入巨大的赤字之中。迁移是明智的吗？目前没人能够回答。如果我们进入了长期的战争，那我们只能在南京开始一些有限的工作，并希望能维持下去。但是我们也犹豫这会使得空袭轰炸到聚集在校的学生，我们必须想尽办法避免这种惨剧"。所以陈裕光表示他会再继续考虑这个问题，并向校董会成员寻求意见。② 与此同时，金大农经系的研究工作已经决定转移到汉口，系里仅留下少数几人在南京。9 月 14 日，在写给 B. A. Garside 的信中陈裕光依旧表达了对此事的犹豫，信中写道："如果接下来两周南京遭受了更猛烈的空袭，学校难以开学的话，可能要尝试将高年级的学生迁至华西协大。"并表示已经做好了暂时的安排，华西协大能够提供给金大所有的设施，还能在接下来一年中加以升级改造。但陈裕

---

① 《陈裕光给创建人大会的信》（原文为英文），南京大学档案馆藏联董档之金陵大学档案，档案号：210 - 3570。

② 《陈裕光给校董会成员的信》（原文为英文），南京大学档案馆藏联董档之金陵大学档案，档案号：210 - 3570。

光又说明目前还很难抛弃在南京的计划，因为就算将部分职员留在南京看守，也很难保护学校的财产。而且迁移至华西协大的费用确实较高，陈裕光仍在四处打听是否有别的合适的迁移地点。①

综上来看，陈裕光早在 1937 年 8 月末至 9 月初就已经着手进行内迁的准备。首先与华西协大取得了联系，初步确定了学校内迁的目的地，而后粗略地计算出了迁移至华西协合大学的费用，并有了将学校的部分机构分散迁移的想法，可见陈裕光本人是相当积极地推动内迁的。但在这之中我们可以看出陈裕光对迁校的态度是比较犹豫的，几次表达了自己对是否迁移尚未下定决心。信中出现的犹豫态度主要出于以下几个原因：（1）学校内迁是校政上的大事，理论上需要由校董会成员开会讨论才能决定。在战争条件下，校董会无法正常召开，陈裕光只能通过信件的方式与校董会成员进行讨论，因而在信中他必须要将迁校的利弊都进行阐释，以便了解校董对此事的态度，而陈裕光本人也没有绝对的权力来决定迁移整所学校。（2）学校内迁需要得到教会的支持，尤其是经济上的支持。正如陈裕光在信中所言，迁移来回耗费六七万元，而根据金陵大学给创建人大会的财报，截至 1937 年 6 月，金陵大学财政上结余的现金仅有 3528 美元。② 正如前文所述，此时金陵大学的主要资金来源还是依靠教会，政府的财政补助数额较为固定，很难临时增加额外的补助来填补迁校的费用，加之战时学生数量减少导致学费收入下降，学校内迁所带来的巨大的财政赤字基本上只有通过教会的资金援助才能补足。尽管金大此时通过削减教职员薪水 40% 的方式节省了资金，但是若想在迁移后仍能维持学校的日常工作，必须先取得教会对此事的支持。（3）虽然陈裕光在信中表示已经收到了华西协合大学对金大迁移的欢迎，但并不是所有迁移事宜都已准备就绪。9 月 9 日，在取得华西协大的支持不久之后，华西协大的校长张凌高给陈裕光写信，信中写道："贵校移蓉处自来函后，自应当量准备一切所需房屋，他种当易设法，惟学生宿舍，多方筹备，实属不敷，只有仰仗政学，当□援助，不易成功。□兄于□期间电托川省府及教育厅请为设法帮助，但得允许，自可不烦而解，期迫需繁卓裁迅速着手。"③ 可见华西协大虽愿意支持

---

① 《陈裕光给创建人大会的信》（原文为英文），南京大学档案馆藏联董档之金陵大学档案，档案号：210 - 3570。

② 《金陵大学 1937 年度财报》（原文为英文），南京大学档案馆藏联董档之金陵大学档案，档案号：190 - 3326。

③ 《张凌高给金陵大学的信》，中国第二历史档案馆藏私立金陵大学档案，全宗号 649，案卷号 365。

金大迁移至成都校区，但是校舍问题在此时并没能够解决，还需要与各方商借。在校舍问题未解决之前就急着迁移到华西协大的校区显然是不明智的，所以只有在找到合适的校舍或其他迁移地点的时候，陈裕光才好正式做出西迁的决定。可见此时陈裕光不能够一个人做出西迁的决定，不仅需要取得校董会的支持，还需取得创建人大会的支持。

9 月 28 日，教育部电令处于战争威胁中的各校："速择比较安全之地区，预为简单临时校舍之布置，以便于战时发生或逼近时量为迁移，或暂行归并，或暂行附设于他校。"① 此时教育部已经开始主张战区内的高校进行迁移了，然而却并没有对金陵大学的迁移做出表态。陈裕光后来回忆，当时政府是希望在南京留下几所高校"撑场面"的，因此并没有给金陵大学迁校以直接的支持。② 此时陈裕光尚未收到其余校董与教会的回信，也无法做出进一步的行动。因此陈裕光向政府展现了留守南京的态度，仍然向教育部申请金陵大学在南京开始秋季学期，并得到教育部的同意。10 月 4 日，金陵大学开学，约 200 名学生来校注册上课。③ 迁校一事暂时被搁置。

三　长时间的商议与仓促的决定

尽管决定在南京开学，但是恶劣的环境和紧张的战争局势让金陵大学一直在迁校与否之间犹豫，关于迁校的讨论仍在继续。但是受制于客观环境，这些讨论难以形成具体的意见，这也让陈裕光在迁校一事上数次改变态度。

金陵大学开学之后，频繁的空袭时常打断学校正常的教学计划。自开学以来，学校平均每天会遭到四次到五次空袭，陈裕光对此十分忧虑。在 10 月 13 日写给 Garside 的信中，陈裕光提到了空袭的困扰："我们必须每几个小时就停止工作，并在防空壕中躲上一至四个小时，等待空袭结束。在这样的情况下，我们很难组织教学工作。这是一个非常严峻的问题，如果我们要继续进行常规的教学工作的话，我们必须迁往别的中心。"实际上为了应对这个状况，金陵大学的农经系已经将部分职员迁移至汉口继续

---

① 《教育部关于战事发生前后各级学校之措置总说明及有关文书》，中国第二历史档案馆藏国民政府教育部档案，全宗号 5 - (2)，案卷号 54。

② 张宪文主编《金陵大学史》，第 80 页。

③ 《陈裕光给创建人大会的信》（原文为英文），南京大学档案馆藏联董档之金陵大学档案，档案号：210 - 3570。

进行研究，中国文化研究所的人员与设备也已迁出南京。① 金陵大学虽然已经有部分机构迁出南京，但又不同于金陵女子文理学院的分散办学，金陵大学只迁移了研究工作，学校的学生与大部分教员仍然留在南京，这与陈裕光的迁校策略有关。陈裕光在后来解释迁校行为的时候说道："如果教职员们分散在各地，那么我们很难在南京聚集起来重新开学，而寻找新的教员来维持工作同样也非常困难。"② 为了学校日后的工作考虑，陈裕光坚持将主要的师生团体聚集在一起。

研究机构迁移出南京之后，学校主体部分的去留问题仍让陈裕光感到烦恼。前文已经论述，金大现阶段要想迁往成都比较困难，因此陈裕光此时也在考察是否有其他合适的迁移地点，最后发现了位于江西的牯岭。10月22日，陈裕光与学校的会计长毕律斯联名给金陵大学创建人大会在美国的校董联合会代表 Wheeler 写信，阐明学校目前的计划："我们准备在南京维持工作，直到不能维系下去。如果情况恶化，我们可能要将学生与教职员迁移到其他的地点，鉴于前往中国西部的费用太高，可能会将牯岭作为迁移地点。"③ 10月23日他在给校董会成员的定期通信中也报告了上述学校的情况，同时说明，如果学校没有足够的资金迁往成都，那么会尝试迁往牯岭。④ 这表明牯岭已经成为和成都一样的备选地点，虽然不如成都安全，但离南京更近，迁移成本相对较低。不过陈裕光对牯岭的考察显然不如成都细致，迁到牯岭后的校址或合作学校，以及迁移所需的费用在信中都未提及。一方面可能是因为尚未来得及考察；另一方面也可以感受到陈裕光在两地之间更倾向于选择成都作为迁校地点。

然而陈裕光的这些调研与询问并没有得到及时的回应。笔者在查阅金陵大学的档案时发现，未有任何一个校董在金陵大学迁校之前就此事向陈裕光表达态度，陈裕光本人也说并未收到校董们对此事的回应。⑤ 由于战争的关系，金陵大学的校董们无法像战前一样举行校董会议讨论学校事

---

① 《陈裕光给 Garside 的信》（原文为英文），南京大学档案馆藏联董档之金陵大学档案，档案号：210 - 3570。

② 《陈裕光给福开森的信》（原文为英文），南京大学档案馆藏联董档之金陵大学档案，档案号：210 - 3571。

③ 《陈裕光与毕律斯给 Wheeler 的信》（原文为英文），南京大学档案馆藏联董档之金陵大学档案，档案号：210 - 3570。

④ 《陈裕光给校董会成员的信》（原文为英文），南京大学档案馆藏联董档之金陵大学档案，档案号：210 - 3570。

⑤ 《陈裕光给福开森的信》（原文为英文），南京大学档案馆藏联董档之金陵大学档案，档案号：210 - 3571。

宜，仅能通过书信传达意见，书信往往又受到战争的阻隔而滞后甚至遗失，而且也并非所有的校董在战争期间都还在原本的地址，所以校董会在迁校一事上是基本没有给陈裕光任何意见的。而教会方面也同样由于通信的阻隔，没能及时回应，陈裕光在 9 月与 10 月给创建人大会寄出的信，直到 11 月中旬才有回信。这使陈裕光虽然一直在进行关于迁移的调研，但是在 11 月中旬前，迁移仍只是一个尚未得到支持的后备计划，此时学校工作的中心是如何在南京尽量维持学校的日常工作。在前述 10 月 23 日写给校董会成员的通信中就表明，金陵大学是目前唯一继续在南京开展教学工作的学校，目前的计划仍然是留在南京并守在"第一防卫线"。① 10 月，金陵大学为校区购置了新的图书馆楼，并着手启用，同时还打算修建新的新生宿舍，期望在情况稳定之后在校园内进行新的建筑计划和维修工作。为此陈裕光专门给 Garside 写信请求创建人大会为学校的建筑计划筹集资金，反映出此时金陵大学的工作重心仍是在南京维持教学，并没有在短期之内迁移的打算。② 在此时购置新楼和进行新的校园建筑计划是相当反常的行为，笔者认为可能与陈裕光要向国民政府表达留守南京的态度与决心有关。事实上在 11 月 5 日陈裕光就给蒋介石写信说道："际此非常时期，敝校为安定首都社会人心，及协助国防研究起见，当不避难阻，决定在京维持战时高等教育……开课之初，难以适应战时生活，略感棘手，但逐渐均上轨道，秩序上佳，堪以告慰。"③ 向蒋表示出了非常坚定的留守南京的决心。这也呼应了 10 月初金大在南京开学，为首都"撑场面"的行为。而新的校园计划也表明陈裕光可能错误地估计了战场的形势，认为学校能够在南京维持至秋季学期结束。

至 11 月，还有不少材料表明学校此时已经暂无迁移的计划。11 月 9日就校舍问题陈裕光在与华西协大的通信中写道："敝校迁蓉计划因经费及其他关系致未能实现……本季时日无多，而敝校在京开课，业逾一月，短期间内恐难以移动。前奉林瑟先生函嘱，向川省府予以便利，敝校亦曾专函前商，但最近贵校校舍既有多方商借，而又系文化机关，敝校有所阻

---

① 《陈裕光给校董会成员的信》（原文为英文），南京大学档案馆藏联董档之金陵大学档案，档案号：210 – 3570。

② 《陈裕光给创建人大会的信》（原文为英文），南京大学档案馆藏联董档之金陵大学档案，档案号：210 – 3570。

③ 《陈裕光致蒋介石关于战时迁校的信件》，南京大学档案馆藏私立金陵大学档案，档案号：357 – 001。

梗，惟一切敬希吾兄酌办。"① 在信中已经明确表示金大的迁移计划因为种种原因，短期内不会实行了。如果说在给蒋介石的信中陈裕光可能会稍微粉饰与夸大自己留守的态度，那么从给华西协大的信中可以更加确凿地证实金陵大学在短期内没有迁移至成都的想法。11 月 15 日他在给校友徐祥瑞介绍金陵大学的近况时也提到："母校业已开学，同学约有二百余人，教职员多半在校负责，一切正常。"② 信中完全没有提及任何关于迁移的设想。综上来看，金陵大学在短期之内是没有迁校打算的，留守南京并维持教学是当时金大所努力的方向。

但非常突然的是，11 月 16 日，陈裕光紧急给美国的创建人大会打了电报："局势要求我们马上撤离。已经寻求教育部的帮助。需要两百名学生和一百五十名职员的住处。你们是否能帮助我们？"并在同一天寄出了一封较为详细的信，信中写道："南京的许多政府部门和职员都已经西迁，南京的民众不久之后也会大批离去，学校一旦得到你们对电报的答复后会尽快进行下一步计划并开始前往中国西部。"陈裕光还说明了原来希望金大能够在南京完成这个学期，不过局势变化太快，目前留在南京已经是不明智的选择了。政府已经迁走，金大很难维持基本的工作。③ 11 月上旬时金陵大学还表现出坚决留守南京的决心，为何到了 11 月 16 日就紧急做出了内迁的决定？笔者认为最关键的一点在于战争局势的迅速恶化。11 月 12 日，上海市区沦陷。在这之后，日军就立马向京沪铁路沿线以及常熟地区发动进攻，南京周边的战场形势开始迅速恶化，这直接导致了南京国民政府进行紧急撤离。正如前文所述，金陵大学留守南京与为了在国民政府面前展现姿态有相当大的关系，而当国民政府已经开始撤离之时，不仅金陵大学留守南京的意义小了很多，更重要的是没有了国民政府这一保护伞，金陵大学的安全可能都变得难以保障。虽然到了 11 月 20 日，国民政府才正式宣布迁都，但在此前政府部门已经陆续离开南京。这在陈裕光的信中也有体现，拉贝 11 月 15 日的日记中也说明了交通部正在撤离。④ 所以金陵大学的迁与不迁，乃至于陈裕光对战场局势的判断，都是紧跟着南京国民政府的。金陵大学

---

① 《陈裕光给张凌高的信》，中国第二历史档案馆藏私立金陵大学档案，全宗号 649，案卷号 365。

② 《陈裕光致徐瑞祥先生关于介绍本校近况的函》，南京大学档案馆藏私立金陵大学档案，档案号：377 - 0008。

③ 《陈裕光给创建人大会的信》（原文为英文），南京大学档案馆藏联董档之金陵大学档案，档案号：210 - 3570。

④ 《拉贝日记》，江苏人民出版社，2009，第 35 页。

作为一所教会大学，对国民政府能有如此高度的认同，可见其"中国化"程度之深，与北平战时的"自由孤岛"燕京大学形成了鲜明的对比。

四　创建人大会与外籍人员的意见

前文所论述的内迁决议过程中，我们可以明显地发现，创建人大会和校董会在这之中鲜少发表意见。由于战争期间通信的阻隔，陈裕光的许多决议和意见无法及时地传达到学校之外，这也直接促使了整个迁校的决议实际上仅由校内的领导们讨论决定。而当消息传到创建人大会和校董会成员手中时，他们便需要对迁校这一"先斩后奏"的行为做出回应。

（一）创建人大会

教会虽无法及时地向陈裕光传达意见，但并不代表教会对迁校没有自己的态度。陈裕光在 1937 年 9 月与华西协大进行有关迁校的沟通时，就已经粗略地计算出了金大迁移至成都的费用为 6 万~7 万元，并将这一结论写在 9 月中旬寄给创建人大会的信中。而一直到了 1937 年 11 月 15 日，创建人大会的副秘书 C. A. Evans 才对此信进行了回应，认为陈裕光所估计的西迁费用其实远远少于实际所需的费用，希望能够进行一个更准确的估算，同时也建议参考金陵女子文理学院迁移至不同地区所花费的费用。① 陈裕光所估算的迁校开支在他本人眼中已经是一个非常大的数额了，会影响到学校的正常运作。而创建人大会认为若是迁移到成都，实际开支远远比陈裕光所估计的多，潜台词便是迁校至成都其实不切实际。在同一天，Wheeler 回复了陈裕光 10 月 17 日的信，Wheeler 听闻上海的中国军队已经撤退，南京随时可能会被攻打，迁校问题可能会再度提出。在信中他建议迁到武昌，这样迁移的费用会少一些，不过同时也表示创建人大会的成员相信校长和学校高层的判断。② 可以看出来创建人大会认为在此时迁校至成都是没有必要的，更希望金大在南京坚持办学，或是进行短途的迁移。

11 月 23 日，陈裕光于 11 月 16 日发送的紧急迁校电报终于到达美国后，创建人大会在当天便进行了讨论，之后由 Wheeler 给陈裕光回了信：

① 《创建人大会给陈裕光的信》（原文为英文），南京大学档案馆藏联董档之金陵大学档案，档案号：210 - 3570。

② 《创建人大会给陈裕光的信》（原文为英文），南京大学档案馆藏联董档之金陵大学档案，档案号：210 - 3570。

"我们讨论了是否有可能让大学暂时关闭，并在之后恢复在南京的工作。目前看来包括汉口在内的中国东部会全部落入日本的手中。这片地区有 12 所教会学校，他们在地理上和经济上都不可能全部迁至四川。今天的午餐会上有人提出，不要去动用那些高昂的支出，而是在情况稍微稳定之后继续在南京维持工作是不是更加明智。在中国北部的燕京大学就是这么做的，其他的学校也准备采取这样的措施。不过目前我们还没有做出最终的判断，可能在之后才能寄出我们的结论。"① 创建人大会对陈裕光突然的西迁决定是较为惊讶的，也使其改变了此前较为含蓄的说法，给出了对迁校一事的明确态度：希望金大不要进行迁校，而是在南京坚持留守。为何创建人大会执意要金大留守南京，笔者认为理由有三：首先，教会有教区的概念，一个教会大学往往是服务于一个教区或是学校所在地周边的青年的。若进行长途的搬迁，实际上是背离了最初办学的目的。在信中 Wheeler 也提到了，中国东部有 12 所教会学校，若金大迁移至成都，是不是其他的教会学校也应该一起迁移至成都？这不仅不现实，而且会使各个教区间的教育资源分配混乱。其次，教会大学本身属于美国财产，在太平洋战争尚未爆发之时，教会认为金陵大学就算留在南京，自身的安全也能得到一些保障。信中尤其强调了燕京大学的例子，在教会看来，留守在当地，利用教会大学的外国身份来与日本军队进行斡旋才是教会大学面对战争时应该采取的手段。最后，迁校至成都确实花费巨大。创建人大会觉得仍有其他手段度过战争的危机，没有必要迁校到成都。

但是创建人大会的意见并没能及时地传达到南京，从时间上看，创建人大会的回信显然已经滞后了许多。此时电报虽然能够使用，但是在非紧急情况时一般不会启用，金陵大学与创建人大会之间的交流主要还是依靠信件。因此，陈裕光与创建人大会之间的讨论变得十分困难，创建人大会的回应内容也远落后于局势的变化，其意见基本不具备时效性，参考价值大大降低。教会难以履行其对学校的指导职能，这使教会在学校的影响力无形之中降低了。

（二）校董会成员与校内西籍教员的态度

如前文所述，金陵大学是教会学校，决议不能仅由校内的教职员讨论就做出决定，校内的行政、财务方面的大问题都需要校董会讨论决定。但

---

① 《创建人大会给陈裕光的信》（原文为英文），南京大学档案馆藏联董档之金陵大学档案，档案号：210 - 3570。

是由于战争期间的种种限制，从 1937 年 7 月到 12 月，没有召开过一次校董会会议，所以也没有对迁校问题进行过正式讨论。那么校董会的成员对此事有没有发表过意见？陈裕光表示，自己在西迁之前并没有收到来自其他校董的反对。① 笔者在查阅档案后发现，在迁出南京之前，确实没有校董对西迁一事做出回应。但是校董福开森在得知金陵大学西迁之后，紧急写信给创建人大会和校董会，详细地阐述了他反对西迁的理由。福开森是金陵大学的前身之一——汇文书院的创办人，在金陵大学成立校董会之后，福开森也常年作为校董会的一员讨论学校事务。1937 年 12 月 29 日，福开森写信给创建人大会与校董会，对西迁决议提出了质疑。1938 年 1 月 25 日，福开森再次给金陵大学创建人大会主席 Dr. Spear 写信，信中写道："第一次看到学校西迁的提议，是在校长陈裕光在给校董会成员的定期通信之中。在这封通信中陈裕光还给他附了一封私人信件，信中写到迁校会花去太多的资金，陈校长本人并不赞同这个提议，我也就没有将此事放在心上。所以当我从报社记者处得知金陵大学已经离开南京并带走了学校的一部分设备时，我是非常吃惊的。仅仅在两周前，我第一次得知这一消息，便马上写信给校董会的主席胡昌炽，对他做出以下建议：鉴于部分我们的教员和学生已经去了中国西部，但大部分班级仍留在南京，所以较为明智的做法是在城市恢复秩序之后尽快地让金大重新开学。"② 可以看出福开森非常坚定地反对金陵大学迁移至成都。

福开森的反对理由主要有二：（1）创建人大会是金陵大学校产在法律上的拥有者，对校产的迁移必须事先经过创建人大会的同意。陈裕光等人未经创建人大会同意就将学校迁移，这并不合法。（2）金大西迁不仅背离了学校的本来目的，而且是倾全校之力来服务于少部分学生，这并不合理。福开森显然是完全站在教会的角度来考虑此事，对于学校所处的实际情况并没有多加考虑。在笔者目力所及的材料中，只有福开森一位校董对迁校一事有着较为激烈的反对态度，但是从福开森的立场和其思考角度来看，笔者认为其信件中的观点仍然能够代表一部分外籍校董对迁校一事的看法。

而校内的外籍教员对学校西迁一事其实也并不完全赞同。在陈裕光的传记以及金陵大学的相关研究中都有提到，在内迁之前就有不少西籍教员

① 《陈裕光给福开森的信》（原文为英文），南京大学档案馆藏联董档之金陵大学档案，档案号：210 - 3571。
② 《福开森给 Dr. Spear 的信》（原文为英文），南京大学档案馆藏联董档之金陵大学档案，档案号：213 - 3616。

不愿迁校。① 金陵大学历史系主任贝德士在 11 月 24 日的一封私人信件中表达了自己对学校西迁的看法："西迁是出于学校安全和师生人身自由的考虑。维持师生的人身自由，让学校免受日军的控制，能够保证学校教育的立场能维持在中国这一边。但是仅以部分的教职员、学生和设备，在不规律的情况下在西部开展工作，我认为很难取得有效的成果。无论是否被日军局部控制，或迟或早，我都希望我们能够尽快尝试回到南京。当然目前来看迁校是必然的，而且我们许多出色的人员都相信这是一个正确的判断。"② 从信中我们可以看出，贝德士对西迁的前景也并不乐观，认为尽快回到南京才是学校应该采取的措施。但是与福开森不同的是，尽管贝德士与陈裕光在此事的意见上并不完全一致，但是他信任并支持陈裕光等人所做出的决定。这也是多数校董会成员与创建人大会的态度。

福开森的信寄出之后，金陵大学校董会主席胡昌炽给福开森回信维护了陈裕光，认为迁校并不是陈裕光以及学校教职员对学校权力的滥用，更多的是一个紧急措施和权宜之计。③ 1938 年 1 月 13 日，部分校董会成员聚集在上海，召开了一次临时的校董会会议，在会议中赞扬了紧急前往成都的行动，并指出这只是暂时的行为，一旦条件允许，学校便会迁回南京。④ 在 2 月 4 日的一次临时校董会会议中，校董们电报陈裕光："校董们已经拿到了 1 月 22 日福开森的电报，这电报明显是基于错误的条件而做出的，在此事上校董会支持你。"⑤ 这一部分校董其实倾向于学校尽快返回南京，强调了迁校是暂时性的行为，不过对于陈裕光等人的迁校做法是给予完全的理解和支持的。创建人大会也持相似的态度。12 月 4 日，陈裕光给创建人大会写了一封长信，详细报告了金陵大学前往汉口的准备和经过。12 月 28 日 Garside 给陈裕光寄出回信。陈裕光在信中虽报告了学校已迁往汉口，创建人大会在回信中仍在劝说陈裕光返回南京，认为南京的情况在接下来的几周里可能会稳定下来，那么或许可以在南京的校区重新开学，至少部分开学，可见创建人大会仍是希望金陵大学能够回到南京的。但与此同

---

① 张宪文主编《金陵大学史》，第 79 页。

② 《贝德士给友人的信》（原文为英文），南京大学档案馆藏联董档之金陵大学档案，档案号：204 – 3485。

③ 《胡昌炽给福开森的信》（原文为英文），南京大学档案馆藏联董档之金陵大学档案，档案号：213 – 3616。

④ 《校董会和执行委员会的紧急会议记录》（原文为英文），南京大学档案馆藏联董档之金陵大学档案，档案号：194 – 3361。

⑤ 《第一次会议紧急执行委员会会议记录》（原文为英文），南京大学档案馆藏联董档之金陵大学档案，档案号：194 – 3361。

时，创建人大会也意识到，在通信困难的情况下，其对学校的指导具有非常大的滞后性。在 12 月 28 日 Garside 的那封回信中，创建人大会表示，他们意识到内迁等方面的事宜必须留给学校的行政人员来进行判断，在这次危机之下，创建人大会的主要职责是尽量为学校提供财政援助。[1] 此外创建人大会虽与福开森的部分想法相似，但面对福开森对陈裕光的质疑，创建人大会还是站在了陈裕光这一边。在 1938 年 1 月创建人大会的会议中，正式确定了创建人大会对此事的态度，认为陈裕光将学生与设备迁往成都是富有同情心和经过深思熟虑的行为，并分别给福开森、胡昌炽、陈裕光写信表明了这一态度。[2]

综上所述，无论是创建人大会、校董会还是校内的西籍教职员，在迁校一事上都并不持有完全支持的态度，甚至还有部分反对的意见。但是不同于福开森对此事激烈的质疑，大部分外籍人士对陈裕光表现出了高度的信任，并充分认可陈裕光在紧急情况下做出的判断。一方面，他们确实意识到，在局势不定的战争中，只有陈裕光等处于学校工作一线的人所做出的判断才是最及时也是最准确的；另一方面，从 1928 年立案以来，校内的华人领导与教会没有发生过大的冲突，双方都在为学校建设而共同努力，在这之中培养了教会与华人教职员之间的信任，使得在危机来临之时，教会能够放心地将学校大政交由陈裕光等华人处理。所以金陵大学的西迁决议尽管经过了漫长的讨论，数次的反复，甚至在最后也没有形成完全统一的意见，但当陈裕光决定进行迁移之时，没有激起大的风波与矛盾，仍能够集合全校之力，共同渡过西迁难关。

五 结语

在全面抗战爆发初期，绝大多数教会学校并没有选择迁校，尤其是选择迁移至中国西部来应对战争的威胁，而是展现自己的国际身份，靠教会和领事的庇护以渡过这一难关。教会学校长久积累的中国化、本地化的色彩有所削弱，其教会的、非本土的一面再次显现。而金陵大学在此时则是教会学校中的异类，是第一所追随国民政府迁往中国西部的教会大学。早在 8 月，陈裕光就已经有了内迁的打算，并做了相当多的准备。但由于并没有得到校董

---

[1] 《Garside 给陈裕光的信》（原文为英文），南京大学档案馆藏联董档之金陵大学档案，档案号：210 - 3570。

[2] 《金陵大学执行委员会会议记录》（原文为英文），南京大学档案馆藏联董档之金陵大学档案，档案号：191 - 3327。

会以及创建人大会的支持，陈裕光迟迟无法做出迁移的决定。而当战局转危，国民政府正式宣布迁都重庆之时，陈裕光马上放下了所有的犹豫，不再等待教会与校董的回应，果断地做出了内迁的决定。推动金陵大学做出内迁决定最重要的因素就是国民政府迁都，其重要程度甚至盖过了教会的意见以及教会学校传统的权力结构与决策流程。以陈裕光为代表的金陵大学中国籍教职员，在战争中没有选择抛弃自己与国家的关系，尽力展现国际身份来求得安全，而是选择追随代表中国的国民政府一起迁往中国的西部，将自己置身于国民政府教育部管理下的中国高等教育界之中。可以说，此时的金陵大学相较于 1928 年的立案，其"中国化"的程度和决心都显得更深。与这一时期其他教会大学相比，金陵大学也更加信任与依赖国民政府。

　　而从内迁决议的产生过程我们可以看出金陵大学内部华人校领导地位的上升。金陵大学立案之后，虽然校内的主要领导是由华人担任，但是金陵大学的重大事务都需要由中外校董共同组成的金陵大学校董会进行讨论来做出决定，而且在很多时候需要听取作为教会势力的创建人大会的意见。但是在战争环境下，校董会会议难以召集，与创建人大会之间的联系也并不畅通，这就要求陈裕光等华人校领导在紧急情况之下能够自主做出决定。从结果上看，金陵大学的华人校领导掌握了对学校重大事务的话语权，在学校的治理结构中取得了较高的地位，金陵大学内部的权力结构也开始向中国本土大学靠近。不过这个结构调整并不是中西籍教职员之间激烈斗争的结果，而是为了应对危机所自然发生的转变。无论是创建人大会、校董会，还是在校的西籍教职员，在与陈裕光意见相左的情况下，仍能够支持陈裕光所做出的种种决定，给予了华人校领导极大的认可和信任。陈裕光也没有在此时刻意地架空西籍教职员，仍然努力尝试去向创建人大会与校董会咨询意见。可以说，金陵大学内部华人与教会人士之间的相互信任与相互合作的态度，使金陵大学以较为和平的方式完成了自身治理结构的调整，帮助金陵大学渡过了全面抗战初期的难关。

　　本文梳理了金陵大学内迁决议产生的过程，并探究了这一过程中校内的华人领导如何不断地修改策略，以求取得创建人大会、校董会以及国民政府各方势力的支持与帮助。在内迁问题的抉择中，金陵大学调整了自身与政府和教会之间的关系，而这也是当时所有面临迁移抉择的高校所必须面对的难题。金陵大学并不是一个能够代表所有内迁高校的典型，在全面抗战初期的历史环境下，每一所高校面临战争都有不同的处境和与之相应的应对策略。在全面抗战时期的高校内迁大潮中，不仅国民政府教育部期望能够重新调整与规划中国的高等教育界，每一所高校也需要再次审视自身与政府，以及支持学校的各方势力之间的关系，并做出调整与应对。目前高校内迁的研究，将不同类型高校的行为都纳入了统一的内迁大潮宏大叙事之中，却忽略了各个高校在内迁之际实际上面临各不相同又异常复杂的问题与抉择。本文以金陵大学为个案，正是试图还原金陵大学这一类教会学校在内迁之前所面临的历史环境，希望能够发掘掩盖在宏大叙事之下更加多样化的历史问题，以此推动高校内迁领域的研究进一步发展。

金大校友郭俊鍒先生与南京大学的
日军侵华暴行研究

蔡丹丹[*]   姜良芹[**]

提　要　郭俊鍒先生是金陵大学的著名校友，为世纪之交华人方面的日军侵华史研究做出了突出的贡献。在郭俊鍒的主持下，20 世纪 90 年代台湾金禾出版社陆续出版了以现代中日关系为主题的"国际视野丛书"；郭俊鍒还亲自参与并资助了华人学者的相关学术研究，他翻译了《亚洲冷战与日本复兴》一书，资助出版了记录南京大屠杀暴行的 *American Missionary Eyewitnesses to the Nanking Massacre , 1937 – 38* ，并在南京大学设立了专门的研究基金；21 世纪初，郭俊鍒将所藏珍贵书籍 3000 册悉数捐于南京大学，大大推动了南京大学的侵华日军暴行研究。

关键词　郭俊鍒　南京大学　日军　侵华

2007 年 11 月 6 日，91 岁高龄的郭俊鍒先生给远在美国洛杉矶经营长青书局多年的刘冰先生的信中这样写道：

冰叔尊前：

上周拜谒，欣聆教诲，至感愉快。

关于金禾出版社各书，除一二本已将版权无条件归还著者外，多数仍由金禾出版社有限公司持有中译权。惜在金禾公司解散之前，并未办理将权利转让给佄个人或任何他人之手续。今日佄个人是否持有金禾原持有之权利，似不能确定。故佄不能主动地将金禾之权利，转让给他人。不过如果有人来信询问，则佄当不要求任何金钱补偿

＊　蔡丹丹，南京大学社会科学处助理研究员。

＊＊　姜良芹，南京大学中华民国史研究中心教授。

答之。

关于曾任东京盟军总部（SCAP）任职调查日军战时暴行之纽西兰人 James Godwin 曾将其审问日军之纪录私自携回纽西兰一事，侄于 1999 年向纽西兰作家兼出版商 James Mackay 购到 Godwin 秘密携出之文件的全部影印本一套以及他根据该项文件所著书 *Betrayal in High Places* 数册（该书已由金禾出版社出版中译本，书名《俘虏痛史》。《俘虏痛史》有简体字版在大陆出。书名《高层的背叛》。出版者曾寄侄一册。但现在找不到了。）

James Godwin 为英国空军，乘商轮赴英国报到。中途在印度洋上商轮被日军捕获，他成为俘虏。那时是 1944 年 3 月。他重获自由的日子是 1945 年 9 月 4 日。18 个月的俘虏生活他受尽了各种虐待，唯一的收获是学会了日本话。就因为他能讲日本话，他被任命为东京盟军最高统帅麦克阿瑟部下的澳大利亚第二战争罪行处任职，专业是个别审问战争罪犯，作出纪录，每星期作一总结或报告。他在这个职位上自 1947 年 7 月 1 日起至 1950 年 2 月 16 日离日本回纽西兰止共 2 年 8 个月。其审问纪录和工作报告的数量实在很可观。

现在侄手上的文件计有：

1. Godwin 审问个别战犯的纪录（审问地点在东京巢鸭监狱或其他看守所），自 p 129 至 p 409（中间缺页甚多）。

2. Godwin 的周末报告，自 1948 年 4 月 16 日起至 1950 年 2 月 3 日止。Godwin 任意选出的一份审问纪录和附着的 check list 5 页。

3. Godwin 的自述——从 1944 年 2 月 13 日登上 "BOHER" 轮航向英国的中途被俘，转辗送至神户（1944 年 6 月 28 日抵神户）上岸，乘火车至 "OFUNA" 集中营。

Machay 致吴天威（Tian）函，告诉他 M 已将 Godwin 文件卖给 TSUIN（俊）。

Machay 致 James Bolger 首相函及其誓词（Sworn Affidavit）等等。

4. Machay 寄出 Godwin 文件的报关单原本和付款支票原本。

是否应将上述文件寄上还是依尊意于叔下次来台时再研究？请赐示。

侄郭俊铢敬上

郭俊铢于 1936 年从金陵大学化学系毕业后，留校担任时为金大化学研究所主任戴安邦教授的助手。1937 年全面抗战爆发后金大西迁，郭俊铢负责该所搬迁事务。在成都期间，郭俊鍒在负责金大化学研究所日常事务的同时，还克服战争带来的重重困难，坚持科学研究，先后在《中国化学会志》、*China Medical Journal* 上发表学术论文多篇，研究重点是对食物营养成分的分析。如 1945 年的 *China Medical Journal* 63A（4）上，即刊登了他与后来的我国第一代临床麻醉学家丁光生合作的论文 "A Simple Dark Adaptometer for the Determination of Vitamin A"。

第二次世界大战期间法西斯的暴政给人们留下了无比惨痛的记忆，对于中国人民来说，这段记忆尤其惨烈。在日本侵略者铁蹄的践踏下，沦陷区几成人间地狱，日军的暴行令人发指，罄竹难书。即使是抗战大后方的民众，也无时无刻不忍受着日机轰炸、物资短缺等对生命的威胁。

尽管正义最终战胜了邪恶，抗日战争以中华民族的伟大胜利而告结束，然而，战后日本不但没对受害国及人民道歉赔偿，还一而再地修改历史教科书，把东京审判的甲级战犯拜奉进靖国神社，企图抹杀其侵略中国及亚洲其他国家的真相。为了回击日本右翼势力的谬论，我国史学界自 20 世纪 80 年代中期兴起了抗日战争史研究的热潮。

此时的郭俊鍒已经是拥有台湾金禾出版社有限公司的成功企业家。作为日本侵华灾难的亲历者，他认为自己在维护历史真实、揭露日军侵略暴行的事业中，应该担负起一份责任与使命。

（一）策划并主持出版"国际视野丛书"

为促进中外学术文化交流，并帮助国人拓宽视野，加深对西方和日本观点的了解与把握，在郭俊鍒的策划和主持下，20 世纪 90 年代初，台湾金禾出版社开始推出"国际视野丛书"。该丛书以现代中日关系和战时日本为主题，关涉美、苏、中等国对日政策，战后各大国关系，战前日本军国主义、法西斯主义的社会状况，日本战争政策的制定和实施，日本军国主义战争罪行（包括俘虏、"慰安妇"历史等）诸方面重大课题。丛书作者大部分是西方和日本学者，如美国学者迈可·沙勒的《亚洲冷战与日本复兴》、克里瑞的《日本人的兵法》、富内德曼与迈勒巴德合著的《未来美日大战》、史麦赫司脱的《日本军国主义的社会基础》、哈达科瑞的《神道与国家》、格顿·张的《敌乎？友乎？——美国分化中苏联盟内幕》、倍利的《日本的问题——新时代的国力与目标》，日本学者山根幸夫的《近代日中关系史研究入门》、藤井志津枝的《近代日中关系史源起——1871～1874 年台湾事件》、铃木隆史的《日本帝国主义与满洲》，英国学者麦伦与哈瑞司合著的《日本皇军兴亡记》、毕思勒的《现代日本的崛起——简明日本现代史》，挪威学者伦特斯德的《东西南北——1949～1990 年的世界》，新西兰作家麦凯的《俘虏痛史——美国人出卖盟友的故事》等。有的专著是首次公开发表，有的是已在英、日文种中很有影响的专著，为我国史家和广大读者提供了很好的参考书。

其中，由新西兰作家麦凯（James Mackay）著、何林荣译《俘虏痛史——美国人出卖盟友的故事》，即前文郭俊鉌写给刘冰的信函中谈及的那本书，令人读后深感沉痛与震撼。著者依据战时新西兰皇家空军军官 J. G. 戈德温（James G. Godwin）留存的资料（简称"戈德温档案"）写成。该书最大的价值在于大量披露了罕见的第一手资料：一是被囚于日军战俘营的白人军官以日记形式保存下来的亲历其境的真实记录；二是一批盟军司令部组织的对日本战犯罪行调查的档案材料，其中包括盟军司令部当时草草结案并规定不许披露的秘密文件；三是盟军司令部调查日本战争罪行内幕，如在美军的庇护之下，日本战犯嫌疑人气焰嚣张，盟军调查官面临被谋杀威胁等内情。书后附有若干完整的重要的调查报告。如其信中所言，郭俊鉌不仅出版了该书的中文版，他还花钱于 1999 年从麦凯手中买到了戈德温档案的全部影印件。2017 年 12 月，郭俊鉌先生的侄子陈誉先遵照他的遗愿，将这批珍贵的影印件连同上文信函副本，一起捐给了南京大学中华民国史研究中心"郭俊鉌特藏室"保存并供研究者使用。

（二）资助华人学者学术研究并身体力行

1988 年暑假，金大校友章开沅先生在耶鲁大学神学院图书馆发现了贝德士个人档案。贝德士是金陵大学历史系创系主任，南京大屠杀期间他选择留在南京，因此，在他的个人档案中，章开沅先生收集到一大批南京安全区国际委员会与南京国际救济委员会的档案，以及贝德士和其他委员会成员的私人通信等资料，并写成《南京大屠杀的历史见证》（湖北人民出版社，1995）与《南京——1937 年 11 月至 1938 年 5 月》（香港三联书店，1995），在海内外引起了强烈反响。作为其后续工作，由同为金大校友的吴天威教授编选存于该馆的有关南京大屠杀时在宁美籍传教士的书信与日记，出版了 *American Missionary Eyewitnesses to the Nanking Massacre, 1937–38*（Yale Divinity School Liabrary，1997），在美国公开发行。其出版经费即由郭俊鉌先生资助。该书出版时，版权页上署名耶鲁神学院图书馆（即耶鲁大学神学院图书馆）M. Lund Smalley 女士，并未出现吴天威教授的名字。对此，吴教授却处之泰然："这么有价值的一手史料能以耶鲁神学院图书馆的名义出版，意义重大，必会引起各界的重视。至于书面上的编者由谁具名，实在不重要，微不足道。"三位金大校友以这样的形式共同促进日本侵华历史研究，成就了一段学术佳话。

郭俊鍨先生不仅组织、资助出版事业，还亲自翻译研究论著，前述《亚洲冷战与日本复兴》一书，即由他翻译完成。该书认为战后麦克阿瑟控制的远东司令部与华盛顿之间鸿沟甚深，意见不协，由于麦克阿瑟的专断与华盛顿政府的"惧苏恐共"心理相结合，美国扶植日本使之成为对抗苏联和亚洲革命的堡垒，日本坐收渔利，获得战后复兴的最大契机。这不仅决定了战后日本的命运与远东的冷战格局，也是美国干涉中国，先后实施对朝鲜、越南战争政策的源流。著者迈可·沙勒长期研究中美与国际关系，著述甚丰，并依据新近解密的大量档案资料写成该书。在翻译过程中，郭俊鍨并未因著者大名而有丝毫的马虎，他还请求马里兰大学薛君度教授协助核查档案。著译双方的学养及对于史料的重视，保证了该书的学术价值。

郭俊鍨先生亦多次参加吴天威教授在台北、旧金山、纽约等地举办的中日关系国际学术研讨会。在2000年春举办的会议上，郭俊鍨在论文中介绍了他翻译《日本军国主义的社会基础》的情况，并对近代日本政治提出了自己的见解："日本早已有了由武力决定一切的传统，再加上他们在欧战所看到的情形，凡是强国，无一非凭武力侵略落后国家的军事强国。依仗武力，既合于日本的传统，又合于武力侵略的潮流，军国主义乃成为顺理成章，势所必至之政策。"

1999年，经吴天威、薛君度等教授的引荐，郭俊鍨先生决定在中华民国史研究重镇南京大学设立"侵华日军暴行研究"基金。2000年3月与2001年5月，郭俊鍨"侵华日军暴行研究"基金管理委员会会议先后两次在宁召开，李恩涵研究员、吴天威教授代表基金捐助人郭俊鍨先生听取并审议通过了基金资助计划。先后两批共4万美元的资助经费按时到账。受该基金资助的主要是南京大学中华民国史研究中心的青年教师和硕博士研究生，这对他们的课题研究和未来学术成长奠定了重要的基础。其中，张生主持的研究项目"日伪关系研究——以华东地区为中心"，选取日汪关系中4个极具解剖意义的个案，采用实证研究的方法，深层次多视角地揭示了日汪关系的实像。潘敏主持的"江苏日伪基层政权研究"，以苏南、苏中为中心，对1937～1945年江苏地区日伪基层政权做了深入细致的考察。在基金资助下，她跑遍南京和苏南地区的各档案馆、图书馆，尽可能多地掌握伪基层政权的资料，特别是第一手档案史料。她运用政治学、社会学、社会心理学的有关理论和史学的实证方法，在厘清日伪基层政权组织过程的基础上，深入解剖了基层政权的组织结构、政治和经济职能。该书以无可辩驳的史实和数据，切实地论证了日本对沦陷区的经济掠夺，使我们能更明确地认识日本军国主义的侵略本质。其他如李峻主持的项目"日伪统治上海实态研究"、杨家余主持的"伪满社会教育研究"、勇素华主持的项目"日军细菌战、毒气战研究"、周孜正主持的"中国留日学生在日的爱国反抗活动"等，均运用扎实的史料，从侧面还原了日本侵华的历史实态。

（三）捐赠学术珍藏嘉惠后学

从 2000 年 3 月开始，郭俊鉌先生将多年收藏的珍贵中外书籍近 3000 册分四批陆续寄运南京大学中华民国史研究中心。其间，台北雨灾造成郭俊鉌先生市区家中漏雨，他往郊区搬家时，为了避免书籍受潮，宁愿将家具丢掉。第二批装箱邮寄时正赶上夏天，八旬高龄的郭俊鉌先生担心请人帮忙会弄乱顺序，他冒着酷暑，将一本本图书亲自装箱。当这些带着郭俊鉌先生毕生心血与期望的珍贵图书运至南京后，中华民国史研究中心特在中心图书馆设立"郭俊鉌特藏室"，由专人负责编目、上架、管理。该批图书以日本侵略暴行、中国近代史专题为主，兼及日本史、苏俄史、美国史、国际关系史等主题，是郭俊鉌先生几十年来海内外寻访得来，对南京大学图书馆馆藏是很好的补充与扩展。为了保护并最大限度地利用这批图书，中心制定了严格的图书阅览制度：该批图书只能阅览，不能借阅；只能手抄和拍照，不能影印（影印挤压容易造成图书开裂）。

目前，南京大学的日军侵华暴行研究和抗日战争研究在海内外产生了广泛的影响力。由张宪文教授主编的《南京大屠杀史料集》（72 卷）出版后不久，日本外务省和防卫省也不得不承认，"根据截至目前公开的文献等进行综合判断"，"不能否认日军进入南京后，对城内非战斗人员进行的杀害或掠夺行为"。[①] 该史料集是南京大学"211 工程"和"985 二期工程"的文科标志性成果之一，受到评估专家组的高度肯定。在史料集基础上完成的《南京大屠杀全史》（3 卷本），目前已经翻译成英、日、韩等多种文字出版发行，推动了世界重新认识日军在华暴行及其危害。这些成绩的取得与郭俊鉌先生的帮助和推动是分不开的。

---

① 日本共同社 2006 年 6 月 22 日电。

　　2009 年 1 月，时任南京大学校长助理的朱庆葆教授和张宪文教授、陈谦平教授、姜良芹副教授一行四人，专程赴台拜访 93 岁高龄的郭俊鉌先生，向他汇报中心的工作。一走进先生的家门，我们就被摆放在客厅显著位置的 72 卷本《南京大屠杀史料集》所吸引。原来，郭俊鉌先生一直关心着中心的学术与发展！

以谣为枪：童谣与抗战时期的儿童教育

刘 齐[*]

提　要　童谣作为儿童之间经常传唱的一种表现形式，因其形式简短，富有韵脚和格律，在中国历史上长期流传。抗战时期，为了抵御外侮，救亡图存，开始尝试用童谣的形式对儿童进行抗战教育。童谣在抗战时期，从其思想性到内容上都被进行了改造，从而创作了一批新童谣，并利用传统的教育形式、流行的曲艺形式、发行刊物等多种方式进行有效传播。但随着童谣教育功能的不断扩大，童谣与"儿童本位"之间的关系，也值得进一步讨论和思考。

关键词　抗战时期　童谣　儿童教育

童谣，在古代也被称为"孺子歌""小儿谣""小儿语"等，这里面"孺子""小儿"皆指儿童，由此可见，童谣的主人是儿童。虽未必创自儿童，但必出儿童之口。周作人言："儿歌者，儿童歌讴之词，古言童谣。"[①]把"儿歌"当作了"童谣"的另一称谓，只是古今不同之名而已。在本文中，笔者对此不准备专门讨论，只以此解释说明，文中所引的童谣，以传统意义的"童谣"抑或"儿歌"为主。

正是由于童谣主要是通过语言创作，依靠语言传播，因此讲求口述耳听，要入心入脑。而儿童年幼，天真无邪，好奇心重，求知欲强，处在语言习得、思维形成的关键时期。所以，人们很早就发现了童谣在儿童成长中的价值，尤其在儿童智力、道德、审美等方面的发展至关重要，便有意识地利用童谣的形式，创作出适合儿童学习唱诵的童谣，强化了童谣的教

---

[*]　刘齐，南京大学历史学博士后，南京师范大学教育科学学院讲师。

①　周作人：《儿歌之研究》，王泉根评选《中国现代儿童文学文论选》，广西人民出版社，1989，第556页。

育性。

进入民国，特别是在五四新文化运动的推动下，从 1918 年开始，周作人、刘半农、沈尹默等便开始在全国范围征集民间歌谣，1920 年成立了歌谣研究会，1922 年又创办了《歌谣》周刊。这一"歌谣运动"，在全国征集到 13000 多首歌谣，其中不乏大量童谣。据此，周作人、冯国华、褚东郊等撰写了一系列研究童谣的文章，[①] 分析了童谣的起源、分类、特征及其在儿童文学中的地位和作用，特别指出传统童谣"音韵流利，趣味丰富"，"思想新奇"，"不仅对于练习发音非常注意，并且富有文学意味，迎合儿童心理，实在是儿童文学里不可多得的好材料"。[②]

而到了抗战时期，随着战事日蹙，在早期西方教育理论的熏渍及五四新文化运动的助力下，童谣就已不再是简单的"童谣"，日益成为教育下一代从小立志救国的有力的武器。目前，有关抗战时期的童谣，学界已经有了关注，不仅对这些童谣进行了一定程度的搜集、整理，[③] 也在童谣的艺术特色、思想内容上有了初步研究。[④] 不过，这些研究与对同时期其他体裁的作品研究相比，还显得比较单薄、零散。而事实上，这些童谣对于了解当时的社会生活，特别是对儿童的教育尤为重要。从孩子们的传唱中，我们不仅可以感受到儿童内心深处的呐喊，也可以听闻这个时代的呼号。故笔者就此进行了初步梳理，以供学界参考。

一　抗战时期童谣的创作

1931 年九一八事变的沉重一击，让全国各族各界民众迅速觉醒。由此，进入了长达十四年的抗战时期。在这场历时长久、艰苦卓绝的战争中，无论是武装战线，还是文化战线，都在义无反顾地投身抗战。特别是在文化战线上诞生的各种诗歌，更是延续了整个抗战过程，表达了中华儿女誓死不当亡国奴的决心和信心，传达了全国军民团结一心的豪迈气魄和气概，唱出了人

---

① 如周作人的《儿歌之研究》《读〈童谣大观〉》《读〈各省童谣集〉》等，冯国华的《儿歌底研究》，褚东郊的《中国儿歌的研究》等。

② 褚东郊：《中国儿歌的研究》，王泉根评选《中国现代儿童文学文论选》，第 584 页。

③ 如周勇、任竞主编的《抗战大后方歌谣汇编》（重庆出版社，2011），袁行需主编的《诗壮国魂：中国抗日战争诗钞·歌词歌谣》（中国青年出版社，2015），皇甫建伟、张基祥主编的《抗战诗歌选》（山西人民出版社，2012）等中辑录了不少抗战时期的童谣。

④ 如苏芝军的《浅析抗战童谣》，周芸华、刘琼的《彭桂萼抗战儿歌的思想内容及艺术特色》，王晓玲的《论彭桂萼抗战儿歌的审美艺术特色》，周芸华、赵卫华的《论彭桂萼抗战儿歌的审美艺术特点》等。

民必胜的斗志和意志，成为夺取抗战胜利的强大精神动力。

正是在谋求强国复兴、抵御外侮的形势下，童谣在人们心目中的地位也与日俱增。有人对童谣在抗战中的作用寄予了厚望，认为"假如把用文字写成的文学，变为口头上的文学，那末，宣传的效力，不更广大吗？宣传的地域，不更普遍吗？""歌谣是通俗文艺部门中的一种。它的文字最自然，意义最明显，音节最天然，它不受板眼、调子的限制，只要随口唱出来就行，也不受性别和年龄的限制，无论成人小孩或者男子妇女，都可随心念唱。故历代以来的歌谣，大都由口头传诵，流行民间，虽然年代久远，仍旧受着民众的欢迎。在抗战的现阶级，假如能把旧有的歌谣改编，或者新写，使歌谣在数量上有所增加，在质量上有所改进，对于抗战宣传，那是有着极大的帮助的。"①

事实上，"自新教育风行以后……于是儿童文学的呼声，就日高一日，教育家就视为急不可缓的事情"，而"儿歌在幼儿前期的儿童看来，尤为重要"，因为"儿歌在教育上自有其独立的价值"。② 正如周作人所言："若在教育方面，儿歌之与蒙养利尤切近"，"幼稚教育务在顺应自然，助其发达，歌谣游戏为之主课"。③ 因此，在抗战爆发之后，利用童谣对儿童进行教育，就成了教育学者首选的形式。

作为"伟大的人民教育家"，陶行知十分重视儿童的成长，把儿童作为国家发展的未来。因此，陶行知创作了几十首儿童诗歌来宣传爱国抗日，表达对自由和幸福生活的向往。陶行知先生倡导"教人做人，教人做真人，教人做真善美的新人"，在外敌入侵的情势下，他提出首先要做一个"中国人"，以此教育儿童"我是中国人，我爱中华国，中国现在不得了，将来一定了不得"，④ 对儿童、对民族、对国家充满了希望。

而在日常生活中，他更是号召孩子们要适应目前的粗茶淡饭，抵制日货，如在《生活教育小影》中，陶行知说："青菜豆腐糙米饭，还要看，要想，要谈，要玩，要干。唤起四万万五千万，瞄准侵略，战，战，战！"⑤ 又如："好少爷，真不错，宁可裤子破，不买东洋货，如买东洋货，没人嫁你做老婆。好姑娘，顶呱呱，宁可打赤脚，不愿穿丝袜！如果穿丝

① 秦光银：《抗战童谣》，《抗战艺术》第 3 期，1939 年，第 65 页。

② 冯国华：《儿歌底研究》，王泉根评选《中国现代儿童文学文论选》，第 564 ~ 566 页。

③ 周作人：《儿歌之研究》，王泉根评选《中国现代儿童文学文论选》，第 562 页。

④ 陶行知：《中国人》，《陶行知全集》第 5 卷，湖南教育出版社，1985，第 411 页。

⑤ 陶行知：《生活教育小影》，《陶行知全集》第 7 卷，四川教育出版社，2005，第 700 页。

袜，便是一个女王八。"① 这才是"好少爷""好姑娘"。

教育家邰爽秋也是很早就注意到了童谣的教育作用。早在"五卅惨案"发生时，就写作了一首《奋斗歌》，抗战爆发后，他将《奋斗歌》略加修改，新编为《救亡歌》三首，其一为："我中华之青年兮，何徘徊于歧路？独不见灿烂神州，强邻相逼处？杀戮我弟兄，凌虐我父母。谁无心肝？谁不愤怒？整我奋斗旗！击我奋斗鼓！冲锋陷阵！破敌杀虏！宁为中华之雄鬼，莫作亡国之怯奴！宁为中华之雄鬼，莫作亡国之怯奴！我青年，须觉悟！我青年，须觉悟！"② 读着这些悲壮、激昂的词句，即使是时光逝去了百年的今天，仍然会使人产生一种庄严、圣洁的感情。

除了教育学者外，其他从事教育工作的人士，也都以极大的热情参与到了童谣的创作中。如与著名史学家白寿彝同学，就读于开封圣安得烈学校的王皎我，毕业后先后在河南漯河临颍甲种农校③和广东东山培正中学教书。在临颍甲种农校期间，王皎我就大力提倡革命文学，通过诗歌、杂文等多种形式，宣传、启发学生的思想，并在校内发起创办了"飞霞文学社"，以进一步研究和创作。

同样作为教员的，还有四川的谢趣生。他从成都高等师范学校毕业后，即在附近的中小学担任美术教员，除创作了不少抗战漫画外，也写作了像《我做庄稼你保国》之类的抗战童谣。

这个时候一些学生也主动援笔挥戈。在1933年由上海大东书局出版的《抗日救国诗歌》一书中，就收录了一位叫钱重六的学生的作品。钱重六，即钱庆焘，是江苏江阴人，此时正是清华大学政治学系本科一年级的学生。④ 在耳闻目睹日军侵略中国东北的暴行后，钱重六义愤填膺，孩子们高呼的口号启发了他，"暴日踏进我国门，杀我同胞，夺我山河。凡我国民，谁不愤慨，谁不愿执戈荷枪殉国难？这几天走过街头巷尾，每听得一般小朋友高呼着'打倒日本倭奴！杀尽日本倭奴！'这足见一般小国民的爱国热诚，也不亚于成人。不过我觉得，应得善导他唱两首歌谣，使他永远的唱着。比较喊口号易动人听，并足使一般醉生梦死的人，苏甦［醒］

① 陶行知：《好少爷》，《陶行知全集》第 7 卷，第 725 页。
② 邰爽秋：《救亡歌》，《中锋》第 2 期，1935 年，第 9 页。
③ 该校原为 1904 年创办的临颍县立高等小学校，1911 年改为乙种蚕校，1921 年发展为甲种农校，1931 年改为农蚕科职业学校，1949 年创办临颍县中，同年暑假与附小对换校址，校名改为北街小学校，1969 年增招初中班，改名为北街学校，沿用至今。
④ 根据 1934 年 8 月 23 日第 592 号《国立清华大学校刊》，钱庆焘在本科二年级时转入了历史学学习。根据《顾颉刚日记》1978 年 5 月 17 日载，"前清华历史学毕业生钱重六来"（《顾颉刚全集》卷 11，中华书局，2011，第 551 页）可印证。

过来，万众一心的抗日"，于是，他一连"拟了六首抗日童谣，欲献给为父母的，为师表的，请切实的教导你们的孩子，使他在街头巷尾也能这样的唱着。牢牢的深印在民众的心里！"①

不仅是大学生，在全民抗战、共赴国难的形势下，就连年幼的小朋友也参与创作童谣来号召大家共御外侮。重庆一位年仅十岁的小朋友徐应潮创作了《抗战》，年纪虽小，但颇有思想高度："举起抗敌旗，撞响前进钟，大中华的国民，不受任何耻辱。四万万同胞一致起来！干！不怕艰难，不畏困苦。杀呀！杀呀！杀退倭寇收复失地，完成世界和平！争取民族解放！"② 而另一位年仅九岁的谢启文在《杀敌歌》中写道："我是小军人，我有小枪和小刀，跑到战场上，日本鬼子看见了，丢下步枪急忙逃，有的磕头求我饶，急忙赶上去，斩了他一刀，一刀又一刀，鬼子头颅搬家了。"③

四川泸州源生昌印刷厂的工人秦光银，早期经常为副刊写民歌。抗战之时，继续发挥所长，为当地的民间艺人，乃至看相、算命的人，撰写说唱材料、民歌民谣，供给艺人利用民间喜见乐闻的各种形式宣传抗日救亡，收到了很好的社会效果。④

在抗战时期童谣的创作者中，"老向"的名字经常出现。老向，原名王焕斗，字向辰，"老向"是他的笔名。⑤ 曾就读师范学校和北京大学，热衷于文学创作。在文学创作初期，受陈西滢、徐志摩等京派作家的影响较深。这期间，他笔下的多是"趋雅"之作，题材多为知识分子的日常生活，表现他们洁身自好、自我爱怜的思想情感。但作者很快就不满意自己的这种创作趋向，认为是"误入歧途之作"。后加入晏阳初倡导的河北定县"平民教育运动"，"乡土情结"成为他文学创作的中心和主题。进入抗战时期，更是将自己的笔锋直面战争形势，扎根中华大地，创作出如《月亮光光》等不少脍炙人口的抗战童谣。

除上述这些童谣作者外，还有报刊编辑荆有麟、王亚平、邵洵美，记者张天授，文艺工作者安娥、陈波儿，作家老舍、冰心，教师彭桂萼等

---

① 钱重六：《抗日童谣》，《民间旬刊》第 48 期，1932 年，第 10 页。
② 徐应潮：《抗战》，《国民公报》1938 年 7 月 9 日，第 4 版。
③ 谢启文：《杀敌歌》，《国民公报》1938 年 7 月 25 日，第 4 版。
④ 《抗战初期的泸县青少年活动》，政协泸县委员会文史资料工作委员会等编印《泸县文史资料选辑·抗日专辑》第 7 辑，《泸县抗日纪事》，1995，第 37 页。
⑤ 京味文学代表作家之一，《论语》派三大台柱子之一，有"幽默作家"的头衔，与老舍、老谈（即何兆熊，后改名容，字谈易，号子祥，笔名老谈）合称"三老"。

等。还有更多佚名、无名的作者，也都在抗战的情势下，受此感染，奋笔疾书，将强烈的民族危亡感化作创作的动力，并以此来教育和带动更多的人。事实上，除去童谣，包括高级将领冯玉祥、著名学者罗家伦等也都创作了抗战歌谣。可以说，包括童谣在内的歌谣，成了宣传抗战救国思想的有力武器，形成了在武装战争之外硝烟弥漫的新阵地。

二　抗战时期童谣的传播方式

谣的重要表达形式就是被人所传唱。随着越来越多的童谣被创作出来，如何将它们普及儿童之中，甚至为更多人所知，便成为一个重要问题。

（一）　利用传统的教育形式

在中国传统社会中，《三字经》《百家姓》《千字文》《神童诗》等童蒙作品深入人心，成为当时儿童幼时生活的精神给养。有很多人可能还不识字，但都可以随口背诵出一段，可谓少长咸宜，妇孺皆知。其原因就在于这些作品字数不多，或三字一句，或四言一组，且句句叶韵，读起来朗朗上口。这些特点也被童谣的创作者所借鉴，甚至有意模仿。

比如，老向就曾专门创作了《抗日三字经》，巧用了《三字经》这种在民间广为流行的形式，但注入了抗战的时代内容，让传统文化以雄赳赳气昂昂的姿态走进了抗战宣传的行列。学者盛成在阅读后评价道："我儿时念的三字经，至今还能背诵得出，这一部三家村私塾的启蒙课本，恐怕是识字的中国老百姓，都读过。中国人的民族意识，也可说是三字经的民族意识，这种意识，自然不合于目前的时代了"，而"老向的抗日三字经，可以来补救这个缺憾，而正是抗战期中所必不可少的通俗读物，可以下乡，可以入伍，可以作启蒙课本"。[①]

《抗日三字经》全文不长，仅 118 句，计 354 字，但取舍精当，既回溯了从明代倭寇侵扰至甲午海战的历史，也概括了自九一八事变以来日军的种种暴行。在历数抗战之艰巨的同时，老向在《抗日三字经》里首先就提出"人之初，性忠坚，爱国家，出自然。国不保，家不安，卫家，务当先"，将爱国、卫国、报国、救国作为全篇的宗旨，更充满了"不胜利，不停战"，"抗到底，必胜利"的坚定信心和意志。[②]

---

① 盛成：《序二》，老向：《抗日三字经》，三户图书社，1938，第 2 页。
② 老向：《抗日三字经》，第 1、11、14 页。

《抗日三字经》创作后，获得巨大成功，不仅为儿童，也深受广大民众的喜爱，在社会上引起了强烈反响。新闻人王平陵说："从前的三字经，是我第一本所读的书。当时，我的父亲传授三字经给我，我是五岁的孩子，怎样也不明白书中的意义：但我能从头到底，反来覆去地背诵，不错讹一个字"，"在老向的三字经里，没有冷僻的字，生硬的语句，灰暗的意义，而且，一开始就引人入胜"，"这是一本有利于抗战的好书"。① 一些报刊还发表了对《抗日三字经》的评论性文章，对这一"旧瓶装新酒"而"翻旧出新"的文化现象予以了高度关注和积极肯定。

《抗日三字经》最初的单行本，由武汉三户图书社出版，"初版印了15000 册，三天内销售一空；再版又印了 15000 册，五天内又销售一空"。② 为了达到更好的宣传效果，图书社又加印了彩色封面并改善纸张和插图，以引起更多儿童的兴趣，"所以出版不到一月就销售两万多册，打破了一切著作的纪录"。③ 此书在纷乱的战争环境中竟大受欢迎，其销售盛况可见一斑。随后，铅字、油印、石印甚至手抄的多种版本的《抗日三字经》在重庆、延安、江苏、广西等地不断出现，风靡全国，一时洛阳纸贵。"在一年多的时间里，先后在西安、汉口等地连印七版，成为华夏大地广大军民争相传诵的理想教材"。④ 有的地方还仿照此例，增添了太平军、孙中山倡行三民主义等近代史实，灌注了强烈的民族意识，收到了很好的社会效果。

而早先已经流传甚广的童谣作品，这个时候一些人也借用其式，重新填词再造。比如，北方地区的童谣《小小子》："小小子，坐门墩儿，哭着喊着要媳妇儿。要媳妇儿干什么呀？点灯，说话儿；吹灯，作伴儿。明儿个早上起来梳小辫儿。"老舍就将其改为："小小子，坐门桩，哭着喊着要刀枪。要刀枪干什么呀？练刀，抵抗！练枪，好放！明儿个早早起来打胜仗！"⑤ 事多句简，流畅自然，允为上品。

除此之外，老向还创作了四言的《快浇水》《点将》等同样简明轻快的作品。受此影响，冯玉祥也创作了不少"丘八诗"。这些都是为群众所喜闻乐见，成为传统文化形式为抗战服务结出的最早一批丰硕果实。这批作品的横空出世，犹如一颗凌空升起的信号弹，引发了勃然兴起的抗战通俗文化潮的第一股汹涌浪头。

---

① 王平陵：《序三》，老向：《抗日三字经》，第 3 页。
② 章绍嗣等编《武汉抗战文艺史稿》，长江文艺出版社，1988，第 190 页。
③ 赵清阁：《序四》，老向：《抗日三字经》，第 4 页。
④ 李建平、张中良主编《抗战文化研究》第 3 辑，广西师范大学出版社，2010，第 151 页。
⑤ 老舍：《小小子》，《中央日报》1939 年 4 月 4 日。

（二）利用已有的曲艺形式

《毛诗故训传》谓"曲合乐曰歌，徒歌曰谣"，事实上，谣不仅无须伴奏，甚至很多谣并没有固定的曲调，只是一种"只说不唱"的韵文作品。但若有乐相合，无疑会增添谣的艺术性和感染力。因此，一些作者还将创作的童谣主动与乐曲相配，使之在简明轻快的旋律之中，更加让人接受。

但有些作者未必会亲自谱曲，便找到乡间俚调或已广为人知的歌曲套用。在这方面，陶行知的《锄头舞歌》最为典型。《锄头舞歌》是根据南京晓庄附近的山歌调子填词的，旨在唤醒大家"争取民主自由的觉悟"。[①]正如晓庄编辑出版的图书——《晓庄歌曲集》所述："南京的和平门外，北固乡一带，每到初夏农夫农妇割麦插秧的时候，及秋末冬初割稻刈草的时候，在田野里是弥漫着一种漫长的山歌调子，而且这山歌是出自农妇的口中，所以格外的使人听了感动。有时你在田间走过，远远地传来这歌声，这是在那边的山凹里，或是乱草蒙丛是小山巅方面来的。这可以使你听得格外的对这情景留恋，这时你的思想是走入诗境中去了。"[②] 显然，这首歌曲的诞生地不在大都市，而在田野地，充满了浓郁的泥土气息。但就是这接地气十足的曲调，在与陶行知的歌词融合后，竟为"广大中小学生所喜闻乐唱，流行于国内外"。[③]

而陶行知在1937年创作的《不投降歌》则用法国儿歌《雅克兄弟》相配："军人救国不要命。不要命，不要命，只有断头将军，没有投降将军。军人救国不要命。不要命，不要命，只有断头兵丁，没有投降兵丁。军人救国不要命。不要命，不要命，捧出一颗丹心，献与亿兆生灵。"[④]《雅克兄弟》曲调简洁优美，易学易唱，在传入中国后，被多次改编，如《两只老虎》《国民革命歌》《土地革命歌》等。可见，在陶行知使用前，就已流传甚广，并已经具有了革命的"气息"。因此，陶行知在《不投降歌》中，多次使用两个连续的"不要命"，借以加强和渲染决一死战、视死如归的英雄气概，凸显了大义凛然的民族气节，张扬了永做自由人、不当亡国奴的爱国精神。

抗战时期，歌谣成了动员大众投入民族解放战争的有力武器。为此，老舍也创作了不少歌谣。他创作的歌谣，预先就瞄准了不同年龄阶段的大

---

① 孙继南、周柱铨主编《中国音乐通史简编》，山东教育出版社，1993，第418页。
② 陆静山编《晓庄歌曲集》，儿童书局，1933，第15页。
③ 孙继南、周柱铨主编《中国音乐通史简编》，第418页。
④ 陶行知：《不投降歌》，《陶行知全集》第7卷，第58～59页。

众，如对青少年写的《大家忙歌》，开场便是"年轻的好汉快扛枪，去打小日本，大家忙，胆粗心细，志气刚强，保住中华好家乡，有好汉，国不亡，年轻的好儿郎"。① 为刚成婚的青年们写的《丈夫去当兵》，经作曲家张曙编配了曲谱，成了在抗敌民众中广为流行的歌曲之一。

此外，老舍还利用鼓书坠子、套曲、数来宝等多种群众喜闻乐见的形式进行创作。为适应街头宣传的需要，他为汉口六渡桥的抗战画廊编写韵文，为流动表演的"拉洋片"写作套曲。

可以说，老舍使用了一切易于抗战宣传的形式，歌谣只是其中之一，但这在当时也发挥了巨大作用。正如老舍所说："在战争中，大炮有用，刺刀也有用。同样的，在抗战中，写出小说戏剧有用，写鼓词小曲也有用。我的笔须是炮，也须是刺刀。我不管什么是大手笔，什么是小手笔，只要是有实际的功用与效果的，我就肯去学习，去试作。我以为在抗战中，我不仅是个作者，也应当是个最关心战争的国民，我是个国民，我就该尽力于抗战；我不会放枪，好，让我用笔代枪吧。既愿以笔代枪，那就写什么都好，我不应当因写了鼓词与小曲而觉得有失身份。"②

与老舍一样，秦光银也擅用民歌创作新词，颇有特色，"文词虽然不够典雅，但对当时深入农村宣传抗敌救亡，作用至大"。③

总之，正是在抗战的大背景下，一首首近似俚语俗谈，却又深入浅出、明白如画的新童谣被写了出来、唱了出来，同时也感染了不少作家、作曲家等，成为当时教育界、知识界、文艺界共同为中国儿童、中国未来所做的一件大事。

（三）利用刊物发行

童谣虽然是口耳相传，但作为这一时期被创作出来的大量抗战童谣，要想快速、准确地传播，并且较好地保存下来，以传之后世，就必须依靠文字书写。因此，将童谣以书面的形式传播出去，就成为当时重要的途径，而报纸刊物就成为童谣发表的首选。

在报纸方面，有《国民公报》《大公报》《中央日报》《新蜀报》《大江日报》《时事新报》《扫荡报》《新民报》《救国日报》《济川公报》等。这些报纸虽然创办主体不一，但都对抗战童谣进行了登载。在一些报纸的

---

① 老舍：《大家忙歌》，《老舍文集》第 13 卷，人民文学出版社，1988，第 388 ~ 389 页。
② 老舍：《写家漫语》（上），大众文艺出版社，2006，第 136 ~ 137 页。
③ 《简话〈内江日报〉》，中国人民政治协商会议四川省内江市委员会文史资料研究委员会编印《内江文史资料》第 6 辑，1990，第 136 页。

文艺副刊上面，各类抗战歌谣频频见报。报纸广阔的销路，民众对时局的关注，使这些被刊载的童谣迅速传播至全国各地，在广大民众中产生了广泛而深远的影响。

而刊物的话，就更多了，特别是一些刊物，就是在抗战背景下应运而生，并积极在抗战中发挥宣传作用，如《光明》《大声周刊》《川中学生》《文化战线》《时事类编》《半月文摘》《川东文艺》《抗战三日刊》《青年界》《全民抗战——保卫大武汉特刊》《内政研究月报》《战潮》《抗战文艺》《全民周刊》《文艺战线》《战歌》《民众知识》《抗战戏剧》《江西地方教育》《抗敌导报》《战时民训》《西线》《慰劳半月刊》《文化动员》《四川省合作通讯》《文艺阵地》《兵役月刊》《抗战艺术》《广播周刊》《全民抗战》《战时民众》《抗到底》《隆昌县总动员宣传周特刊》《战时中学生》《民族诗坛》《教育短波》《蒙藏月刊》《战时后方画刊》《乐风》《西北工合通讯》《西北工合》《文艺月刊——战时特刊》《抗建通俗画刊》《四川兵役》《军民旬刊》《经世》《中国教育》《时代精神》《抗建》《五十年代》《国民教师月刊》《奋斗》《田家半月报》《好男儿》《儿童月刊》《三民主义周刊》《本行通讯》《西北论衡》《反攻》《士兵月刊》《宇宙风》《职工通讯》《士兵周报》《国讯》《党工通讯》《农民通讯》《文学》《正信》《美术家》等。

一些刊物的创办发行，也有赖于抗战时期相关组织的建立。作为中华全国文艺界抗敌协会的会刊，《抗战文艺》是其中在抗战时期持续时间最长的全国性大型文艺刊物。《抗战文艺》的发行，正如《中华全国文艺界抗敌协会宣言》中所说："这时候，文艺界同人本着向来不逃避不屈服的精神，以笔为武器，争先参加了抗敌工作。有些同人，还到民间与军队里，去服务，去宣传，以便得到实际的观察与体验，充实写作的能力，激发抗战的精神。但是，在这神圣的抗战中，每个人都感到问题是怎样的复杂，困难是如何的繁多。即专就文艺本身而言，需怎样表现才更深刻？取何种形式才更合适？用什么言语才更有力量？都成为问题。就是印刷与推行也都遇到不少的困难，减降了宣传的顺利。每个人都想竭尽才力，切盼着相当的收获，可是每个人都遭遇到这定非单骑所能克服的艰难。我们必须联合起来。"①

因此，在动荡不安的环境中和来自经济、政治等方面的严峻压力下，

---

① 《中华全国文艺界抗敌协会宣言》，文天行、王大明、廖全京编《中华全国文艺界抗敌协会史料选编》，四川省社会科学院出版社，1983，第12页。

《抗战文艺》紧密依靠革命的进步的作家，吸引并团结爱国的拥护抗战的作家，发表了包括童谣在内的抗战作品，为战时文艺的发展做出了重大贡献，特别是在宣传动员群众坚持抗战、团结、进步等方面起到了很好的作用。"文艺者是人类心灵的技师，文艺正是激励人民发动大众最有力的武器"，"我们应该把分散的各个战友的力量，团结起来，像前线将士用他们的枪一样，用我们的笔，来发动民众，捍卫祖国，粉碎寇敌，争取胜利。民族的命运，也将是文艺的命运，使我们的文艺战士能发挥最大的力量，把中华民族文艺的伟大的光芒，照彻于全世界，照彻于全人类，这任务乃在我们全中国从事文艺工作友人们的肩上"。①

　　还有一些刊物则是一些作家自我组织发起。其中，《抗到底》最为典型。《抗到底》是 1938 年 1 月 1 日创刊于武汉的政治与文艺的综合性刊物，由老向担任主编，以"君文"的名义发行，由汉口的华中图书公司总销售。《抗到底》为半月刊，从第 10 期起，由何容任主编。后因武汉屡遭日军轰炸而迁至重庆继续出版，发行人为老向，由生活书店代售。刊载小说、诗歌、大鼓、歌曲、通俗故事等，宣传抗战。主要撰稿人有老向、老舍、何容等。《抗到底》以"抗战到底，建国必成"之意取为刊名。在《发刊词》中，这样写道："我们希望这里边的每一篇文章，甚至每一个字，都有炸弹般的力量，炸碎敌人的阵垒。所有的作家，学者，与全体抗战爱国的同胞，只要有'多写一个字，多增一分抗力'的热诚，便都是本刊的合作者。我们希望登载各种不同体裁的文字，得到无量数的读者，也就是希望得到无量数的战士。《抗到底》这个名称，充分代表着本刊的特性：我们要根绝妥协，永不屈服，抗战到底。我们不说大话，但绝对不说软话。不说于抗战无益的话，更不为谁造消闲趣话。我们愿以血为墨，使文字化为武器，赠与全国的同胞。"②

　　正是在这种思想的指导下，《抗到底》刊发了多种通俗文学，除了童谣外，鼓词、京剧、小曲、通俗小说等，都是《抗到底》刊发文章的常见体裁，其共同点是都反映了抗战救亡的内容，宣传抗日救国道理。前文所述的《抗日三字经》最初就是在 1938 年 3 月 1 日发表于《抗到底》第 5期，并引起了强烈反响。

　　此外，一些经典的童谣还会在这些刊物之间相互转载，如前文提到的

---

① 《中华全国文艺界抗敌协会发起旨趣》，文天行、王大明、廖全京编《中华全国文艺界抗敌协会史料选编》，第 16~17 页。
② 《〈抗到底〉发刊词（节录）》，四川省社会科学院文学研究所抗战文艺研究室编《抗战文艺报刊篇目汇编（续一）》，四川省社会科学院出版社，1986，第 125 页。

邰爽秋的《救亡歌》，最早在 1935 年第 2 期《中锋》上刊发，后又出现在 1936 年第 4 期《西北向导》、1936 年第 5~6 期《中国学生》中，在抗战后期，又以《青年从军歌》为题刊于 1944 年第 7 期《国是》、1944 年第 7~10 期《兵役月刊》、1944 年第 11 期《三民主义半月刊》、1945 年第 11 期《时代精神》上。这无疑也进一步扩大了这些抗战童谣的影响。

虽然刊物很多，但有的刊物因物资匮乏、经费短缺而难以维持，不得不停办。不过，在这些刊物上发表的抗战歌谣却激发了广大民众抗战救亡的爱国热情和民族意识，也从另一个侧面反映出这一时期大家创作歌谣的热情。

三　抗战时期童谣的主要内容

随着童谣教育价值的不断彰显，特别是经过仁人志士的大声疾呼，一首首具有抗战时代特征的童谣被不断创作出来。

对儿童进行教育，最重要的就是立志，从小树立起一定的志向，并为此努力学习奋斗。在抗战时期，最紧要的便是救国。因此，人人争做"小英雄"，就成了童谣中要塑造的形象。比如，"我们都有两个宝：双手与大脑；我们要用三种杆：笔杆、枪杆、锄杆！两宝并用，三杆齐挥，我们都是小岳飞！"[1] 用到了历史人物岳飞，让孩子们边学、边农、边战。同样，《小英豪》里将儿童应从小要学习做的事情，逐一列出，用正面示范的方式，告诉儿童怎样才能成为一个"小英豪"："小英豪，年纪小，志气高！小英豪，不偷懒，身体好。小英豪，勤读书，又能教。小英豪，会演剧，会慰劳。小英豪，爱唱歌，出壁报。小英豪，不怕苦，能耐劳。小英豪，懂道理，不撒娇！小英豪，儿童团，模范好。小英豪，很活泼，天天笑！"[2]

当然，想做小英雄并不简单，首先还是要好好学习，不可"荒于嬉"，因此，就是有当时颇受人喜欢的"大戏"来了也不去。"拉大锯，扯大锯，县城里，唱大戏。爹不去，妈不去，小宝宝，也不去。爹爹忙，栽树秧，妈妈忙，去采桑，宝宝忙着上学堂。树长大，作栋梁，蚕长大，吐丝长，宝宝长大打东洋。"[3] 这首《拉大锯》在已经流传甚广的原作上进行了修

---

①　树鹏：《新童谣》，《老百姓》第 52 卷，1939 年，第 13 页。

②　程林：《抗战童谣》，《广东儿童》第 1 期，1941 年，第 48~50 页。

③　老向：《拉大锯》，《抗建》第 37 期，1939 年，第 4 页。

改，旧作新词，更富新意。

除了要让儿童从小立志报国外，还教育儿童不能做汉奸，"橄榄核，两头尖，为人不要当汉奸。汉奸走狗最下流，受人管束不自由。卖国家，丧主权，真正不值一文钱，万人同唾骂，遗臭到万年"。[①] 因为汉奸的形象是"丑陋"的，只有爱国的人才是"真善美"的，所在在《汉奸真正丑》中，每句都提到了"汉奸真正丑"，以强化儿童对汉奸的印象："汉奸真正丑，一见鬼子就磕头！汉奸真正丑，被人牵住做傀儡！汉奸真正丑，自己老婆倒了霉！汉奸真正丑，出卖祖宗把脸丢！汉奸真正丑，卖国求荣骂名留！汉奸真正丑，惨杀同胞不如狗！汉奸真正丑，挨了耳光又挨揍！汉奸真正丑，为了三块钱把丢命！汉奸真正丑，上了刑场说回头！汉奸真正丑，死了还遗万年臭！汉奸真正丑，为人不可此路走！"[②] 同时，还要提高对汉奸的警惕，"村子旁，大路口，阿毛小狗来站守！假如你要进村庄，没有路条不能走，遇到汉奸日本佬，一个也逃不了！"[③]

在抗战中，我们最大的敌人就是侵华日军，不少童谣也给日军以强烈的谴责，"日本鬼，矮磨磨，矮龟心肝大过箩；抢了东北又华北，占了华北想黄河。日本鬼，矮磨磨，把我同胞当猪猡；到处杀人又放火，白骨成山血成河。日本鬼，矮磨磨，矮鬼没有我们多；只要大家团结一条心，矮鬼就喊'没奈何'！日本鬼，矮磨磨，杀尽日本侵略鬼，百姓日子才好过，老老少少笑呵呵！"[④] 在童谣中，对日军无论从形象还是人格上，都予以了"矮化"处理，足见国人对日军的痛恨。作为手无寸铁的普通百姓，面对日军来袭能做些什么呢？有些童谣给了启发，如《辣死小鬼》："一呀一，二呀二，日本鬼儿，吃凉粉儿，热油辣子多放点儿，辣胡儿辣胡儿真辣胡儿，嘴上辣个红圈圈儿，眼角辣得烂边边儿，疼得小鬼儿倒路边儿，翻着白眼儿望着天儿。"[⑤] 这当然是不现实的，但就是以此告诉儿童，时时处处要利用可以使用的一切来打击侵略者。

而在抗战中，最可爱的人当然是我们浴血奋战的将士，在大人的带领下，儿童也会去犒劳将士，"摇摇摇，摇到外婆桥，外婆叫我好宝宝，给我糖果和酒肴，糖果酒肴我不吃，送与抗敌将士作犒劳"，[⑥] 或是慰劳伤

---

① 秦光银：《抗战童谣》，《抗战艺术》第 3 期，1939 年，第 70 页。
② 程林：《抗战童谣》，《广东儿童》第 1 期，1941 年，第 45～47 页。
③ 程林：《抗战童谣》，《广东儿童》第 1 期，1941 年，第 47 页。
④ 陆洛：《日本鬼》，《少年战线》第 1 卷第 3 期，1939 年，第 62～63 页。
⑤ 老向：《抗战童谣》，《弹花》第 2 卷第 5 期，1939 年，第 119 页。
⑥ 秦光银：《抗战童谣》，《抗战艺术》第 3 期，1939 年，第 70 页。

兵，"张家姑，李家嫂，手拉手，去慰劳。一个带糖果，一个带肥皂，走到医院里，伤兵嘻嘻笑。分糖有姑姑，洗衣是嫂嫂，将士心欢喜，伤口早日好。伤好出医院，又向前方跑，杀退日本鬼，国保家也保"。[①] 由此，也希望儿童向将士们学习、致敬，今后也成为这样的"英豪"。

还有一些抗战童谣反映了在日军压境下的苦难生活，并且配以河北民歌《小白菜》的曲调，以哀婉、凄怆的语气，渲染出了国破家亡、背井离乡的悲伤痛苦氛围："小白菜呀，遍地黄哟，东洋鬼子，太猖狂啊。飞机炸呀，大炮轰哟，中国百姓，遭大殃啊。家在江南，××乡哟，鬼子来了，都烧光啊。家乡烧了，没处藏哟，剩下一个，来逃荒啊……"[②]

总之，抗战时期的童谣非常多，基本上以抗战宣传为主，有的还被辑录出来，如 1939 年的《儿童亲卫队》，就收录有《小义勇军》《小小儿童》《儿童亲卫队》《七七谣》《小打铁》等三十多首，热情歌颂了抗战中勇敢成长的年幼一代。

四　余论

从历史角度来看，童谣作为民谣的一种，本应符合民间百姓一种自发性创作的特点，从而不具有创作的连续性，相互之间也不会有必然的关联。但在抗战时期，童谣作为抗战文学或抗战文艺的一种体例，基本贯穿了抗战十四年全阶段，甚至还影响了之后的解放战争期间的创作，持续时间之长，参与创作者之多，作品数量之大，实为近世所罕见。

同时，童谣也具有一定的地域性，特别受自然环境、交通地理、地方风貌的影响，传统的童谣一般在诞生地所在的有限区域内流行，这也决定了受众面的狭小。但在抗战期间，全民族遇到了共同的危机，童谣的创作也就突破了地域的限制，不管东西南北，纷纷呈现，形成一种民族意识集体的表达，加之刊物的发行，使一地的童谣很快就越过千山万水到了另一处，并引发强烈的共鸣，从而在锻炼儿童语言表达能力的同时，也启迪了他们认识现实社会的能力；在培养儿童爱国情操的同时，展现了国人高昂的民族气节；在鼓舞年轻一代斗志的同时，增强了全体民众抗战必胜的信念，使得一首首童谣被创作、被传诵、被宣传，逐步深入人心。

抗战时期的童谣，产生于抗战的大背景之下，具有鲜明的抗战宣传特

---

① 方萌：《慰劳伤兵》，《抗战儿童》第 1 卷第 3 期，1940 年，第 24～25 页。

② 平林：《难童谣——仿小白菜调子》，《抗战文艺》第 1 卷第 2 期，1938 年，第 7 页。

点，虽然我们今天已不再唱诵，但通过文字的记述，我们今日依然可读可见。与历史上传统的童谣相比，除内容上抗战教育宣传的因素更浓郁外，更多了些铿锵有力之感，少了些孩童的牙牙学语。同时，作为面向全国儿童的童谣，有的也就很难考虑方音方言之别，只能整齐划一了。因此，就出现了秦光银笔下的《做衣服》："麻雀叫，'梭梭音！'姊妹二人共盏灯。你出线，我出针，做件衣服送壮丁。壮丁为国打日本，冲锋陷阵愿牺牲……"① 为了表现出麻雀的叫声，从而引起孩子们的兴趣、好奇、模仿，就只能用看似相近的同音词代表，可这样就略显生硬。

还有不少童谣，虽然面向全国公开发表，但仍保留了创作地的地方特色。比如"金银花，十二朵，甲长保长莫'冒火'，莫捉我，莫捆我，抽我当兵我不躲"② 中的"冒火"，表示发怒或生气，是四川、重庆的方言的特殊表达。同样，"一二三四五，金木水火土，弟弟一吹冲锋号，哥哥拖起机关炮；快开炮，炮快开，一炮打他三十三，三炮打他九十九，打得日本鬼子只是抖"③ 和"白飞机，天上飞，飞来飞去起堆堆；飞机飞，飞机叫，飞机上有机关炮；机关炮，打敌机，打得敌机惨些些；说他惨，真是惨，尾巴冒烟烟，奥田精叫喊"④ 中的"只是抖"、"精叫喊"，也是四川方言的表达，意即不停地抖、不停地喊。再比如前文所引的童谣《日本鬼》里面所说的"矮磨磨"，"磨磨"的意思是"矮得如磨盘般"，⑤ 这是惠州方言的使用。而这些内容，虽然通过刊物传播到了全国，即便能读，但有时不解其意，更何况，这也只能用当地方言读出才会有地道的韵味。

所以，在抗战时期童谣不断被创作、被书写的背后，可能还有一个重要的问题，那就是"谁的童谣"？郭沫若曾说："儿童文学，无论采用何种形式（童话、童谣、剧曲），是用儿童本位的文字，由儿童的感官以直塑于其精神堂奥，准依儿童心理的创造性的想象与感情之艺术。儿童文学其重感情与想象二者，大抵与诗的性质相同；其所不同者特以儿童心理为主体，以儿童智力为标准而已。"⑥ 这当然也是抗战时期童谣作者的初衷和希望。

但我们需要注意到一个事实，那就是这些童谣并不是产生在对儿童的

---

① 秦光银：《抗战童谣》，《四川兵役》第 7～8 期，1940 年，第 30 页。
② 秦光银：《抗战童谣》，《四川兵役》第 7～8 期，1940 年，第 33 页。
③ 苏子涵：《儿歌十首》，《中央日报》1940 年 1 月 21 日，第 4 版。
④ 苏子涵：《儿歌十首》，《中央日报》1940 年 1 月 21 日，第 4 版。
⑤ 林慧文：《惠州方言俗语评析》，中国文联出版社，2004，第 223 页。
⑥ 郭沫若：《儿童文学之管见》，《郭沫若全集》第 15 卷，人民文学出版社，1990，第 279 页。

教育意识里，而是产生在作者们实现自我理想的诉求中，产生在对现实成人社会深切的感受中，产生在对更美好的未来社会的理想中。而作者们则将童谣与儿童教育视为方向一致、任务相同，把童谣当作一件"形象化"的外衣，披在了"教育"的身上，成为"形象化的教育"，以区别于过去的、已经不合时宜的"不形象化的教育"，从而在他们的精挑细选和字斟句酌后完成了教育的使命，因此是否可以说，"童谣"就是教育儿童的童谣。特别是在那个血雨腥风、刀光剑影的年代，原本欢快轻松的童谣被赋予了沉甸甸的使命，加之作者来源甚广，每个人的经历阅历不一，在满腔愤慨之中，所作童谣，或文辞不雅，或打打骂骂、砍砍杀杀，意欲燃起的血性，却充满了血气、杀气、怨气，甚至是戾气，超越了儿童的认知和心理承受限度，这确实是始料不及的。

当"教育"的功能被不断放大，认为通过童谣就可以让儿童知道应该做什么，不应该做什么，这些"应该"与"不应该"，究竟是成人的目的，还是儿童的目的？所以说，抗战童谣既塑造了儿童的生命历程，同时也被生命历程所塑造。随着一群儿童准备踏入童谣的"文化世界"，年龄稍大一些的儿童就要开始脱离"儿童"这一类别，进入童谣所描述的"现实世界"之中了。

可能最初的童谣，或者说童谣本身并无目的，它不过迎合了儿童的本能与兴趣。童谣中教育的真谛，也就在于通过童谣，儿童可以得到在情感、认知、行为规范方面的发展，但就其目的而言，儿童传唱童谣，可能仅仅是一时之兴，或者某种程度上的"自我教育"，其余种种无非体验和享乐附赠给他们的"礼物"。这或许就是大多数童谣仅仅停留在一个时期，或者仅仅写在了纸上的原因。

当然，我们也不能完全否定或质疑抗战时期作者们在童谣改造革新方面的努力。并且通过阅读这些童谣，我们依然会被其中拼搏奋进、斗志昂扬的精神所感动。"这些虽然是童谣，但字字句句包含着抗战军民对家乡的热爱，对日寇的仇恨之情；童谣的诞生流传虽然已经过去70多年，但至今依然让我们强烈地感受到当时抗战前线危机四伏的紧急形势。当年的小孩如今已是耄耋老人，唱着记忆犹新的童谣，曾经的一幕幕仿佛就在眼前。"[1] 从这个角度来说，由这些作者创作的每一首童谣，都记载着我们这个民族的教育选择，见证着在烽火连天的特殊时期里中华民族血战御侮的伟大斗争，是一段有永恒历史价值的记忆。

---

[1]　《抗日童谣忆当年》，《中国文化报》2015年5月13日，第11版。

　　进入抗战后不久，有人就童谣写了这么一首诗："童谣出，风雅作，奏之乐官成歌咢。歌咢成，被管弦，妇孺闻之心旷然。古乐佚，今乐存，秦汉而后激以繁。学子远播海外音，引商刻羽谐风琴。雅奏娓娓亦动听，我聆其声识其心。东邻有小儿，垂髫方幼稚。入校尚未久，牙牙学歌词。前者唱而后者和，风和日暖群鸟嬉。雏龄发音皆天籁，倾耳不觉心为怡。但愿天涯海角同奋起，家家弦歌化鼓鼙。"① 这应该是对抗战时期童谣的最好解说。

---

　　①　少梅：《闻邻家儿童唱歌》，《河南教育月刊》第 3 期，1934 年，第 118～119 页。

抗日根据地政权建设研究的回顾与思考[*]

——兼论学术"富矿"的发现

张福运[**] 陈 睿[***]

本文所讨论的"政权建设",并非一般意义上的政权创设与巩固,而是指近年来学界用于分析 20 世纪中国基层政权和乡村政治变迁的解释性概念——"国家政权建设"。源于西欧经验的国家政权建设,强调的是在结束中世纪权威多元化的领主制、建设现代民族国家过程中权力的集中与制衡。但近代中国所面临的主要问题是驱逐外来势力、实现富国强兵,而非结束地方权威的权力;这就决定了近代中国国家政权建设中最重要的任务是如何动员组织农民,强化国家/政党的权威和支配能力,建设独立富强的新中国。同时随着反法西斯联盟的建立,中国开始走向世界舞台,现代国家建设的任务再次凸显,因而建立新的治理规则,构建新型国家–社会关系,实现从王朝国家向现代国家的转型,也是抗日根据地政权建设中的应有之义。

在全面抗战时期,中国共产党通过一系列政治经济变革,实现了真正意义上的民族主义动员,从根本上保障了抗战的胜利,同时以全新的制度建设,建立起民主、共治为基础的新型治理体系,重塑了政党/政府与社会的关系。这些成就特别是其中的社会动员与整合、建政施政和制度建

* 本文为中央高校基本科研业务费专项资金项目"民族国家形成视角下山东抗日根据地政权建设研究"(项目批准号:17CX06051B)的阶段性成果。两位匿名评审专家的指导意见,使本文得以完善,谨致谢忱!

** 张福运,中国石油大学(华东)马克思主义学院教授。
*** 陈睿,中国石油大学(华东)马克思主义学院博士研究生。

设，在 20 世纪后半期一直是学界关注的重点。但进入 21 世纪后，抗日根据地建政历程、政权形态、制度建设方面的成果日渐稀少，大有淡出学界视野之势；亦即与社会动员研究的不断深入相比，这些领域似乎遇到了难以突破的瓶颈。由此我们不禁要问：抗日根据地政权建设中的不同问题域，为什么会出现冰火两重天的局面？这对中共革命史、中国近现代史乃至中华民国史的研究有什么样的借鉴意义？要回答此问题，需要对抗日根据地政权建设方面的学术成果做一次全面的梳理。

一 抗日根据地的社会动员

在抗战时期，中国共产党的力量为什么能迅速发展壮大，中共为何能将贫穷落后的农村建设为民族复兴的战略基地，进而取得新民主主义革命的全面胜利，这是海内外学者长期关注的重要议题。尽管学界的解释不一，但都认同农民支持和参与的重要性。正如美国学者马克·赛尔登所说："共产主义运动以及中共所建立的制度能够顺利实施，是因为得到了广大农民的广泛参与和支持。"[1] 同时由于 20 世纪初以来中国的国家政权建设"侵蚀了地方社会的原有组织关系，农民进一步分散，统治秩序更加弱化"，抗日根据地政权的创建因而"以组织农民、建立它同新权威的关系开始"。[2] 易言之，对农民的组织动员，成为抗日根据地政权建设的逻辑起点和重要内容。

对抗日根据地社会动员的研究，海外学者包括抗战时期进入根据地的西方记者和观察家发挥了引领作用。他们的主要贡献是对抗日根据地社会动员的性质，即中共为什么能将农民动员起来，提供了多种解释模式，并在这个过程中开始了从宏观叙事的"大理论"到微观实证的"地方研究"的范式转换。[3] 这些解释模式大致可分为以下三类。

一是"社会经济变革"论。1936 年进入延安的美国记者埃德加·斯诺，以其对陕甘宁边区的现场观察率先提出此论点：中国共产党的社会经济纲领契合了那些因赤贫将土地、粮食和生存放在首位的农民之需要，这是二者"建立起密切关系的关键"。1944 年美国外交官谢伟思访问延安后

---

① 〔美〕马克·赛尔登：《革命中的中国：延安道路》，魏晓明等译，社会科学文献出版社，2002，第 201 页。
② 张静：《基层政权——乡村制度诸问题》，浙江人民出版社，2000，第 33 页。
③ 详见陈耀煌《从中央到地方：三十年来西方中共农村革命史研究述评》，台北《中央研究院近代史研究所集刊》第 68 期，2010 年 6 月。

得出相同的结论：中共的社会经济纲领具有照顾大多数人利益的民主性，所以农民愿意为捍卫根据地政权赋予他们的尊严和权利而战。[1] 后来，美国学者马克·赛尔登将中共通过社会经济变革给根据地乡村注入新的活力，进而将农民广泛动员起来抵抗日本侵略的这场"静悄悄的革命"，称为"延安道路"，[2] 也一度成为主流解释模式。

　　二是"民族主义感召"说。曾在燕京大学任教的美国人乔治·泰勒率先提出此论点。1940 年，他从对华北游击队的观察中得出这样的结论："中共与农民关系的关键是战争引起的民族主义而不是中共的社会经济纲领。"[3] 1962 年，美国学者詹姆斯·约翰逊在《农民民族主义和共产党政权》一书中系统阐述了这一论点：中国共产党得到农民广泛的支持和拥护，主要得益于抗战时期的"农民民族主义"，即日本的侵略、奴役和迫害使中国战前的精英式民族主义转化为群众式民族主义，与其共产主义目标和战时社会经济变革基本无关。[4] 约翰逊的研究公开后，遭到学界的普遍质疑。马克·赛尔登认为，如果说"农民民族主义"是中共革命胜利的决定性因素的话，那么在日本侵略所造成的"战时无政府状态"中，为什么受益的是共产党而不是国民党？根据英德等国的经验，处于统治地位且得到国际承认的国民党理应从战时民族主义中获益更多，而中共却没有这种优势，所以约翰逊无法解释为什么共产党更成功地在后方建立起根据地。[5] 美国史学家范力沛进一步指出：由中日战争所激发的民族主义，只是在根据地社会动员中发挥了"某种作用"，并不是决定性因素。事实上，日军的暴行不仅没有激起民众的民族意识，反而使民众因受到恐吓而变得冷漠，并因此削弱了对共产党的支持。[6] 应当说范力沛的判断更接近历史的真实，否则我们就无法理解这样一种现象：在日军暴行日常化的沦陷区，为何民众的民族意识反而更为淡漠。

---

[1]　〔美〕马克·塞尔登：《他们为什么获胜？——对中共与农民关系的反思》，南开大学历史系编《中外学者论抗日根据地》，档案出版社，1993，第 607～608 页。

[2]　〔美〕马克·赛尔登：《革命中的中国：延安道路》，第 262 页。

[3]　〔美〕马克·塞尔登：《他们为什么获胜？——对中共与农民关系的反思》，《中外学者论抗日根据地》，第 608 页。

[4]　Chalmers A. Johnson, *Peasant Nationalism and Communist Power : The Emergence of Revolutionary China , 1937 – 1945* (Stanford : Stanford University Press, 1962), pp. 1 – 30.

[5]　〔美〕马克·塞尔登：《他们为什么获胜？——对中共与农民关系的反思》，《中外学者论抗日根据地》，第 610～611 页。

[6]　〔美〕范力沛：《中日战争时期的中国共产主义运动，1937～1945》，费正清等编《剑桥中华民国史》下卷，刘敬坤等译，中国社会科学出版社，1993，第 770 页。

　　三是"控制操纵"说。师从范力沛攻读博士学位的台湾学者陈永发，通过对华中、华东抗日根据地的实证研究，对上述两种解释模式提出挑战：至少在日本绥靖区，并不存在约翰逊所说的"农民民族主义"；抗日根据地的社会经济变革，虽然在社会动员中发挥了一定作用，但其影响力远不及根据地政权对农民的控制和对地主的镇压。中共虽然与地主之间有着不可调和的矛盾，但与农民之间在利益权衡、目标设定等方面也有不同程度的冲突。为此，中共通过召开斗争大会等方式，在打击地主的同时影响农民的情绪，使本来与地主并无仇恨的农民敢于抛弃传统伦理规范加入斗争行列。① 澳大利亚学者大卫·古德曼也认为，对抗日根据地社会经济变革的作用不可高估，因为"农民们有时也对一些转变感到惊讶，而且可能对于变革持更为抵触的态度"，特别是对地主的斗争，农民"害怕招来报复"。事实上，在根据地的社会动员中，"党对军队和政权的掌握是最至关重要的"，特别是在根据地创建之初，"军事和政治的支持，至少比社会变革重要"。②

　　对抗日根据地社会动员性质的讨论，之所以出现上述不同的解释模式，且学界长期争议不休，首先这是 20 世纪 80 年代以来西方中共党史学研究范式转换的必然结果。在这个过程中，运用微观实证方法的"地方研究"，对基于"走马看花"或"山头主义"方法的"大理论"提出挑战。③其次，以往的研究"大多是从自上而下的视野分析农民革命及其原因，缺乏农村和农民本身的声音，尤其是缺乏对农民个体或群体感受的关怀"，因而所展示的农民往往"是笼统的、模糊的，而非具体的、鲜活的"。实际上，"农民支持与参加革命的动机是十分复杂的，很难用一条或几条理论解释和概括"；要真正厘清这一问题，还"需要做大量的农民个体与群体的实证研究"。④

　　在转换观察视角、下移研究重心过程中，西方学界仍发挥了引领作用，此亦其"地方研究"不断深化的结果。其中美国学者周锡瑞的成果，可视为这方面的代表。20 世纪 80 年代末，周锡瑞从陕北农村的田野调查

---

① Yongfa Chen, *Making Revolution: The Communist Movement in Eastern and Central China*, *1937－1945* (Berkely: California University Press, 1986), pp. 513－514.

② 〔澳〕大卫·古德曼：《中国革命中的太行抗日根据地社会变迁》，田酉如等译，中央文献出版社，2003，第 5、273 页。

③ 〔美〕范力沛：《西方学者对抗日根据地的研究》，南开大学历史系编《中国抗日根据地史国际学术讨论会论文集》，档案出版社，1985，第 96 页。

④ 李金铮：《农民何以支持与参加中共革命》，《近代史研究》2012 年第 4 期。

中发现，当初农民参加革命的动机十分复杂，有的是为了解决生存、个人或家庭问题，大多是为了维护或追求个人权利，"不再受别人的欺负，可以活得扬眉吐气"。这表明，中共得到农民的支持，与阶级斗争、民族主义、政治参与均"不沾边"。据此他对根据地社会动员的性质提出新的解释模式：由于"那些处在不利地位上的社会集团所要求的也是权力"，"中国共产党的革命十分关注政治权力"，这是其成功之本。① 事实上，周锡瑞的主要贡献并不在于提供了新的解释模式，而是指出了根据地史研究的新方向，即关注底层民众的社会心理和文化传统。

　　有意思的是，20 世纪 90 年代以来，当西方中共党史学界的关注点纷纷转向社会学、人类学领域或中华人民共和国的历史和政治，致使海外抗日根据地史的研究趋冷时，以李金铮先生为代表的一批国内中青年学者成功"接力"。受西方新政治史、新社会史的理论方法以及"地方革命"研究范式的启发，他们在实践中摸索出契合中国经验的"新革命史"研究法，从而推动了根据地社会动员研究的不断深入。其中，农民参军成为他们回应上述解释模式、探讨"新革命史"研究法的一个切入点。李军全根据晋察冀抗日根据地军事动员中的困境，对"民族主义感召"说提出质疑，认为中共在军事动员中既面临农民对参军本能排斥的传统惯习，又遇到农民政治冷漠的现实困境；"民族主义""阶级斗争"这类概念，"在缺乏政治热情的农民面前显得苍白无力"。② 齐小林虽承认根据地社会经济改革对促进农民阶级意识和民族意识觉醒的作用，但同时指出，农民在农耕社会所形成的韧性极强的社会文化心理和行为模式短期内难以扭转，所以农民参军的动机十分复杂：一部分人因民族意识和阶级意识的觉醒而自觉参军，但大多数人的行为仍遵循着日常生活的逻辑。③ 李金铮先生的《"理"、"利"、"力"：农民参军与中共土地改革之关系考（1946 ~ 1949）——以冀中、北岳、冀南三个地区为例》一文，尽管讨论的是国共决战时期土地改革与农民参军的关系，但对理解抗日根据地社会动员的艰巨性仍有重要的参考价值。他对社会经济变革与社会动员之间"线性的决定与被决定的关系"表示怀疑，认为农民参军与土改所带来的"利"和保卫果实之"理"之间虽有一定关联，但不是特别密切；"其他私'利'的

① 〔美〕周锡瑞：《从农村调查看陕北早期革命史》，《中外学者论抗日根据地》，第 543 ~ 546 页。

② 李军全：《军事动员与乡村传统：以晋察冀抗日根据地优待抗属为例》，《历史教学》2011 年第 2 期。

③ 齐小林：《华北革命根据地农民参加中共军队动机之考察》，《中共党史研究》2014 年第 1 期。

满足以及外部压迫‘力’才是农民参军的主要根源”。[1]

随着抗日根据地社会动员性质讨论的不断深入，学界开始更多地关注社会动员的实践逻辑和微观机制，解释中共是如何将农民动员起来的。相关成果集中在两个领域：一是从动员媒介和方式等层面，对抗日根据地社会动员实践逻辑的梳理。张孝芳以陕甘宁边区的社会教育运动为中心，从建构“共意”的视角，讨论了文化改造、观念重塑与社会动员的关系：通过对乡村文化结构的改造与重塑，将广大农民纳入公共话语空间；并借以向农民灌输新的行为规范和准则，确立党的意识形态和价值观。[2] 侯杰等对晋察冀根据地妇女歌谣的文本研究发现，根据地运用歌谣这一传统民间文艺形式，通过强化女性的“受难”形象，启发广大妇女反思生存处境，投身民族解放运动；同时通过描绘胜利前景，为参与民族战争的女性规划实现自我价值的路径。[3] 陈金龙先生以抗战时期的纪念活动为中心，探讨了中共舆论动员的实践逻辑：通过呈现日军暴行和批判投降妥协倾向，诠释抗战方针和展示抗战前景，以此升华历史经验和弘扬民族精神。[4]

二是以大生产运动中表彰劳动英雄和改造“二流子”为中心，探讨根据地社会动员的微观机制。行龙认为，根据地政府对劳动英雄形象的建构与宣传发挥了巨大的示范效应，形成了一个劳动模范带动一个劳动群体的生产竞赛场面；由此分散的个体生产者逐步凝结为以地域为单元的组织化社会团体，“实现了个体、村庄与国家三者关系的生成和互动”。[5] 岳谦厚等进一步指出，在抗日根据地度过困难时期后，劳动英雄运动的目标从鼓励生产转向扩大政权基础、强化政权合法性与促进根据地各项建设事业的发展，[6] 社会整合的作用逐步凸显。对“二流子”等社会边缘群体的教育改造，也是根据地发展生产、整合社会的一项重要举措。其中，陕甘宁边区以民选“二流子”的方式，通过身份标签和区隔来促使其自我反省与改

---

① 李金铮：《“理”、“利”、“力”：农民参军与中共土地改革之关系考（1946～1949）——以冀中、北岳、冀南三个地区为例》，台北《中央研究院近代史研究所集刊》第 93 期，2016 年 9 月。

② 张孝芳：《革命与动员：建构“共意”的视角》，社会科学文献出版社，2011，第 222～223 页。

③ 侯杰、王小蕾：《晋察冀妇女歌谣与抗战动员》，《天津师范大学学报》2014 年第 4 期。

④ 陈金龙：《纪念活动与中共抗战动员》，《广东社会科学》2015 年第 5 期。

⑤ 行龙：《在村庄与国家之间——劳动模范李顺达的个人生活史》，《山西大学学报》2007 年第 3 期。

⑥ 岳谦厚、刘威：《战时陕甘宁边区的劳动英模运动》，《中共党史研究》2011 年第 4 期。

造。① 总起来看，表彰劳动模范与改造"二流子"的行动，蕴含着一种"身份－角色"的社会改造机制，实质为根据地乡村社会的"公民塑造"路径。②

至此我们不难看出，抗日根据地社会动员研究的持续深入，与研究者明确的问题指向和问题意识密切相关。在海外学者提出并解释了"为什么"，即中共为何能将根据地农民动员起来的问题之后，中国学者将其推进到"怎么样"的层面，解释中共是如何将农民动员起来的。在这个过程中，"新革命史"研究法发挥了重要作用。结合上述 20 世纪 90 年代以来的学术成果，该方法在运用上有以下特点：一是研究重心下移到乡村社会，研究对象切换到底层农民乃至"二流子"这类社会边缘群体，农民的社会心理和乡村社会的文化传统受到重视，由此中共党史研究开始"讲述老百姓自己的故事"，真正实现了"让农民发出自己的声音"。二是突破了传统的政策—效果、过程—意义的线性解读模式，注重对社会动员实践逻辑和微观机制的分析，注意把握社会动员对乡村社会变革重构和社会变迁的深远影响。三是秉承"论从史出"的史学传统，以严谨的微观实证研究呈现历史的复杂面相；同时积极借鉴社会学、政治学、人类学、心理学等学科的知识理论，分析国家－社会的互动、革命与传统的纠葛。这些经验，对深化根据地史乃至中国近现代史的研究都有重要的借鉴意义。

二　抗日根据地的建政施政

抗日根据地建政施政的研究，起于学界在根据地政权建设史脉络下对建政历程、政权形态、施政方略的梳理。随着抗日根据地史研究的深入，政权体制的形成与特征、基层政权建设等问题逐步引起学界的关注。其中，根据地基层政权建设的研究，近年来呈异军突起之势。

1. 建政历程、政权形态和施政方略

这方面的代表性成果：一是宋金涛、李忠全以陕甘宁边区政权形态的演变为主线，对政权架构、职能和中共领导实现方式，"三三制"政权的建立与发展，精兵简政与政制的完善等问题的梳理。③ 二是杨圣清对整个

① 周海燕：《乡村改造中的游民规训与社会治理策略考察——以"改造二流子"运动为例》，《江海学刊》2012 年第 5 期。

② 王建华：《乡村社会改造中"公民塑造"的路径研究——以陕甘宁边区发展劳动英雄与改造二流子为考察对象》，《江苏社会科学》2008 年第 4 期。

③ 宋金涛、李忠全：《陕甘宁边区政权建设史》，陕西人民出版社，1990。

抗日根据地政权建设历程、政权组织和施政纲领，"三三制"政权建设的实践，政权与党的领导之关系的宏观概述。① 三是李智勇从中国共产党强化执政合法性的角度，对陕甘宁边区政权形态的再认识：纳入国民政府序列的"特别行政区"，奠定了中共走上世界舞台的基础；"两权半"政权结构及党的一元化领导，使边区政权既有民主政治的内涵，又有很高的行政效率和社会控制能力；"三三制"的政权席位分配，使边区政权具有广泛的代表性和强大的组织动员能力；"精兵简政"的自我"调姿"，实现了政权运行成本与社会资源供给能力的均衡，奠定了政府与民众互信的基础；新民主主义"试验区"的特殊地位，保障了中共施政方略的全面性和前瞻性。②

　　这些通论型著述，为认识抗日根据地建政施政的历史提供了基本框架，亦为专题研究的展开提供了知识背景和资料线索。但这类成果除李智勇的《陕甘宁边区政权形态与社会发展》等少数著述外，普遍缺乏问题意识，以致很难概括出其主要观点，加以宏大叙述范式逐步遇冷，故在 21 世纪便呈后继乏力之势。

　　2. 政权体制的形成与特征

　　张冰运用政治学的理论方法，概括了抗日根据地政权体制的基本特征：在权力配置上，中共将意识形态、军队、行政、社会四种权力整合为一个"权力束"；这种"全能型"权力的集中与渗透程度"远远高于历史上任何一种国家体制形态"。在权力运作上，中共一面利用意识形态权力的"渗透性"和"弥漫性"特点，对内部组织和成员进行"软控制"；一面通过巡视、干部交流等方式，实现对各级组织的间接控制，从而保障了党的意志的有效贯彻。在组织架构上，以党代表即中央政治代言人为中心的间接领导与以党支部为核心的平面式管理相结合，由此党的领导不仅覆盖了党、政、军、社各领域，还实现了对政府职能部门的统一管理；同时，各级政权组织被赋予财政、人事上的相对自主权，故其既能对本地事务有强大的控制力，又有比科层制更显著的灵活性。③

　　张冰所讨论的"延安模式"，是在探索中逐步形成的。1942 年之前，延安各部门"实际上各自为政"，"同级政府各部门之间很少协调和协作"，"县、区长或同级政府的党组织对政府各部门都没有什么权力"；这种组织

---

① 杨圣清：《新中国的雏形——抗日根据地政权》，广西师范大学出版社，1994。
② 李智勇：《陕甘宁边区政权形态与社会发展》，中国社会科学出版社，2001。
③ 张冰：《延安模式——国家建设视野下中共根据地政权体制的特征及影响》，《理论与改革》2014 年第 6 期。

架构"更像是封建王朝的方式，而不像是土地革命、人民战争所需要的方式"。直到精兵简政展开后，这种状况才得以改变。这次"改革加强了县长及各委员会对各个部门的控制，也增强了党对政府的领导权"；党和各级委员会的"双重领导取代原来的纵向领导而成为居主导地位的行政风格。党的领导与政府之间的协调功能得到增强"。①

当然，各抗日根据地的情况不一。其中，山东抗日根据地政权体制存在的主要问题是"如何平衡党、政、军之间的权力"，特别是如何克服部队、机关、团体中的"游击主义"（突出表现为在未得到根据地政府允许的情况下，"没收商人的货物，逮捕并没收地主和汉奸的土地和资产，甚至没收违禁品如鸦片、禁药、金、银、谷物、军需法币等，并利用劳工分配或利用雇工自行销售"）。在根据地政权和组织内部，所面临的主要问题是本地干部与外来干部关系的紧张："在滨海及鲁南地区，县以上的干部大多是外地人"，"这种状况造成了百姓的怀疑，或是所谓的'外地'干部对地方情况的忽视或误解，使得地方组织的建立受到了极大的阻碍"。② 赵诺对太行山根据地的研究表明，抗战时期地方干部队伍中的"土客矛盾"并非山东根据地所独有。但在统一战线的大环境下，特别是随着党的领导权威的逐步强化和党组织控制力的加强，这类问题"只是局部偶有波澜，而总体未兴风浪"。③

3. 基层政权建设

抗战时期，党的组织和政府机构不仅下移到乡镇乃至村庄，还借助40年代初的大生产运动和互助合作，将国家权力延伸到生产和销售领域，建立起严密的组织网络，这"正是中共的抗战力量得以生存和发展的秘密所在"，④ "也是中国历史上任何政权所无法达到的目标"，⑤ 因而成为抗日根据地建政施政中最突出的特点。在陕甘宁边区，中共通过改造旧的村政权，建立起党支部领导下的新的权力格局，奠定了社会动员与整合的基础。民主选举和"三三制"原则的贯彻，将广大农民纳入现代政治的轨道，实现了对乡村社会的有效整合；对基层干部的教育训练，使其成为人

---

① 〔美〕马克·赛尔登：《革命中的中国：延安道路》，第208~209页。
② 〔美〕艾丽丝·戴维多：《山东抗日根据地的创建》，冯崇义等编《华北抗日根据地与社会生态》，当代中国出版社，1998，第221~224页。
③ 赵诺：《抗战初期中共地方干部群体内部的"土客问题"——以太行山根据地为中心的讨论》，《近代史研究》2017年第3期。
④ 〔美〕马克·赛尔登：《革命中的中国：延安道路》，第286页。
⑤ 〔美〕艾丽丝·戴维多：《山东抗日根据地的创建》，冯崇义等编《华北抗日根据地与社会生态》，第237页。

民的公仆，从而成功地重塑了乡村权威。抗日根据地基层政权建设的成功，不仅满足了广大农民的基本诉求，加强了党与农民的联系，也为抗日战争、新民主主义革命的胜利乃至 1949 年后新政权的巩固和国民经济的恢复发展提供了重要保障。[①]

抗日根据地基层政权建设，也是一个逐步展开的过程。其中晋察冀边区的村政建设，就经历了从半政权性质的村"动委会"，到民选抗日村长，再到建立村民代表会议三个阶段。[②] 在各抗日根据地基层政权建设中，民主选举发挥了重要作用；其中晋西北通过直选村长，将民生与民主有机结合起来，实现了"大家事大家办"的社会整合目标，[③] 这是中国历史上"还政于民"的伟大实践。民主选举更重要的意义在于，通过改变乡村权力结构与重建基层政权，建立起沟通抗日民主政府与乡村社会的"桥梁"，实现了对社会资源的有效控制与汲取。[④]

在根据地基层政权建设中，党员教育和支部建设至关重要。这方面存在的主要问题：一是随着农民大量加入，基层党组织在乡村发展极为迅速。但对新党员的吸纳，"突击式、拉夫式的发展方式至为普遍，致使党员素质低下、信仰缺失"。[⑤] 二是具有党员与乡村居民双重身份的农民，"既要履行党员义务和服从组织决议，又需考量身家利益并处理与亲友街坊间的关系"，故在运动中"一般扮演着三种角色：政党意志的执行者、乡村社区利益的维护者和身家利益的追逐者"。[⑥] 三是在民族战争背景下，"以扩军、征粮为主要内容的战争动员有着更为直接的现实紧迫性，使得基层支部更似任务型组织"，这就不可避免地造成"党员思想训练的弱化"，"定期整党就成为中共保持组织纯洁性的经常性手段"。[⑦] 此外，各种习惯势力也在不断侵蚀着党的基层肌体。为此，中共一直在努力"斩除盘

① 张国茹：《延安时期陕甘宁边区基层政权建设研究》，博士学位论文，中国人民大学，2009。

② 张同乐：《从村长制度到村民代表大会制度——抗战初期晋察冀边区的村政建设》，《军事历史研究》2015 年第 3 期。

③ 岳谦厚、李卫平：《村选与根据地基层政权建设——1941 年晋西北抗日根据地村选考析》，《党的文献》2010 年第 5 期。

④ 渠桂萍、王先明：《试述晋西北抗日根据地乡村权力结构的变动（1937～1945）》，《社会科学研究》2002 年第 1 期。

⑤ 李里峰：《在理想与现实之间：抗战时期的山东共产党》，《江苏社会科学》2006 年第 6 期。

⑥ 杨发源：《党性与乡土之间——抗战中后期减租减息运动中的山东农村基层党员》，《四川大学学报》2016 年第 5 期。

⑦ 王建华：《建立有组织的生活——民主革命时期中共乡村支部建设》，《人文杂志》2016 年第 5 期。

根错节的原有乡村社会关系，塑造一种单纯的以革命信仰为中心的社会网络"，但不可能一蹴而就，① 以致乡村党组织工作常常"半是创新，半是复旧"。②

根据地建政施政的学术史表明，建政历程、政权形态和施政方略的研究基本上已陷于停滞状态，政权体制形成与特征方面的讨论近年来虽有所突破但进展不大，基层政权建设方面的研究成了为数不多的亮点。究其原因，主要是学界早期涉足的建政历程、施政方案等问题几近被悬置，而新开辟的基层政权建设研究领域，由于积淀不足和缺乏统领性的问题指向，研究者尚处于各自为战的状态。这种局面也是改革开放以来中国近现代史和中共党史学发展的一种写照，即在转变史观和下移研究重心的过程中，那些缺乏纵深拓展空间的问题逐渐遇冷，与中国乡村社会和历史文化传统相关联且有历史延续性的论题备受关注。当然，研究范式的转换和问题意识的形成需要时间，加以乡村社会本身就是一个新旧杂糅、各种势力纵横捭阖的复杂场域，所以根据地基层政权建设这类问题域仍有较大的拓展空间。

三　抗日根据地的制度建设

在全民族抗战时期，中国开始走向世界舞台、现代国家建设正式启动以及中共局部执政的现实，决定了重建治理规则、重构国家 - 社会关系的重要性，即以"制度化的方法确立权威的社会性来源"，保障社会的长治久安。③ 其中，选举制度、参议会制度和"三三制"原则，可谓这一时期抗日根据地制度建设的标志性成果，也一度成为学界关注的重点。

1. 选举和民主政治

对抗日根据地的民主选举制度及其实践，中国学者给予了很高的评价，认为中共通过实行广泛的民主选举，建立起具有民主主义性质的联合政权，动员起90%以上的工农大众投身于抗战事业。④ 王建华结合全民抗战的时代背景和革命战争的主题，揭示了抗日根据地广泛推行民主选举的

---

① 黄琨：《"传统"与"革命"之间：中共的初期乡村政权建设》，《党史研究与教学》2006年第 3 期。

② 〔新西兰〕纪保宁：《组织农民：陕甘宁边区的党、政府与乡村组织》，冯崇义等编《华北抗日根据地与社会生态》，第 70 页。

③ 张静：《基层政权——乡村制度诸问题》，第 46 页。

④ 陈廷湘：《抗日根据地的民主政治与抗战民众动员》，《社会科学研究》1997 年第 3 期。

特定意涵：在革命情境下，"选举与战争动员有着天然的联系，个体多是被动员的对象，承载着改造政权、抗战建国的诸多任务"，亦即这一时期的民主选举实质为社会动员的手段。同时，选举还是"中共团结社会各阶层人士，宣传民主执政理念的平台"，"通过选举动员，中共民主执政的理念在乡村政治生活中得到了充分体现"。①

在比较的视野下，海外学者将该问题的研究推向深入。马克·赛尔登通过与西方民主政治的对比，揭示了抗日根据地选举制度的"中国特色"：根据地的选举运动"强调公众教育与参与，而不是独立党派和政治计划之间的竞争"，这"与西方民主政治的理想和现实都相去甚远"。他进而指出，根据地民主政治的主要目标是"使穷人获得权力"，拓宽抗战的民众基础，并借以将"中共的势力深入到农村"，即其实质为扩张国家权力和保护农民利益的手段。② 澳大利亚学者冯崇义以西方民主政治和中国帝制时代的德治为参照，讨论了抗日根据地民主政治的性质，认为其实质为"农民民主"。其依据，一是根据地民主政治的哲学基础并非西方的自由主义，而是近似于中国帝制时代的"仁政"；二是在实践层面，中共更重视给予农民物质实惠及对其生存发展权的保护和照顾，而不是对自由和人权的法律保障。③ 新西兰学者纪保宁通过对比陕甘宁边区延安、绥德两区的地方社群建设和民众的政治参与，得出这样的结论：强调统一和纪律的列宁主义政党，其意识形态中没有给民主留出空间，民主政治实际上只是中共"因地制宜的政策"，即其能否实施和实施情况主要取决于地方的需要。④

2. 参议会制度

参议会制度是抗战时期中共积极回应民主宪政诉求的一种具体实践，也是各抗日根据地实施时间最长、较为完善的一项民主政治制度。陕甘宁边区的参议会，以其独特的地位成为研究者关注的重点。在职能上，陕甘宁边区参议会具有创制权、复决权、选举权和罢免权，是同级政权中的最高权力机关，具有人民代表会议的性质，⑤ 故有学者称之为新中国"人民

① 王建华：《中国共产党局部执政时期政权选举的特点》，《南京社会科学》2016 年第 7 期。

② 〔美〕马克·赛尔登：《革命中的中国：延安道路》，第 135、262 页。

③ 冯崇义：《农民、知识分子与晋绥抗日根据地的民主建设》，冯崇义等编《华北抗日根据地与社会生态》，第 208～209 页。

④ Pauline B. Keating, *Two Revolutions：Village Reconstruction and the Cooperative Movement in-Northern Shaanxi，1934－1945*（Stanford：Stanford University Press，1997），pp. 241－243.

⑤ 高青山：《关于陕甘宁边区参议会——兼论边区政权建设的历史经验》，《南开学报》1983 年第 5 期。

代表大会制度的雏形"。①

　　作为一种新兴的民主政治制度，且产生和运用于革命战争年代，自然需要在实践中不断调适。虽然参议会被定位为同级政权中的最高权力机关，但在参议会闭幕后由其选举产生的政府被赋予更大的权力，发挥着更为重要的作用，因而各抗日根据地都不同程度地存在参议会的意见不被尊重，甚至不能参与重大决策的问题，致使该制度在一定程度上被"虚置"和"虚化"。②王建华指出，这一问题的产生，根源于宪政与革命诉求逻辑上的悖论和现实中的冲突。基于自由主义理念的参议会制度，强调个体在政治生活中的主体地位，但这并不适用于动员型的革命实践。革命强调组织、服从、效率和对社会资源的高度垄断，这便与宪政所要求的权利、制度、规范和公平正义产生了冲突。所以"在革命的制度空间里，立基于自由主义的宪政制度受到革命政党的逐步改造"，最终定格于党的一元化领导。③

　　3. "三三制"原则

　　抗日根据地的"三三制"施政原则，颠覆了国民党一党专治体制，开启了政权建设从封闭到开放的转型。首先，"三三制"原则"内在的包含了实现政党关系和谐的'民主'与'合作'的基本主题和'协商'、'平等'的基本条件，创造性实现了不同党派、不同阶级之间的合作和协商"，标志着中国共产党"探索出了一条具有中国特色的政党政治的新模式"，也"奠定了现代政党关系和谐的基础"。④ 就其本质而言，它是现代革命对民主诉求的一种积极回应，亦即"'三三制'原则的革命意义在于将自由主义追求的个体权利平等转化为革命政党追求的党派与阶级平等"；同时基于巩固革命政权的现实需要，"三三制"原则在具体执行过程中表现出极大的灵活性，"成为政党改造民主的最好的表现形式"。⑤

　　"三三制"在实践过程中，也出现了制度设计与客观现实之间的张力：根据地县以上的政权中，中共党员占据绝对优势，"以至于党组织不得不通过解释说服群众、主动退出名额乃至违背民主原则的方式来控制党员比

---

①　靳铭、曾鹿平：《人民代表大会制度的雏形——陕甘宁边区参议会制度研究》，陕西人民出版社，1998。

②　徐振光：《抗战时期中国共产党议会制度理论与实践初探——以陕甘宁边区参议会为视角》，《理论导刊》2011年第2期。

③　王建华：《中国共产党局部执政时期制度建设的逻辑分析》，《江苏社会科学》2011年第2期。

④　陈思、李建：《论抗战时期中共"三三制"与和谐政党关系的形成》，《河北师范大学学报》2011年第4期。

⑤　王建华：《改造民主：抗战时期"三三制"选举的革命面像》，《南京社会科学》2010年第9期。

例”；而在基层政权尤其是乡村政权中，党员比例反而低得多，“多数在 20% 以下”。① 更为严重的是，由于各根据地理解上的偏差，一些地方犯了只注重不同党派阶层人员比例的机械主义错误。为此，中国共产党及时指出，“三三制”要根据各地实际贯彻落实，不能搞“一刀切”；“‘三三制’政权组成人员中共产党在数量上并不必然占多数，主要体现在质量上，即政治上的‘一元化领导’，但是选举仍是基本形式，运作上仍是互相合作、共同协商”。②

抗日根据地的制度建设，起于中共对民主政治的回应，重塑于应对民族战争和革命的现实需求，定格于党一元化领导下的民主协商和对农民生存发展权的切实保护。它体现了中国共产党引领时代潮流的领导能力，以及根据客观现实及时调整实施策略的执行能力，故而对这一过程及其中经验规律的深度挖掘具有重要的现实意义。然而，这方面新成果的呈现却不尽如人意。“三三制”原则及其实践的研究几近停滞，参议会制度讨论的延续主要靠王建华等少数青年学者的勉力支撑，民主政治的研究虽一度得以深化，但不久复陷沉寂。当然，后两处亮点出现的经验仍值得总结。海外学者通过中外、历史与区域的比较，将抗日根据地民主政治研究引向深入的路线，正是从“大理论”到“地方研究”范式转换的具体实践，也彰显了国际视野、历史比较和“地方研究”的生命力。王建华等青年学者的成就，缘于其在坚守史学本位的基础上，从政治学等学科中吸取了理论养分。

四　余论：学术“富矿”的发现

在抗日根据地政权建设研究中，社会动员之所以成为学界持续关注的热点，其一，它在中共革命中发挥了极为重要的作用。正如美国学者杜赞奇所言，从解除民间痛苦入手“动员群众的革命热情”，这是中共能够夺取全国政权最根本的原因。③ 其二，社会动员作为革命时期的一种成功经验，在新中国成立后相当长一段时间内被反复使用，乃至改革开放后“群众动员的遗产继续被用于塑造国家权威和普通公民的行动”。④ 其三，社会

---

① 李里峰：《革命政党与乡村社会——抗战时期中国共产党的组织形态研究》，江苏人民出版社，2011，第 256 页。

② 陈先初：《从三三制看抗日根据地的政权建设》，《求索》2005 年第 10 期。

③ 〔美〕杜赞奇：《文化、权力与国家——1900～1942 年的华北农村》，江苏人民出版社，2003，第 183 页。

④ 〔美〕裴宜理：《重访中国革命：以情感的模式》，《中国学术》2001 年第 4 期。

动员既有上下贯通性，又与文化传统积淀深厚的乡村社会和社会关系、行为动机极为复杂的农民联系在一起；从中既可讨论不同阶层、群体的因应，揭示历史的多重面相，也可以探讨社会动员在实践层面与乡村历史文化传统的冲突交融，展示革命的艰难、曲折性以及对乡村社会变迁的深远影响。简言之，这是一座可深入挖掘的学术"富矿"，历史学、政治学、社会学、人类学、马克思主义理论等不同学科都能在这儿找到自己的兴趣点。

结合近年来根据地政权建设研究中一个新兴领域——基层政权建设，基本上可以概括出中共革命史中学术"富矿"的基本特征：一是在中共革命中具有十分重要的地位，或是中共革命的核心问题；对此类问题的深入探讨有助于厘清革命成功的原因和经验，能真正参与学术对话，而不是自说自话。二是在历史进程中反复出现。对社会动员这类具有强大生命力的历史活动之讨论，不仅有重要的现实意义，而且能够从其反复呈现的过程中得出规律性的认识。三是能纳入乡村史的研究范畴。中国乡村史的丰富复杂性，为学术研究的纵深拓展提供了空间。更重要的是，中共革命的重心长期在农村，毛泽东也强调"中国的革命实质上是农民革命"，[①] 这说明中共革命具有深厚的"乡土"本色；革命的发生机制、实践逻辑、成功内因，都需要从农民、乡村社会和乡土文化中去追根溯源。

事实上，中共革命史中符合上述特征的学术"富矿"并不少见，但要找到一座"新矿"实属不易。学术发展至今，留给我们的有开发价值的"新矿"已为数不多。有的已被开掘殆尽，有的看似"金光闪闪"实则无从下手，尤其是与乡村日常生活、农民文化心理有关的研究，往往因资料所限难以展开，此亦20世纪90年代后西方中共革命史领域的学者纷纷转向的重要原因。对于我们这些难以转型或新进入中共革命史领域的后学而言，一个较为可行的办法是沿着前人的研究路线，寻找那些刚刚开挖或仍有较大发掘空间的"二手矿"，站到一个更高的平台（视野），找到一个合适的"入口"（切入点），利用先进的"工具"（理论方法），与前人同步开发。在此方面，"新革命史"方法的运用具有参考价值。

前已述及，根据地社会动员这座学术"富矿"被海外学者发现后，之所以得以深入发掘，主要得益于中国学界摸索出了"新革命史"研究法。所谓"新革命史"，按照李金铮先生的解释，是指回归历史学轨道，重视常识、常情、常理，并尝试使用新的理念方法重新审视中共革命史，揭示中共革命的实践形态及其艰难、曲折与复杂性，进而提出一套符合革命史

---

① 毛泽东：《新民主主义论》，《毛泽东选集》第2卷，人民出版社，1991，第692页。

实际的问题、概念和理论。①"新革命史"理念方法上的"新"，是相对于传统革命史观中的线性思维模式，以及对复杂的历史进程做简约化和必然性之解释的宏大叙事而言的。其中"回归历史学轨道"，指秉承"论从史出"的治史传统，还原历史的多重面相和历史进程的复杂性，并给历史偶然性留出一定空间。"重视常识、常情、常理"，即突破"政策—效果"和"过程—意义"的简约化解读模式，"还原和反映中共革命与乡村社会、农民群众的复杂关系"，展现"基层社会和普通民众的主体性"。"新的理念和方法"，包括传统革命史研究中所缺乏的世界视野、国家—社会互动视角、乡村史与革命史的关联，以及其他学科提供的研究视点。② 据此不难发现，基层政权建设研究的兴起、民主政治探讨的深化、参议会制度讨论的延续，都是研究者在"回归历史学轨道"基础上，或自觉地与乡村史研究相结合，或拓宽视野、运用新方法、引入新理论和新视点的结果。当然，民主政治和参议会制度因阶段性特征明显，且与乡村社会的联系并不紧密，是否属于学术"富矿"值得商榷。

在中共革命史中，除了上述与抗日根据地政权建设相关的问题外，还有哪些领域有发现"富矿"的可能？结合李金铮、黄道炫、温锐等党史专家的学术经历，以下领域仍值得关注：一是国家权力与民间力量的交会点。这样的交会点不只是基层政权，还包括财产分配、土地制度、赋税征收、金融贸易以及美国学者杜赞奇所讨论的"权力的文化网络"等。这些乡村社会的核心构成，"极大地制约着中共革命的理论和实践，影响着中共革命的政治、经济、社会和文化变迁"，③ 也是展开比较研究、讨论国家—社会关系的理想切入点。二是跨历史周期的社会安排。史学特别是社会史研究的对象，最基本的特征是稳定性和常态化。以此类推，劳动生产、农家生计、婚姻家庭等这些不会因政权更迭、革命兴起或战争降临而中断的社会安排，适于作为考察革命与社会变迁的样本；并因其承载着深厚的历史文化传统，便于从中认识革命与传统的关系。三是具有顽强生命力的"小传统"。宗族势力、民间习俗这类为大多数农民所代表和认同的"小传统"，尽管屡屡成为革命的对象，但始终未被根除；社会控制稍一宽松，便呈"春风吹又生"之势。革命与"小传统"之间的关系，也是值得深入探讨的问题。

---

① 李金铮：《新革命史：由来、理念及实践》，《江海学刊》2018 年第 2 期。
② 李金铮：《再议"新革命史"的理念与方法》，《中共党史研究》2016 年第 11 期。
③ 李金铮：《再议"新革命史"的理念与方法》，《中共党史研究》2016 年第 11 期。

韩国学界的中国近现代史研究
50 年（1965~2015）*

〔韩〕裴京汉** 著　赵润雨***　郭　洋**** 译

　　韩国学界的中国近现代史研究虽然敏锐地反映着变化中的中国以及与之关联在一起的中韩关系、中韩间的相互认识，但研究者们的现实认识仍然局限在同样处在变化下的韩国社会的框架之中。若将韩国最有代表性的亚洲史关联学会即东洋史学会创建以来的 50 年内所发生的历史，即 1965 年至 2015 年这一时期作为观察对象的话，或许可以使用"剧变"一词来准确地描述上文中提到的中韩两国社会所发生的变化。不仅如此，与中韩两国所发生的变化联系在一起的中韩关系以及中韩间的相互认识也同样发生了"剧变"。1976 年毛泽东逝世后，"文化大革命"也随之终结，中国以"改革开放"的形式再一次进入了"大变革"的时代。在改革开放的30 多年来，中国在经济、军事、外交等各个方面的实力迅速上升。同样在这段时期，随着中韩两国在 1992 年正式建立外交关系，两国在包括经济领域在内的所有领域的交流迅速地得到了扩大。虽然是再正常不过的事情，但站在 2015 年的视野来看，将一直处在"剧变"中的现代中国作为研究对象的韩国中国近现代史研究也同样处在这一"剧变"的延长线上。

　　自 20 世纪 60 年代以来，韩国的中国近现代史研究者经历的"剧变"包括：首先是东亚地区内冷战体系的缓和与终结，以及作为其结果的中韩建交与中韩交流的全面扩大化；接着是千禧年之后，中国的发展在东亚地

---

　　* 本文是为了纪念韩国东洋史学会 50 周年而作，发表于《东洋史学研究》第 133 辑，首尔，2015 年 12 月。
　** 裴京汉，韩国釜山大学特聘教授。
　*** 赵润雨，南京大学历史学院博士研究生。
**** 郭洋，南京大学历史学院博士研究生。

区产生的影响，如在东北工程（东北边疆历史与现状系列研究工程）中逐渐显露的中国对东亚秩序的构想；最后还有中国在经济上飞跃发展并逐步恢复自信心的同时，随之而来的对自己历史的再解释等。这些错综复杂的现实对中韩关系及两国间的相互认识产生了巨大的影响，同样对研究者们的问题意识带来了影响。当然，这些复杂事件的另一个侧面同样包括经历了"剧变"的韩国社会，所以将韩国社会的变化作为标准，以不同阶段来给韩国的中国近现代史学界的学者进行区分是有一定意义的。① 本文将以韩国的中国现代史研究者的两个侧面——中国与韩国社会自身的变化及其带来的中韩关系的变化、中韩两国间相互认识的变化——是以什么样的方式得以展开的这一较为广阔的视野为标准，再划分为几个阶段来介绍韩国学界的中国近现代史研究的整体脉络。然而，由于篇幅所限，本文无法全面概括韩国学界在 50 多年来对近现代中国研究的总体情况，所以未能对部分相当重要的个别研究成果进行引用。

一　"现代"的下限延长与"近现代"的时代区分问题

从 1968 年开始，韩国最有代表性的综合性历史学术杂志 ——《历史学报》便开始设置"回顾与展望"专栏。这个专栏一开始的设想是将内容划分为韩国史、东洋史、西洋史三个领域，并在每年年底对以上三个领域在这一年发表的研究成果进行整理与综述。但是在之后的一段时间内，由于受到各种现实条件的制约，与原初设想的计划不同，这个专栏或三年或六年一次对韩国学界的各领域研究成果进行整理，到最后才固定为每两年对研究成果进行整理，并持续到了今天。

最初，中国近现代史板块在"回顾与展望"专栏中的标题叫作"（东洋）最近世"。1971 年，板块标题变为"近代"，到了 1976 年又改为"近现代"，随后便一直延续到今天。虽然这样的时代区分，并不是在对每个时代的界限都进行过严谨讨论之后得出的结论，但值得注意的

① 何世凤曾以韩国社会的变化过程为对称点，将 20 世纪 80 年代初期开始的韩国学界对中国近现代史的研究分为以下几个阶段来进行理解：20 世纪 80 年代之前的研究与研究者们为第一阶段；以反抗军事独裁政权为舞台而登场的研究与研究者们为第二阶段；受到激进主义的强烈影响而登场的所谓"386"一代为第三阶段。参见何世凤《我们的自画像——韩国最近的中国近现代史研究》，《韩国史学史学报》第 21 期，2010 年。译注："386"一代指 20 世纪 60 年代出生，80 年代进入大学后参加民主化运动，并且在 30 岁左右经历了民主化的韩国人群体。

一点是，不论是最近世，还是近代，无一例外的都是以鸦片战争的爆发为起点的。另外，在近代与现代的时代区分问题上，也基本上采取了同样的观点，即将辛亥革命视作近代的结束，而将五四运动作为现代中国的起点。还可以看到的一个现象是，初期以考察当代中国为主并将之归类为政治学领域的中共研究，① 即 1949 年之后中国发生的历史；在进入 21 世纪之后逐渐从禁区中解脱出来，成为历史学研究的对象。② 举例来说，我们可以看到现代中国的下限在不断得到延长。大体上，直到 20 世纪 90 年代末，学界才普遍地将 1949 年新中国的成立作为现代中国的下限；而与此相反，进入 21 世纪之后，现代中国的下限已经往后推到了 20 世纪 50 年代，最近几年则又往后延长到了 20 世纪六七十年代的 "文化大革命" 时期。

另外，《东洋史学研究》期刊在第 1 辑（1966）中将 1945 ~ 1966 年发表的与东洋史有关的研究成果进行了整理，并且在之后每年的期刊中都整理了这一年发表的与东洋史有关的著书与论文的目录。这个目录也对时代进行了区分。最初，近现代史部分被收录到了 19 世纪的后一项中。到了 1974 年，该期刊再一次将 1945 ~ 1974 年的研究成果制成了目录。这个新的目录将鸦片战争之后到有关中共的著述（主要是政治学研究者们的著作）都涵盖在了名为 "近代・现代" 的栏目中。这个时代区分法一直使用到了今天，将所有鸦片战争之后的研究成果都收录到了 "近代・现代" 部分。《东洋史学研究》的论著目录与《历史学报》的 "回顾与展望" 专栏一样呈现了现代的下限在不断得到延长的过程。

虽然史学界对于该如何界定现代史的下限问题仍然存在争论，但是如果同意将现代的概念视作当代史的话，那就如字面意思一样，要将直到今天为止的历史都当作历史研究的对象，这是理所当然的事情。不过，如果从包括获取一手史料在内的历史学研究方法论的侧面出发，运用历史学所固有的追溯时间的方法来对实际研究的时间范围进行限制的话，历史学将很难对最近展开的问题进行探讨与研究。在这样的情况下，本文认为历史学对最近一个时期（近 30 多年）发生的历史仅保留在概述性质的程度，并且与其他社会科学进行紧密联系，从而对之前时代的方向性问题进行叙

---

① 韩国学界在 20 世纪 50 ~ 60 年代所指的 "中共" 是中华人民共和国的简称，虽然有时也包含中国共产党的意义在内，但大多数情况下 "中共" 不只是中国共产党的简称，还意味着共产党政权。

② 孙承会：《对 "禁区" 的挑战——中国现代史研究的新方向》，台北《历史学报》第 191 期，2006 年，第 344 ~ 347 页。

述，是比较合理的。①

除了界定现代中国的下限问题之外，与近现代史的时代区分有关并值得讨论的问题还有近代中国的起点、近代中国与现代中国的界限等问题。然而，目前《历史学报》"回顾与展望"专栏与《东洋史学研究》"论著目录"所采用的时代区分立场，即将鸦片战争视为近代中国的起点，将辛亥革命视为近代中国下限，以及将五四运动视为现代中国的起点的视角，大概是直接借鉴了 20 世纪 60 年代的日本学界或中国学界的观点并一直持续到现在。

但是，如前所述，现代中国的下限在不断地延长，近、现代的概念也在经历着相当大的变化。从这个立场上看，现在有必要对近现代的时代范围与区分问题进行更深层的探讨。与此相关的，最近以中国学界为中心的研究者们正在积极地对西方中心以及现代性问题进行检讨与反思，② 并与此相对应地出现了对近代与现代概念的使用方法进行再解释的研究，③ 这些研究为韩国学界带来了诸多启发。④

二　作为对冷战体系回应的中国近现代史研究（20 世纪 60 ~ 70 年代）

国共内战（1946 ~ 1949）与韩国战争⑤（1950 ~ 1953）是联动在一起

---

① 在这个层面上，本文认为将 20 世纪 80 年代之后的改革开放时代作为研究的对象是一件难度极大的事情。然而，本文也认为，在概述性质的书籍或教科书中，通过与社会科学研究者们的合作而对改革开放时代进行叙述是必要的事情。参见裴京汉《中国现代史的范围与下限问题——历史学的危机与对中国现代史变身的摸索》，台北《历史学报》第 165 期，2000 年，第 295 ~ 300 页。

② 在改革开放之后，中国学界将 1949 年之前的中国划为近代，将 1949 年之后的中国划为现代的观点逐渐成为主流。参见金泰承《现代中国的历史叙述中出现的现代主义与现代性——以中国近代史的认识为中心》，《中国学报》第 46 期，2002 年；柳镛泰《中国历史教科书的现代史认识与国家主义——以现代韩国史为中心》，《历史教育》第 84 期，2002 年。

③ 参见步平《改革开放与中国近代史研究》，《近代史研究》2009 年第 5 期；朱宗震《中国近代史分期问题新思考》，《上海行政学院学报》2001 年第 2 期；徐秀丽《中国近代史研究中的范式问题》，《清华大学学报》2015 年第 1 期；等等。

④ 在区分近现代的问题上，值得注意的一点是，在韩国学界中也曾有过独创的观点认为需要将辛亥革命视作现代史的起点，并将辛亥革命与五四运动视为与共和革命衔接的阶段。闵斗基：《中国的共和革命》，首尔，知识产业社，1999，第 267 ~ 272 页。闵斗基主张的这种时代区分法在 1989 年开始逐渐得以成形。参见闵斗基「中華民國史と中國現代史」『近きに在りて』第 15 號，1989；裴京汉《闵斗基先生的辛亥革命研究与共和革命论》，《中国近现代史研究》第 51 期，2011 年；等等。

⑤ 又称朝鲜战争。因作者为韩国人，因此使用的是韩国方面的称呼——韩国战争。

发生的事件，完好地体现了当时亚洲地区的冷战体系。将这样的背景考虑在内的话，韩国战争之后便开始的韩国国内的中国近现代史研究其实是将中国看作敌对国来进行研究的。在这一点上，可以把这一时期的研究基本上断定为在冷战体系下的政治、社会规定下的产物。如果把在韩国战争的废墟中开始的中国近现代史研究者们称为第一世代的话，这些研究者的共同点，首先是在西方现代化观点下观察中国的立场，其次是该如何解释"敌对国"中国的比较实用的立场，在这双重立场上从中韩关系史的角度来接近中国。这个时期以金俊烨、咸洪根、权锡奉、闵斗基、郑世铉、金钟圆、严永植为中心展开的中国近现代史研究虽然多少带有偏见性，但从总体上来看，这些研究者将研究的焦点放在了以西方社会为标准的中国现代化问题以及与韩国有关的问题上。这些第一代研究者面临着恶劣的研究环境，其中在获取研究资料方面尤其困难，而这样的困境又是由两方面造成的：一方面是战争带来的废墟状态使整个社会没有更多的余力来支持学术研究；另一方面则是冷战下日益高涨的反共思潮使韩国学界的学术思想自由处在了极度封闭的状态。在这样的背景下，对近现代中国本身的研究，诸如对太平天国或洋务运动的研究也被怀疑为是与敌对中国有关的研究。在交流上与中国断绝关系，使得连基本资料也难以获取，所以这一时期的研究只能在讨论总体特征的同时，以概括的方式在限定的范围内进行研究。《历史学报》"回顾与展望"专栏在这个时期刊登的文章千篇一律地在为难以获取一手史料而抱怨的同时，又格外强调自己所获取的成果的宝贵之处，这种复杂的情绪就是在以上那种环境下产生的。[①]

在如此恶劣的研究环境中，还算比较正常地进行中国近现代史研究并获取重要成果的代表性研究者有金俊烨与闵斗基二人。在战后，在学术上接近近现代中国史并且在韩国知识界引起巨大反响的这两位学者在研究方向上却存在一定的差异。首先，从殖民地时期便参与独立运动，并且与当时中国国民党政府有着密切联系的金俊烨在解放之后走向了中国近现代史研究的道路，并成为韩国国内中国近现代史研究的奠基者。作为历史学者的金俊烨的研究包括韩国共产党史、亚洲共产主义运动史、中国共产党史以及"文化大革命"等中国现代史领域，并且在相应领域取得了较大的成就。然而，这些研究的立足点是考察以清朝及国民党为中心的尝试中国现代化的努力与挫折，以及中国的共产化与毛泽东治下的共产主义中国。金

[①] 参见权锡奉《回顾与展望（东洋史）：最近世》，台北《历史学报》第 39 期，1968 年；咸洪根《回顾与展望（东洋史）：近代》，台北《历史学报》第 44 期，1969 年。

俊烨在进行以上研究的过程中伴随着冷战格局下严峻的国际形势以及朝鲜半岛的分裂与战争，并且以上研究都是以通过现代化理论建设民族国家的对韩国的现实关怀为背景而存在的。在这样的缘由下，用一句话总结金俊烨的近现代中国研究就是对冷战体系的典型回应，也是战后韩国知识分子的志向在实践方面的体现。①

另外，闵斗基展开的中国近现代史研究可以说是超越了当时恶劣的学术、政治环境，而获得的研究成果。20 世纪 70 年代初，他完成了清代绅士阶层的研究；从 60 年代末开始，他以研究清末变法运动为起点，正式进入近现代史研究领域；到了 80 年代初期，他开始进一步研究共和革命（辛亥革命）与国民革命。② 闵斗基在强调考证与客观的学术方法论基础之上，对变法运动与辛亥革命进行了细致的考证研究。通过这些研究，闵斗基试图强调的是——与他研究的清代绅士阶层也有一定关联——无论是变法运动、辛亥革命抑或国民革命，当时中国所追求的近代实际上并不是对过去传统的断绝或对立，反而与过去的传统有着密切的联系。首先，这个观点在根本上批判了当时占据学术界主流话语权的欧美学界的现代化理论；其次，作为对西欧中心主义的现代性的重新诠释，他的观点也引起了当时国际学术界的关注。③ 当然，也有学者提出了批判意见，认为闵斗基的学术立场表现出了要与现实保持一定距离的自由主义价值观，并指出考证与客观的方法论仅仅是众多方法论中的一种，这种方法论会限制历史学家的现实关怀。④ 但是，从另外一个角度来看，在当时严峻的冷战格局现实条件下，对以美国学界为中心而展开的现代化理论进行反思与批判，是一名历史学研究者在激烈的自我思考中展现出的历史学研究者所应有的素养，也是对当时中国学界为现实政治服务的历史学的批判与回应。在这一点上，虽然在方向上有所差异，闵斗基的中国近现代史研究也不失为一种对冷战体系的批判式回应。

---

① 参见郑文祥《金俊烨的近现代中国论与东亚地区的冷战》，《历史批评》第 87 期，2009 年。

② 闵斗基关于变法运动的最终研究成果为《中国近代改革运动的研究——以康有为为中心的 1898 年改革运动》（首尔，一潮阁，1985）；而有关辛亥革命的研究成果为《辛亥革命史——中国的共和革命》（首尔，民音社，1994）。所以将其视为 20 世纪 70 年代的研究或许有失偏颇，但其整体研究的视角与框架形成于 60 年代末 70 年代初这一时期，故将其放在一起讨论。

③ 参见裴京汉《闵斗基先生的中国近现代史研究与其成果》，首尔大学东洋史研究室编《对中国近现代史的再照明》第 1 卷，首尔，知识产业社，1998；裴京汉《闵斗基先生的中国近现代史研究与继承方向》，《中国近现代史研究》第 9 期，2000 年。

④ 林相范：《闵斗基史学的一面》，《东洋史学研究》第 107 期，2009 年，第 370～374 页。

当然，我们不能仅仅从冷战的角度去看待韩国学界在 20 世纪 60～70年代进行的中国近现代史研究。另外，在考虑到同一时期韩国学界整体的中国近现代史研究方面，除了以上提及的学者的成果外，还有许多重要的研究没有提及，如严永植对洋务运动的一系列研究，[①] 郑世铉对辛亥革命与孙文思想的研究，[②] 权锡奉与金钟圆对 19 世纪末中韩关系的一系列研究等，[③] 都是在研究资料极度缺乏与对敌对国研究的困境中取得的令人瞩目的成果，为之后的研究者奠基了良好的基础。

三　摆脱冷战与中国近现代史研究的正式化（20 世纪 80～90 年代）

虽然中国的改革开放早在 1978 年便正式宣布启动，但实际上至 1980年之后在广东、深圳等地设立经济特区才算正式开始。韩国的军政维新体制在 1979 年末瓦解后，经历了一段混沌的时期。正是在这一时期，韩国完成了政治上的民主化与自由化，并实现了经济的高速增长。中韩两国在 20世纪 80 年代与 90 年代相继通过开放、改革、民主化、经济发展的方式从冷战体制中快速地摆脱了出来，韩国学界在这样的时代背景下展开的中国近现代史研究迎来了决定性的转换点。

韩国学界在 20 世纪 80～90 年代进行的中国近现代史研究最大的特点，可以说是对中国本身的研究开始得到加强。相对来说，与之前主要从中韩关系的角度出发进行的研究不同，80 年代之后的研究主要是从中国本身出发，对中国政治、社会、经济的变化进行研究。虽然很难一一论述所有领域的研究成果，但是以对太平天国的研究为例，就有河政植、崔震奎、金诚赞等学者通过实地考察及充分运用有关太平天国的一手史料，将研究重点放在了太平天国的内部，提升了韩国学界的学术水平，与之前的研究形成了鲜明的对比。[④] 这种变化主要归功于可以从中国方面获取一手史料这

---

① 严永植：《洋务运动与近代兵工业的兴起》，首尔，庆熙大学出版局，1975。
② 郑世铉：《近代中国的民族运动史——以孙文的反清运动与会党为中心》，首尔，日智社，1977。
③ 权锡奉：《清末对朝鲜政策史研究》，首尔，一潮阁，1997；金钟圆：《朝鲜后期对外关系史研究》，首尔，一潮阁，1999；金钟圆：《近世东亚关系史研究》，首尔，慧眼出版社，1999。
④ 参见河政植《太平天国与朝鲜王朝》，首尔，知识产业社，2008；崔震奎《太平天国的宗教思想》，光州，朝鲜大学校出版部，2002；金诚赞《太平天国新研究》，金海，仁济大学校出版部，2009；等等。以上著作均出版于 21 世纪，但是这些研究都是在 20 世纪 80年代、90 年代进行的。

一学术环境的改变上。不仅是中韩两国在社会上的开放、民主化以及经济
上的发展带来的，中韩关系的变化也起着决定性的作用，而 1991 年苏联解
体带来的冷战的终结与 1992 年夏天中韩两国正式建立外交是其重要背景。

　　韩国学界从 20 世纪 80 年代中后期开始的国民革命研究热潮最能体现
80 年代之后韩国学界对中国研究的变化。闵斗基在 80 年代中期成为东洋
史学会会长后，在他的主导下展开了一系列有关国民革命的共同研究，并
一直持续到 20 世纪 90 年代。① 许多少壮派学者以此为契机将研究焦点集
中在了国民革命的研究上，成为之后学界的一股中坚力量。当然，在 20 世
纪 70 年代恶劣的学术环境中依然献身于近现代中国研究的前辈，如金捻
子、李炳柱、尹世哲、辛胜夏、方用弼、李洪吉等学者的不懈努力与指导
是非常重要的。正是在他们的指导与支持下，80 年代中期之后韩国学界对
20 世纪 20 年代的中国，即以国民革命为中心的研究氛围才迎来了爆发。
虽然有人指出将国民革命研究热潮放在整个中国近现代史视野下或带有较
大的偏向性，但是从超越了当时韩国历史学界的水平而达到国际水准的研
究的角度来看，其成果仍然不可小视。②

　　因为中国近现代研究的正式化与对国民革命研究热潮在学界引起的决
定性变化，1992 年中国现代史学会与 1998 年中国近代史学会创立，2002
年两个学会合并为中国近现代史学会。这些学会的创立虽然是从 80 年代开
始以新晋研究者在数量上的扩大为基础的，③ 但也只有在上文提及的如闵
斗基、金捻子、李炳柱、尹世哲、辛胜夏等第一代与第二代研究者对新晋
研究者的全面包容与支持下才得以建立。另外，1992 年 8 月中韩建交后开
始的中韩关系、中韩交流的极速扩大化，以及随之而来的现代中国对韩国

---

① 闵斗基等：《对中国国民革命的分析研究》，首尔，知识产业社，1985；闵斗基编《中国
　国民革命指导者的思想与行动》，首尔，知识产业社，1988；闵斗基编《对中国国民革命
　构造的分析》，首尔，知识产业社，1990；闵斗基编《中国现代史上的湖南省》，首尔，
　知识产业社，1996。

② 20 世纪 80 ~ 90 年代以国民革命为中心，同时产生了一批中华民国史研究者，这可以说是
　韩国社会对近现代中国的关注的一种时代现象。中华民国史的代表性研究者有金贞和、
　尹惠英、刘长根、金泰承、罗铉洙、白永瑞、姜明喜、朴俊洙、裴京汉、金钟润、柳镛
　泰、金世昊、金衡钟、李昇辉、车雄焕、孙准植等人。

③ 从学会创立之初只有 40 多名（除去研究生之外的专职研究者）会员到 2012 年已经发展
　为 170 余人，学会一年一刊的学术杂志也变为一季一刊，在量的层面上学会的发展令人
　瞩目。参见柳镛泰《在祝贺中国近现代史学会创立 20 周年之际》，《中国近现代史研究》
　第 56 期，2012 年；尹世哲《中国近现代史学会 20 年回顾》，《中国近现代史研究》第 56
　期，2012 年。

社会关注度的爆发性增长，都不必再赘言。① 如上所述，就像最初细分为近代史与现代史学会，最后合并为近现代史学会那样，当时整个韩国学界反映出了对近代与现代的时代区分问题的热烈讨论，以及更加强调两者间的连续性而非断绝性的学术氛围。然而从学会运营的侧面来看，在合并之后出现"近代史"学者的相对低潮，使得合并的效果未能充分体现的同时，其结果或许打破了中国近现代史研究的平衡。这一点将是学界在之后必须考虑的新问题。

在论及韩国的近现代中国研究时必须要指出的一点就是，从 20 世纪 90 年代初开始韩国学界在国际学术界活跃起来。1991 年 6 月，由首尔大学主办的中国近现代史史料学国际研讨会是中韩学者开始进行学术交流的起始点，中国方面有代表性学者如章开沅、张宪文先生等参加会议。② 在这之后，中国学者不断来到韩国进行学术交流，尤其是在 1992 年中韩正式建交之后，韩国学者也开始前往中国获取研究资料。中国近现代史学会还与日本学界形成了定期举行研讨会的合作关系，从 2005 年第一次举办中国近现代史研究者韩日交流会开始，之后每两年便举行一次交流会，也算是不小的成果。以学会为中心而进行的这些国际交流以及通过交流在国际学界获取相应的发言权，是韩国学界在今后需要持续努力的重要课题。

四　21 世纪以来新的尝试与未来的课题

在 20 世纪 90 年代进入大学学习并在研究生院接受学术训练，21 世纪正式步入学术界的研究者，相比于之前的学者来说，接受了更系统的学术训练，面对社会科学等临近学科的新观点与方法论时，持更加开放与积极的态度。不仅如此，在资料的获取方面，新晋研究者借助中国大规模地资料数字化，经历了与之前学者截然不同的学术环境。并且，与其他国家的趋势有一定关联的，新世代研究者脱离了政治史、经济史、思想史为中心的传统史学范畴，反而更加关注新颖的文化史、生活史与概念史等领域。当然，由于人文学危机带来的历史学的相应衰退，研究力度以及数量没有像 20 世纪 80～90 年代那样得到维持。因此，在研究环境上来说也不能说

---

① 在中韩建交之后的 20 世纪 90 年代中期（1994～1996）开始出版、发表的专著与论文数量正在以两倍的速度增长。通过这点也能感受到当时韩国对中国的关注有多热烈。参见尹惠英《回顾与展望——东洋史（近现代）》，台北《历史学报》第 156 期，1997 年。

② 参见金衡钟整理《中国近现代史史料学国际研讨会讨论资料》，《首尔大学东洋史学科论集》第 15 期，1991 年，第 131～158 页。

是乐观的。但是，新晋的年轻研究者们在研究方向上展示了更多的可能性，使得韩国学界的中国近现代史研究仍然有值得期待的一面。

进入 21 世纪，韩国学界的中国近现代史研究出现的新研究方向，可以认为是将中国细分为具体的地域单位来还原与解释近现代中国的尝试。举例来说，在社会经济史领域内的大部分研究以及政治史、文化史领域内的相当一部分研究开始以省份或城市等特定地理单位进行研究。① 以及在此延长线上，对如东北（满洲地区）、西北（包括蒙古在内）或西藏等更广阔的地域范围进行了研究，这些研究也占据了相当一部分比例。② 特别是以台湾地区为例，有学者主张在将台湾视为中国的一部分的同时，又要将其作为独立的历史单位来研究，并强调要从东亚周边地区与韩国之间的联系来进行研究。以上研究都有必要去进行关注。③

还有一个重要的成果，是对中韩关系史这一传统课题的新尝试。这些研究在对传统中华主义之现代版本的大中华主义或新中华主义的形成与性质进行批判与检讨的同时，又运用了中韩两国国内发行的新闻或杂志作为研究资料，考察了中韩两国间的相互认识的演变。另外，从更加现实的角度出发，还有对 20 世纪 90 年代后一定程度上规定了中韩关系的东北工程为研究对象，考察了韩国人对中国的认识有着怎样的变化。④ 并且还出现了通过对 20 世纪初在中国境内活动的韩国独立运动势力进行考察，从而重新补充中韩关系史的研究。对中国本土资料的发掘与运用成了提出新问题与取得新成果的重要原因，因此对台湾中研院近代史研究所档案馆藏"驻朝鲜使馆档"与国民政府"外交部档案"等新材料的

---

① 都市史学会在 2008 年创立，虽然并不是专门对中国城市进行研究的机构，但仍然反映了都市史研究者数量的增加。

② 虽然研究范围并不局限在中国近现代时期，但是在 1998 年满洲史研究会并在 2001 年扩编为满洲学会后，满洲史研究愈发兴盛是值得关注的。另外，从对西藏或蒙古的研究来切入近现代中国的研究也有一定学术意义。参见朴章培《中华民国版图的形成与西藏》，《中国史研究》第 45 期，2006 年；朴章培《新中国的西藏政策》，《中国近现代史研究》第 39 期，2008 年；李平来《蒙古与中国在达里冈爱地区的领有权纷争》，《东北亚历史论丛》第 37 期，2012 年；等等。

③ 参见孙准植《台湾人对日帝殖民统治的反应与警察形象》，《历史文化研究》第 37 期，2010 年；孙准植《日帝下台湾意识的形成背景与其性质》，《中央史论》第 31 期，2010 年；文明基《韩国的台湾史研究 1945～2012》，《中国近现代史研究》第 57 期，2013 年。

④ 参见尹辉铎《新中华主义——制造"中华民国大家族"与韩半岛》，首尔，蔚蓝历史，2006；李在铃《南京国民政府时期韩国言论对中国的认知》，《中国学论丛》第 15 期，2003 年；李在铃《美苏军政期中国言论对北朝鲜的认知》，《中国学报》第 72 期，2015 年；白永瑞《中国的东北工程与韩国人对中国认知的变化》，《中国近现代史研究》第 58 期，2013 年。

发掘与运用，为 19 世纪末至 20 世纪初即清末民初时的中韩关系提供了重要的参考。① 除此之外，运用了首尔大学奎章阁所藏的一系列有关 19 世纪末 20 世纪初在韩华商的档案资料，以当时在韩华商的贸易网络为中心，揭示了当时东亚贸易权的实态与中韩经济往来的详细情况，并且从微观视角的实证研究的结果出发，对原有的东亚视角进行了再检讨，可以说是非常重要的成果。②

五　结语

在以上概述韩国学界的近现代中国研究 50 年的轨迹时，虽然在总体上质与量都取得了长足的进步，但仍存在诸多局限。以下为对韩国的中国近现代史学界的未来的展望与期待。

首先要指出的是韩国学界对中国近现代史研究的间断性与碎片化问题。众所周知，历史学是在细节的基础上得以存在的。然而，如果因为过分专注具体事实而错失了宏观的时代感的话，就会像没拼好的拼图一样成为不知其所是的东西。笔者认为这是目前韩国的中国近现代史学界面临的最严重的问题。实际上，中国学界最近也意识到了研究碎片化问题的严重性，韩国学界的处境同样不容乐观。比如说，相比某一领域发表的论文数来看，以此为基础的专门性研究著作却几乎没有得到出版，这一事实是韩国学界的致命弱点。另外，虽然从学界的总体学者数量与研究水平来看是轻而易举的事情，但至今没有出版过一部高校教材甚至是面向大众的读物，这一点也是值得认真反思的问题。③ 这就像是在没有总示意图的情况下各自在各自的部分完成拼图一样，无论是对研究者来说还是对学界来说，都没有办法实现最后的拼图，而这也是目前韩国学界所面临的实际情况。

---

① 参见李银子《中华民国前期（1912～1927）驻朝鲜领事馆组织》，《中国近现代史研究》第 66 期，2015 年；裴京汉《中日战争时期蒋介石国民政府的对韩政策》，台北《历史学报》第 208 期，2010 年；裴京汉《蒋介石与开罗会谈中的韩国问题》，台北《历史学报》第 224 期，2014 年。
② 参见姜振亚《同顺泰号：东亚华侨资本与近代朝鲜》，大邱，庆北大学校出版部，2011。对姜振亚的研究进行的学术评价，请参见丘凡真《评〈同顺泰号：东亚华侨资本与近代朝鲜〉》，《经济史学》第 53 期，2012 年。
③ 并不是完全没有时代史或教养书的出版。到目前为止出版的教养书中，辛胜夏的著作可以算作比较值得注意的。然而辛胜夏的著作多少带有编著的性质。参见辛胜夏《中国现代史》，首尔，大明出版社，1992；《中国当代 40 年史（1949～1989）》，高丽苑，1993；《中华民国与共产革命》，首尔，大明出版社，2001；《近代中国：改革与革命》（上、下），首尔，大明出版社，2004。

　　接下来想要商榷的一点是，韩国学界应该着力于创造自身对中国近现代史独有的观点。在完善东亚视角、民族国家理论、从周边视角出发的中国研究的同时，也要进一步在全球史的范畴下运用这些观点。与之相同的，为了创建属于我们自己的独特视角，需要把韩国人对近现代中国的认识与研究进行整理与系统化，整理出从 19 世纪中叶开始，经历"文革"与冷战的结束，直到现在的近现代韩国人对当代中国形成的研究或认识的谱系。站在这种立场上看，像朴殷植或安在鸿等活跃于 20 世纪上半叶并对中国有着相当程度的认知与见解的人物，对他们曾经主张的中国论进行整理也是必要的工作。在这样的工作上，再将我们自己的观点与见解作为基础而产生的研究成果放到国际学界进行交流。笔者认为只有通过这样的方式，才有可能使韩国学界在国际学术界上获取一定的发言权。

　　最后想要讨论的是，面对韩国社会内部对中国近现代史知识的巨大需求，学界的研究者们应该以什么样的态度去负担起相应的责任。虽然每位研究者在面对历史学应不应该负担起社会责任的问题上仁者见仁，智者见智，但是如果这些研究者至少承认历史教育或一般读者对中国近现代史的关心才是韩国的中国近现代史学界得以存在的基础的话，那肯定也不得不承认当前学界无法满足这种社会大众对中国近现代史知识的需求。21 世纪初，在所谓人文学的危机正式被提出之际，关于研究者们的社会责任感问题，笔者曾向中国近现代史学界提出建议，一同关注当时新兴起来的地域学（中国学）。与此同时，笔者也曾向那些承担着培养专门研究者的几所高校提出过相同的建议，让相应高校的研究生院系开设地域学相关的课程，以扩大国内研究者的研究视野与范围。然而，随着人文学科整体研究环境的急速恶化，历史学研究氛围也没能摆脱如此厄运，遭到了大幅度萎缩并一直持续到今天。面对日益强大的中国，以及同比例增加的韩国社会对近现代中国的关心与对知识的需求，作为中国近现代史研究者的我们，应该如何对其进行补充与完善，仍然是我们面临的最大课题。

稿　约

　　《民国研究》系教育部哲学社会科学重点研究基地南京大学中华民国史研究中心主办的学术专刊。创办20余年来，在国内外民国史研究专家学者的关注与支持下，产生了良好的社会影响与学术效应，现为CSSCI来源集刊。

　　为适应民国史研究学科发展的需要，本刊现改由社会科学文献出版社每半年出版一辑。本刊主要刊载关于1949年前之中华民国时期相关史实与理论的研究文章，注重实证，提倡探索。热诚欢迎海内外专家、学者赐稿。

　　来稿要求文风朴实、论从史出、观点新颖、逻辑严密、引文准确、注释规范。本刊采用社会科学文献出版社的投稿格式和注释体例，请各位作者投稿前务必参照改妥，并校订无讹，否则恕不受理。

　　由于人力所限，对于来稿不能一一回复。作者自投稿之日起一个月未接到本刊备用通知者，请自行处理。本刊对决定采用的稿件，有权进行修改、删节。

　　根据著作权法规定，凡向本刊投稿者皆被认定遵守上述约定。

　　本刊专用电子邮箱：minguoyanjiu06@ sina. com

　　电话（兼传真）：025 - 83594638

南京大学中华民国史研究中心

《民国研究》编辑部

图书在版编目（CIP）数据

民国研究.2019年.春季号：总第35辑/朱庆葆主
编. -- 北京：社会科学文献出版社，2019.10
ISBN 978 - 7 - 5201 - 5790 - 2

Ⅰ.①民… Ⅱ.①朱… Ⅲ.①中国历史 - 现代史 - 研
究 - 民国 Ⅳ.①K258.07

中国版本图书馆 CIP 数据核字（2019）第 248917 号

民国研究（2019 年春季号 总第 35 辑）

主　　编／朱庆葆

出 版 人／谢寿光
责任编辑／李丽丽
文稿编辑／李蓉蓉　徐成志　汪延平

出　　版／社会科学文献出版社·历史学分社（010）59367256
　　　　　　地址：北京市北三环中路甲 29 号院华龙大厦　邮编：100029
　　　　　　网址：www. ssap. com. cn
发　　行／市场营销中心（010）59367081　59367083
印　　装／三河市龙林印务有限公司

规　　格／开本：787mm × 1092mm　1/16
　　　　　　印张：15.75　字数：282 千字
版　　次／2019 年 10 月第 1 版　2019 年 10 月第 1 次印刷
书　　号／ISBN 978 - 7 - 5201 - 5790 - 2
定　　价／89.00 元

本书如有印装质量问题，请与读者服务中心（010 - 59367028）联系

▲ 版权所有 翻印必究